国家出版基金项目
NATIONAL PUBLICATION FOUNDATION

DRC

国务院发展研究中心研究丛书2022

陆 昊 主编

国际货币体系演进与人民币国际化

Evolution of the International Monetary System and Renminbi Internationalization

国务院发展研究中心金融研究所课题组 著

中国发展出版社
CHINA DEVELOPMENT PRESS

图书在版编目（CIP）数据

国际货币体系演进与人民币国际化 / 国务院发展研究中心金融研究所课题组著. —北京：中国发展出版社，2023. 7（2023. 9重印）

ISBN 978-7-5177-1380-7

Ⅰ. ①国… Ⅱ. ①国… Ⅲ. ①国际货币体系—研究②人民币—金融国际化—研究 Ⅳ. ① F821.1 ② F822

中国国家版本馆 CIP 数据核字（2023）第 135075 号

书　　名：国际货币体系演进与人民币国际化
著作责任者：国务院发展研究中心金融研究所课题组
责任编辑：杜　君　龚　雪
出版发行：中国发展出版社
联系地址：北京经济技术开发区荣华中路 22 号亦城财富中心 1 号楼 8 层（100176）
标准书号：ISBN 978-7-5177-1380-7
经　销　者：各地新华书店
印　刷　者：北京盛通印刷股份有限公司
开　　本：710mm × 1000mm　1/16
印　　张：18
字　　数：241 千字
版　　次：2023 年 7 月第 1 版
印　　次：2023 年 9 月第 2 次印刷
定　　价：69.00 元

联系电话：（010）68990642　68360970
购书热线：（010）68990682　68990686
网络订购：http://zgfzcbs.tmall.com
网购电话：（010）68990639　88333349
本社网址：http://www.develpress.com
电子邮件：121410231@qq.com

DRC

2022

国务院发展研究中心研究丛书

“国际货币体系演进与人民币国际化”
课题组

课题负责人

吴振宇　国务院发展研究中心金融研究所所长、研究员

课题协调人

石　光　国务院发展研究中心金融研究所综合室主任、研究员

课题组成员

贺　洋　国务院发展研究中心金融研究所副研究员

唐　朝　国务院发展研究中心金融研究所副研究员

陈　宁　国务院发展研究中心金融研究所副研究员

邵　弋　国务院发展研究中心金融研究所助理研究员

总　序

党的二十大报告明确指出，从现在起，中国共产党的中心任务就是团结带领全国各族人民全面建成社会主义现代化强国、实现第二个百年奋斗目标，以中国式现代化全面推进中华民族伟大复兴。中国的现代化是人类历史上规模最大的现代化，也是难度最大的现代化，必须在深刻理解和准确把握中国式现代化的理论内涵和实践要求的基础上，通过深入研究，科学回答现代化新征程中的一系列理论和实践问题。

（一）

习近平总书记指出，“一个国家走向现代化，既要遵循现代化一般规律，更要符合本国实际，具有本国特色”。英国工业革命开启了世界现代化进程。尽管各国现代化的具体路径不同，但都遵循着人类文明进步的一般规律，也有一些共同特征。从一般规律看，成功推进现代化，必须建立符合人类进步方向、适应本国国情的社会制度；必须以科技进步为主要推动力，大力发展社会生产力；必须随着经济结构和社会结构的变化，创新国家治理和社会治理。从共同特征看，各国现代化都经历了以工业化为主要内容的经济结构转变，和以城市化为主要内容的社会结构变迁。中国式现代化既遵循了现代化的一般规律，也反映出各国现代化的共同特征。

中国式现代化更有基于自己国情的鲜明特色。习近平总书记指出，“中国式现代化是人口规模巨大、全体人民共同富裕、物质文明和精神文明相协调、人与自然和谐共生、走和平发展道路的现代化”。要把中国式现代化五个方面的中国特色变为成功实践，把鲜明特色变成独特优势，需要付出艰巨努力。

第一，我国人口规模超过现有发达国家的人口总和，中国式现代化是人类历史上前所未有的、最为波澜壮阔的现代化，也是难度最大的现代化。人口规模巨大，意味着市场潜在空间大、分工效应高，有助于形成规模经济优势和比较完整的产业体系；意味着中国的现代化将面临更强的资源环境约束，必须走资源节约、环境友好的发展道路；意味着中国的现代化将改写现代化的世界版图，深刻影响世界政治经济格局，处理好内外关系更具挑战性；意味着任何一个小问题都可能演变成为一个大问题，实现社会良好治理难度大。谋划和推进中国式现代化的各项工作，都需要把巨大的人口基数作为重要前提。

第二，全体人民共同富裕是中国式现代化的本质特征，也是区别于西方现代化的显著标志。党的十八大以来，我们在促进共同富裕方面取得了显著成效。同时要看到，城乡区域发展差距和收入差距依然较大，与人民群众对共同富裕的期盼有距离，要自觉主动地解决城乡差距、地区差距和收入差距的问题。要在继续做好做大“蛋糕”的同时，进一步分好“蛋糕”，初次分配、再分配、第三次分配协同发力，努力提高居民收入在国民收入分配中的比重，努力提高劳动报酬在初次分配中的比重，着力解决好民生问题，让现代化建设成果更多更公平惠及全体人民。同时，要充分认识到，我国仍然处于并将长期处于社会主义初级阶段，实现全体人民共同富裕是一个长期过程，必须有足够的历史耐心；要按照经济社会发展规律循序渐进，不断地、逐渐地解决好共同富裕问题。

第三，既要物质富足、也要精神富有，是中国式现代化的崇高追求。西方国家的现代化往往伴随着信仰缺失、精神贫乏、物欲横流等问题，我国要坚决避免出现类似问题。还要看到，迈上现代化新征程，人民精神文化需求将持续增长，也会呈现越来越多元化的局面。推进中国式现代化，要推动物质文明和精神文明相互协调、相互促进，加强理想信念教育，培育和弘扬社会主义核心价值观，建设全体人民共同享有的精神家园，让全体人民始终拥有团结奋斗的思想基础、开拓进取的主动精神、健康向上的价值追求。

第四，尊重自然、顺应自然、保护自然，促进人与自然和谐共生，是中国式现代化的鲜明特点。西方国家的现代化大都经历了对自然资源肆意掠夺和生态环境恶性破坏的阶段，在创造巨大物质财富的同时，往往造成环境污染、资源枯竭等严重问题。我国人均资源禀赋严重不足，现代化所处的时代背景、历史阶段与西方国家快速推进现代化时显著不同，推进现代化面临更强烈、更严格的能源资源和环境约束，不可能走西方国家的老路，必须走出一条永续发展的新路，必须加快形成绿色低碳的产业结构、生产方式、生活方式，在守住底线、节约集约、多目标平衡下促进高质量发展。

第五，在坚定维护世界和平与发展中谋求自身发展，又以自身发展更好维护世界和平与发展，是中国式现代化的突出特征。中国是社会主义国家，决不可能走一些国家通过战争、殖民、掠夺等方式实现现代化的老路。当今世界，恃强凌弱、巧取豪夺、零和博弈等霸权行径危害深重，世界又一次站在历史的十字路口。还要看到，作为人口大国，中国的现代化将深刻影响世界政治经济格局，会受到一些国家的打压、遏制。我们要坚定站在历史正确的一边，高举和平、发展、合作、共赢旗帜，以中国新发展为世界提供新机遇，推动全球治理朝着更加公正合理的方向发展，促进各国共同走和平发展道路。

（二）

新征程上推进中国式现代化已经具备显著优势。新时代十年，在以习近平同志为核心的党中央坚强领导下，我们推动中国式现代化又向前迈进了一大步，在全球竞争中创造了竞争新优势：规模经济优势突出，能够为不同技术创新路线、商业创新模式提供足够赛道和空间；制造业系统性优势突出，能大规模标准化生产，又能快速响应个性化需求；科技创新能力不断增强，人才基础、创新主体、新兴产业、新型举国体制等优势正在聚合释放；经济深度融入世界经济体系，“世界工厂”的地位日益巩固，“世界市场”的重要性不断提升；人力资本质量红利显现，资本丰裕度明显改善，要素禀赋优势实现动态升级；新型城镇化和消费结构升级持续推进，总需求较快释放和升级。利用好、巩固好、发展好这些新优势，既是经济基本面长期向好的重要支撑，也是解决当前经济问题的重要基础，更是实现现代化目标的重要保障。

习近平总书记指出，“推进中国式现代化，是一项前无古人的开创性事业，必然会遇到各种可以预料和难以预料的风险挑战、艰难险阻甚至惊涛骇浪”。要清醒地认识到，当今世界百年未有之大变局加速演进，逆全球化思潮抬头，局部冲突和动荡频发，世界进入新的动荡变革期。我国改革发展稳定面临不少深层次矛盾躲不开、绕不过，来自外部的打压遏制随时可能升级。我国发展进入战略机遇和风险挑战并存、不确定难预料因素增多的时期，各种“黑天鹅”“灰犀牛”事件随时可能发生。

应对这些风险挑战，必须全面落实习近平总书记在2023年2月7日学习贯彻党的二十大精神研讨班开班式上的重要讲话精神，正确处理好顶层设计与实践探索、战略与策略、守正与创新、效率与公平、活力与秩序、自立自强与对外开放等重大关系。处理这六对关系，角度不完全一样，需要把握的重点、难点也不完全一样。处理前三对关系，主要靠我们自己的积累和把握；处理后三对关系，要注重学习借鉴国外现代化的经验教训，不断深化对现代化规律的认识，不断提高应对各种风险挑战的能力。

处理顶层设计与实践探索的关系，要根据现代化总体安排和分阶段、分领域的发展目标，设计好总体战略和各项分战略；要根据时和势的变化，勇于探索未知领域，提出新思路新办法，创造新鲜经验。

处理战略与策略的关系，要着眼于解决事关党和国家事业兴衰成败、牵一发而动全身的重大问题，谋划战略目标、制定战略举措，为中国式现代化提供强大的战略支撑；要适应新情况、新变化，把战略的原则性和策略的灵活性结合起来，因地制宜、因势而动、顺势而为。

处理守正与创新的关系，要毫不动摇坚持中国式现代化的中国特色、本质要求和重大原则，确保中国式现代化的正确方向；要顺应时代发展要求，积极识变应变求变，大力推进各方面创新，不断开辟发展新领域。

处理效率与公平的关系，要更好实现效率与公平相兼顾、相促进、相统一。既要提高效率又要实现公平，是一大世界性难题。处理得不好，要么损失效率，要么带来严重社会问题。在创造更高效率的同时，更好地维护社会公平，要坚持“两个毫不动摇”，把社会主义制度和市场经济更好有机结合起来，既要发挥市场经济的长处，又要发挥社会主义制度的优越性；要防止社会阶层固化，畅通向上流动通道，扎实推进共同富裕取得更为明显的实质性进展。

处理活力与秩序的关系，要实现活而不乱、活而有序的动态平衡。要深化各方面体制机制改革，充分释放全社会创新创造潜能；要适应人民群众在民主、法治、公平、正义等方面日益增长的需求，发展全过程人民民主，完善社会治理体系；要统筹发展和安全，贯彻总体国家安全观，健全国家安全体系。

处理自立自强与对外开放的关系，要加快构建以国内大循环为主体、国内国际双循环相互促进的新发展格局。在经济全球化背景下，任何一个国家的发展都离不开外部资源和外部市场，必须利用好国际循环。但是，大国和小国对国际市场的依赖程度不一样，小国发展可以依赖国际市场；大国发展必须立足自身，历来都以内循环为主体，而且随着经济规模的扩大，内循环越来越重要。2022年，新加坡进出口总额相当于国内生产总值的330.0%，而美国仅为27.4%。我国是人口大国，目前已是世界第二大经济体，未来发展要在扩大高水平对外开放、更好利用国际循环的同时，必须更多依靠国内大循环、增强内循环的内生动力和可靠性，必须提高产业链供应链韧性和安全水平，必须提高科技自立自强水平，把国家和民族发展放在自己力量的基点上。

应对这些风险挑战，还必须坚持系统观念和底线思维，充分发挥高端智库作用，加强理论研究和实践探索，做好政策和方案储备，及时破解前进道路上的各种难题，化解前进道路上的各种风险挑战。

（三）

近年来，国务院发展研究中心坚持运用习近平新时代中国特色社会主义思想的立场、观点和方法，围绕推进中国式现代化，开展了相关研究，形成了系列成果，可为探索现代化具体路径和破解现代化建设难题提供有价值的参考。

推进中国式现代化，必须把宏伟蓝图变成可执行的时间表、路线图。党的十九大和二十大擘画了建设社会主义现代化国家的宏伟蓝图，指明了现代化建设的方向。现代化的内涵随着技术的进步而不断拓展，现代化的路径因时代背景和发展所处阶段的不同而不同。我国现代化新征程恰逢新一轮科技革命和产业变革方兴未艾，又面临世界进入新的动荡变革期，现代化具有难得机遇，但也不会一马平川。把党中央的决策部署落到实处，需要通过深入研究，进一步明晰现代化的内涵，细化现代化的目标、任务和路径。《基本实现社会主义现代化：机遇挑战和战略路径》提出现代化是人类进入工业社会以来在科学技术推动的引领下，一个国家的经济、社会、文化、国家治理等领域由低级形态向高级形态演变的过程；认为新一轮科技革命和产业变革是新阶段现代化的最大机遇，超大规模经济及与之相适应的治理体系是新阶段现代化最重要的基础；明确发展知识技术密集型产业是新阶段经济结构升级的重大任务，在此基础上细化了基本实现现代化的目标任务，提出了基本实现现代化的战略路径和相关对策建议。

推进中国式现代化，必须加快农业农村现代化。农业现代化与农村现代化有其各自的规律，但两者之间又有相互依存、相互促进的逻辑关联。农业和农村在地理空间上交叉分布，在发展所需的基础设施上可高度共享，在发展所需的投入要素上有共同需求，在生态环境上会相互带来正外部效应或负外部效应。推进农业农村现代化，一方面应遵循农业现代化与农村现代化各自的规律采取针对性举措；另一方面也应从农业现代化与农村现代化既各有其规律又相互关联的情况出发，坚持一体设计、一并推进。《迈向农业强国：农业农村现代化一体设计、一并推进》着重分析了农业现代化和农村现代化的耦合性，提出要围绕空间、基础设施、生态环境、产业、人口等耦合点做好统筹谋划、系统布局、协同推进，为两者协调发展创造共同的基础条件、做好并行保障，建立健全两者相互促进的有效机制。

推进中国式现代化，必须提升产业链供应链的稳定性和竞争力。产业链供应链的稳定性和竞争力是国民经济循环稳定畅通和国家安全发展的重要基础，对建设现代化经济体系、构建新发展格局具有重要意义。在新一轮科技革命和产业变革深入发展、保护主义明显抬头、大国博弈愈演愈烈等因素影响下，国际产业链供应链加速调整、分化和重组，我国产业链供应链必须加快提升。《新发展格局与产业链提升战略》围绕畅通国民经济循环、构建新发展格局的需要，提出要实施产业基础再造和产业链提升工程，加快推进“强基础”“补短板”“锻长板”“提水平”“促升级”，着力提高关键领域自主可控能力、优势领域全球引领能力和战略性新兴领域产业链综合能力，打造安全可控、开放包容、韧性高效的产业链体系。

推进中国式现代化，必须实现高水平科技自立自强。科技是第一生产力，是全面建设社会主义现代化国家的基础性、战略性支撑，是国家强盛之基、安全之要。在美西方对我进行全方位围堵的背景下，实现科技自立自强显得尤为紧迫和重要。当前，我国科技自立自强水平的提高还面临不少体制机制障碍，不能适应市场经济条件下科技创新的新要求，各方科技力量缺乏有效协同，对人才和企业等关键创新要素的不合理束缚仍然较多，成果应用转化的支撑体系尚不健全。《科技自立自强：体制与政策》提出构建定位清晰、协同合作的科研组织体系，完善满足国家使命和产业发展需要的政策机制，建立符合科研规律和充分调动各方力量的支持新机制等，形成符合科研规律、有效满足国家需求、开放和有活力的科技创新体制。

推进中国式现代化，必须做大做强国内市场，特别是扩大国内消费需求。进入新发展阶段，以消费为主导的内需应逐渐成为我国经济最根本的发展动力，这是构建安全可控、富有韧性的经济体系的重要基础。当前，有效扩大内需和更好满足内需依然存在难点堵点和体制机制障碍，需要建立供求适配和互动互促的体制机制，以形成供需更高水平的动态平衡。《转向消费驱动》提出要加快构建以“全领域覆盖、全周期管理、全环节贯通、全要素支撑”为主要特征的完整内需体系，推动形成“高效匹配、强力激发、加速创新、有序转型”的内需发展新机制，深化供给侧结构性改革，强化消费促进政策和制度改革创新，做到供需双侧发力，进一步夯实有效扩大和更好满足内需的制度基础，为推动高质量发展提供强大内生动力。

推进中国式现代化，必须大力发展平台经济。经济平台化是数字时代最突出的商业变革之一。美国前国务卿基辛格等学者研究指出，人工智能技术驱动的平台经济已成为大国博弈的前线。大型数字平台企业一边吸引商户入驻平台，另一边吸引用户入驻平台，具有技术创新快、网络效应强、规模经济突出、动态竞争激烈等突出特点，很容易形成“赢者通吃”“一家独大”的市场格局，除了挑战既有的市场准入、反垄断、消费者保护等制度外，还带来了数字治理、网络安全和数据安全等领域的难题。《数字平台的发展与治理》针对社会上广泛关注的平台经济发展放缓、创新能力不足、国际竞争力下降等担忧，以及平台垄断、滥用市场支配地位、从业主体权益保护乏力等议题，提出了有效防范负外部性、促进数字平台良性发展、实现数字平台良好治理的思路和建议。

推进中国式现代化，必须有序推进人民币国际化。国际金融危机以来，人民币的国际货币职能逐步拓展深化，目前已成为全球第三大贸易融资货币，可以顺势而为积极稳妥提高人民币国际化水平。需要看到，人民币国际化有利有弊。货币国际化达到一定程度后，财政货币政策空间都能得到扩展，应对金融风险的能力会提升，但也可能带来银行、资产泡沫和汇率波动等风险。《国际货币体系演进与人民币国际化》在深入分析国际货币体系演进规律的基础上，围绕人民币国际化及其基础设施的现状、人民币国际环流和离岸市场发展等展开了深入研究，提出推进人民币国际化，要加快推进相关改革和政策，重点完善支撑人民币国际化的基础设施，引导和构建人民币环流机制，强化区域金融合作，完善人民币国际化的制度性保障，防范人民币国际化中的金融风险。

推进中国式现代化，必须加快实现绿色转型。力争2030年前实现碳达峰、2060年前实现碳中和，是推动高质量发展的内在要求。我国是世界上最大的发展中国家，在全面建设社会主义现代化国家新征程中实现碳达峰碳中和，关键是要处理好发展与减排的关系。实现“双碳”目标是一项系统工程，涉及生产方式、生活方式和空间格局等的转变，必须运用系统思维从根本上推动发展方式绿色转型。《绿色低碳转型》从“处理好发展与减排的关系”视角出发，遵循提高资源利用效率和抢占绿色产业新赛道并举的战略思路，重点研究了面向碳达峰碳中和的总体路径和关键举措，强调要加快完善激励约束机制，用好政府和市场“两只手”尽快建立健全碳排放核算核查制度、法律法规、标准规范及政府监管等基础性制度，补齐治理能力短板。

推进中国式现代化，必须建设健康中国。人民健康是民族昌盛和国家强盛的重要标志，也是中国式现代化的重要目标。由于全生命周期中不同年龄阶段的人面临不同的健康问题，针对不同年龄阶段的健康政策也应有所不同。同时，随着工业化、信息化、城镇化、全球化的推进，以及生产和生活方式的变化，影响人们身心健康的因素越来越多。建设健康中国，一方面要关注不同年龄阶段人群的健康需要，另一方面必须把健康融入所有公共政策。《健康中国：全生命周期视角》从人的生育、托幼、教育、就业、养老、临终关怀等全过程健康管理的需要出发，提出了通过全人群融入、全生命周期融入、全方位融入、全政策链条融入，将健康融入经济社会环境等各方面公共政策的具体建议。

推进中国式现代化是一项系统工程、长期任务，尚有不少深层次问题需要深化研究，在推进现代化的进程中还会出现新的问题和矛盾需要研究破解。国务院发展研究中心是直接服务于党中央、国务院的高端智库。我们将以习近平新时代中国特色社会主义思想为指导，深刻领悟“两个确立”的决定性意义，坚决做到“两个维护”，按照习近平总书记关于建设中国特色新型智库的重要指示精神，探索和创新适应新时代新征程需要的决策咨询机构组织形式和管理方式，不断增强综合研判和战略谋划能力，不断提升为中央决策咨询服务水平。同时，在充分全面准确领悟党中央精神的基础上，不断夯实基本理论训练和真实情况掌握这两项基本功，加快建设合作开放研究平台，深入开展现代化进程中的高质量发展的质量动力效率变革、站在高收入国家门槛上的中国、构建新发展格局、扎实推进共同富裕、促进人口高质量发展、深化社会主义市场经济体制改革等重大课题研究，不断推出高水平决策咨询成果，为推进中国式现代化作出应有贡献。

陆昊

国务院发展研究中心主任、党组书记

目　录

第九章

第十章

第十一章

第一章

新形势下人民币国际化的政策与措施

2008年国际金融危机以来，人民币国际化取得积极进展，国际支付功能有所增强、投融资货币功能持续深化、计价结算功能正在拓展、外汇交易规模扩大、国际储备货币功能上升、区域锚定货币作用增强。与此同时，地缘政治冲突和大国竞争加剧既为人民币国际化增添了许多困难和变数，也增强了人民币国际化的迫切性。

货币国际化是大国博弈的重要组成部分。货币国际化的基础在于经济金融实力，但政府的选择和政策引导会显著影响货币国际化进程。人民币国际化的进程要立足于我国的经济金融实力和国际金融体系的现状，积极稳妥推进。要在继续提升我国经济贸易全球比重的基础上，加快推进贸易本币计价、金融服务业对外开放、利率汇率市场化和资本项目开放，引导人民币离岸市场有序发展，构建人民币环流机制，以周边及“一带一路”沿线国家和地区为重点，为人民币自由使用创造更有利的政策环境。

一、人民币国际职能深化扩展，但仍处于国际化初期

从2009年我国启动跨境贸易人民币结算试点以来，人民币国际化可分为三个阶段。起步阶段（2009年7月—2015年7月）：2009年7月，开

始进行跨境贸易人民币结算试点，标志着人民币国际化正式启动，这一阶段人民币国际化各项基本功能快速完善。调整阶段（2015 年 8 月—2018 年 3 月）：2015 年下半年，人民币跨境业务出现波动。但随着我国金融市场恢复稳定，人民币国际化保持平稳发展势头，从以“走出去”为主转向“走出去”和“引进来”并重。2015 年 11 月，国际货币基金组织（IMF）决定将人民币纳入 SDR 货币篮子。加速阶段（2018 年 4 月至今）：2018 年 4 月，中国人民银行（简称央行）、中国证券监督管理委员会（简称证监会）、国家外汇管理局（简称外管局）等金融管理部门宣布一系列金融开放新举措，人民币国际化加速推进。2022 年 5 月，IMF 完成新一轮 SDR 定值审查，提高了人民币在 SDR 货币篮子中的权重。

（一）制度建设推动人民币国际货币职能深化拓展

目前，人民币已成为全球第三大贸易融资货币，第五大国际支付货币、外汇交易货币和国际储备货币，人民币国际化取得积极进展。

1. 国际支付功能在波动中提升

在跨境贸易结算方面，2009 年我国启动人民币结算试点，2010 年扩大试点范围和区域，2012 年将业务拓展至全部经常项目。在直接投资方面，2010 年开展人民币境外直接投资个案试点，2011 年启动境外直接投资（ODI）和外商直接投资（FDI）人民币结算。在证券投资方面，2010 年允许境外央行、港澳人民币业务清算行、跨境贸易人民币结算境外参加行在核定额度内参与银行间市场债券交易。2011 年和 2014 年，启动人民币合格境外机构投资者（RQFII）和人民币合格境内机构投资者（RQDII）机制。2014 年以来，我国又先后启动沪港通、深港通和债券通。

在各项政策的综合推动下，人民币在国际支付中的占比有所提高，2021 年 12 月达到 2.70%，一度超过日元，成为第四大国际支付货币；

2022 年 1 月达到 3.20% 的历史新高；之后有所回落，但多数月份保持在 2% 以上（见图 1–1）。

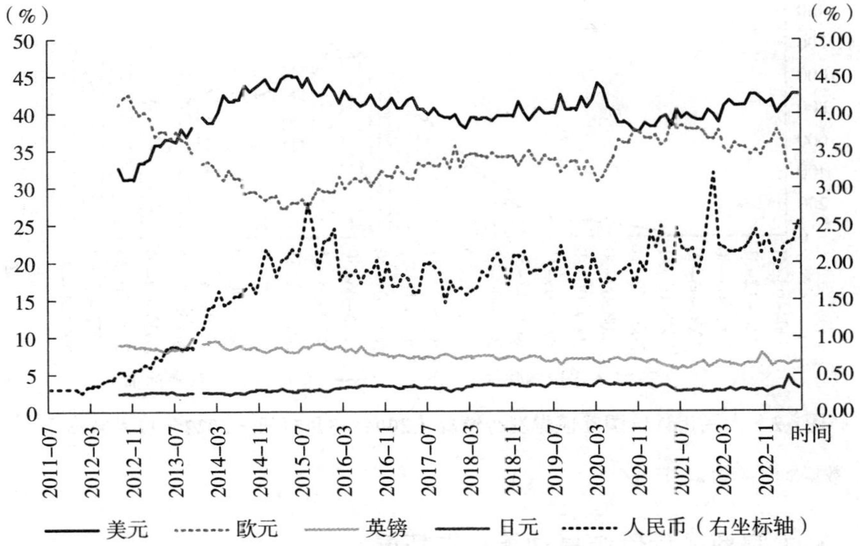

图1-1　主要储备货币在国际支付中占比（2011年7月—2023年5月）

注：本图实际数据到2023年5月，为了画图美观没有标出最新时间。以下图中若有类似问题原因同此，不再赘释。

数据来源：环球银行金融电信协会。

2. 国际债券发行货币的功能从高点回落后略有回升

从国际债务证券发行货币看，人民币计价国际债券余额在国际金融危机后有所增加。从 2010 年三季度开始，随着我国金融开放的推进，人民币国际债券市场进入快速发展阶段。2010 年三季度至 2015 年四季度，人民币计价国际债券余额在全球中的占比从 0.06% 提升至 0.60%，金额从 118.8 亿美元增长至 1250 亿美元。随后人民币计价债券余额出现波动，在 2019 年末降至 980.7 亿美元，2020 年以后再度进入稳步提升期，截至 2022 年末已升至 1545 亿美元，占比回升至 0.63%（见图 1–2）。

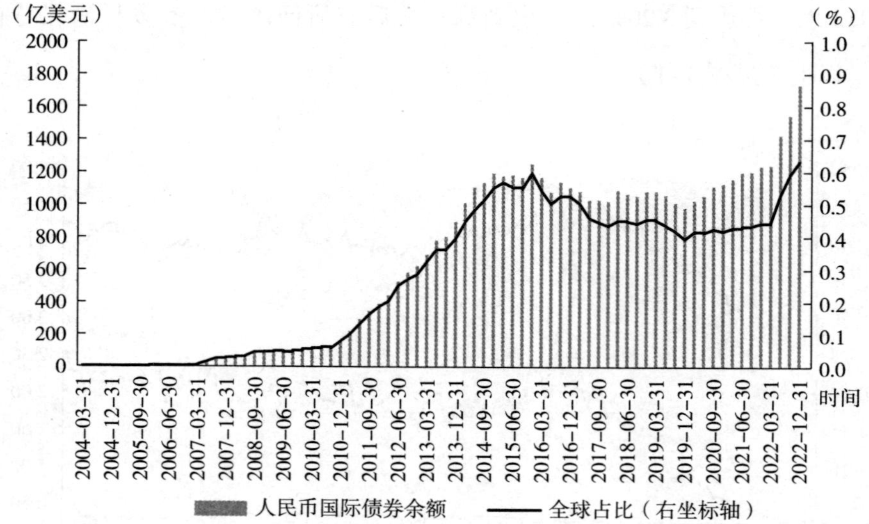

图1-2　人民币计价国际债券发行情况（2004年3月31日—2022年12月31日）

数据来源：国际清算银行。

3. 大宗商品计价结算功能正在拓展

2021 年末，我国已上市原油、铁矿石、精对苯二甲酸（PTA）、20 号胶、低硫燃料油、国际铜和棕榈油 7 个特定品种交易期货。境外交易者投资境内特定品种期货，可以使用人民币或美元等币种支付保证金。截至 2021 年末，折合成人民币计算，境外参与者累计汇入我国境内保证金 1244.98 亿元，累计汇出 1253.05 亿元，其中人民币占比分别为 69.1% 和 81.3%[①]。

4. 全球外汇交易占比持续提升

人民币在国际外汇交易中的占比在 2009—2015 年快速提升。2001 年人民币在国际外汇市场的交易总额仅 5600 万美元，占比不到 0.01%。2010 年这一占比提升至 0.43%，2016 年进一步提升至 1.99%。2016—2022 年，随着人民币国际化进入平稳推进期，人民币在国际外汇交易中的占比稳

① 《2022年人民币国际化报告》，中国人民银行，2022年9月。

步提升。尤其是 2019—2022 年，人民币在国际外汇交易中的占比提升了 1.34 个百分点（见图 1–3）。

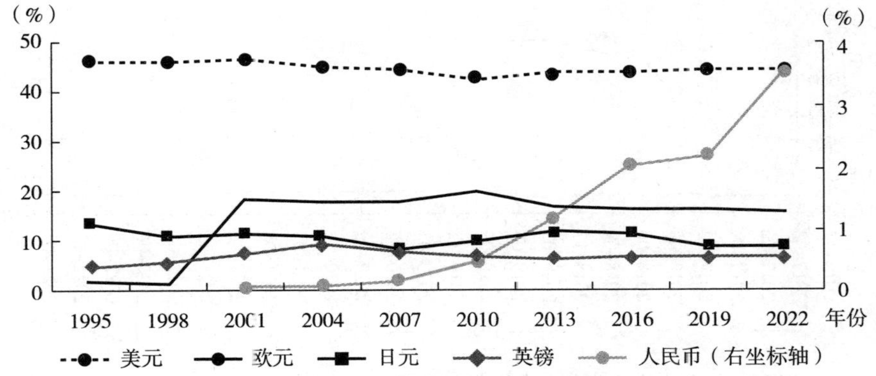

图1-3　主要货币日均外汇交易额占比

数据来源：国际清算银行外汇市场调查（每三年一次）。

5. 国际储备货币功能提升较快

2016 年 10 月，人民币被正式纳入 SDR 货币篮子。之后，人民币在全球外汇储备中的占比经历了两轮显著上涨。第一轮上涨在 2017 年 9 月至 2018 年 6 月，因俄罗斯大规模将美元转为人民币资产等原因，人民币在全球外汇储备中的占比从 1.12% 提高到 1.83%。第二轮上涨在 2020 年 3 月至 2023 年 3 月，我国率先控制新冠疫情并复工复产，提升了人民币资产的全球吸引力，人民币在全球外汇储备中的占比从 2.01% 提高到 2.58%（见图 1–4）。截至 2023 年 3 月末，全球人民币储备规模达 2881 亿美元，位居第 5 位。据不完全统计[①]，目前全球有 80 多个央行或货币当局将人民币纳入外汇储备。从非居民持有人民币资产看，2013 年末至 2023 年一季度末，境外机构和个人持有的境内人民币股票和债券资产规模分别增长了 9.1 倍和 7.2 倍[②]。

① 《2022年人民币国际化报告》，中国人民银行，2022年9月。

② 数据来源：万得资讯（Wind）。

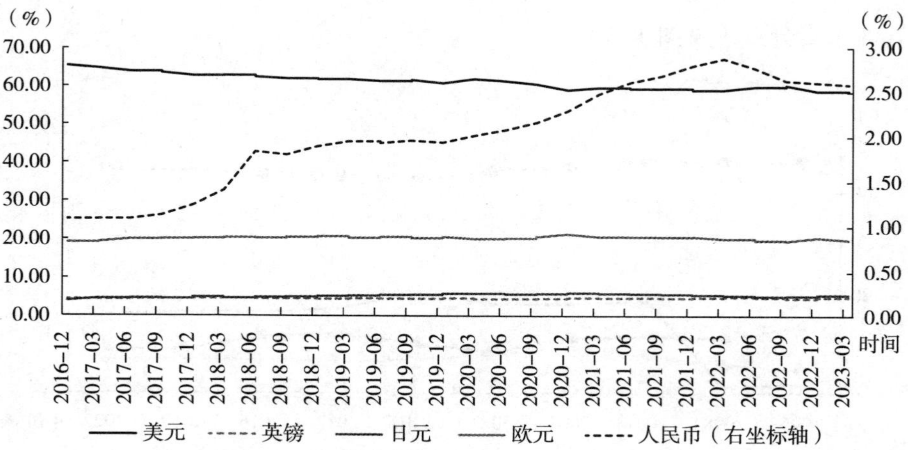

图1-4　全球外汇储备中主要货币份额（2012年12月—2023年3月）

数据来源：国际货币基金组织。

6. 人民币作为区域货币的锚定效应增强

自2010年6月人民币汇率恢复浮动①以来，新兴市场国家和大宗商品出口国货币汇率与人民币出现同步波动，人民币汇率的国际影响力不断提升。彼得森国际经济研究所的一项研究②发现，人民币在东南亚区域和“一带一路”沿线国家和地区的货币锚效应已开始显现，在部分区域的影响力接近美元。在52个样本国③货币中有32个与人民币汇率的相关性增强，且对人民币汇率的相关性提升了9个百分点，对美元和欧元的相关性分别下降了13个和9.1个百分点。韩国、印度尼西亚、马来西亚、菲律宾、中国台湾地区、新加坡、泰国等7个经济体的货币对人民币的锚定效应均值为

① 2010年6月19日，中国人民银行发布公告，决定进一步推进人民币汇率形成机制改革，增强人民币汇率弹性，宣告人民币汇率政策正式退出国际金融危机应对的非常规安排。

② Arvind Subramanian and Martin Kessler. The Renminbi Bloc Is Here: Asia Down, Rest of the World to Go?. PIIE Working Paper No.12-19, 2013.

③ 包括东亚和环太平洋地区10国、南亚3国、欧洲和中亚17国、拉丁美洲和加勒比海地区15国、中东和非洲7国。

0.55，超过了美元（0.34）和欧元（0.12）。其他地区中，智利、印度、南非、以色列、土耳其等国的货币也对人民币呈现较强的锚定效应。

当前国际货币体系有从美元和欧元的“双极”体系向包括人民币在内的多元体系过渡的趋势①。与此同时，人民币在“一带一路”沿线等国家和地区已经初步产生货币锚的实际影响力，但距离形成人民货币区仍有差距②。IMF（2018）③和国际清算银行（BIS）（2020）④的研究认为，人民币锚定区的经济规模在全球GDP中的占比已达30%，虽然落后于美元（40%），但超过了欧元（20%）。但相比美元和欧元，人民币货币区范围主要集中在“一带一路”沿线国家和地区影响力仍有局限性。

（二）人民币国际化仍处于初期阶段

1. 与成熟国际货币相比，人民币国际化程度有明显差距

相比于成熟的国际货币，人民币的支付、投融资、储备和计价功能均有明显差距。从支付功能看，人民币在全球支付中的占比较低。我国跨境收付款中美元的占比高于人民币⑤，而且跨境人民币的结算结构也不平衡。一是行业分布不均衡。跨境人民币结算机构涉及的行业主要集中在批发业以及计算机、通信和其他电子设备制造业，其业务量占所有跨境人民币结算业务量的47.5%；二是区域分布不均衡，人民币跨境贸易结算的主要

---

① Eichengreen, Barry. Exorbitant privilege: the rise and fall of the dollar and the future of the international monetary system. Oxford University Press, 2011.

② Kawai, Masashiro, and Victor Pontines. Is there really a renminbi bloc in Asia?: A modified Frankel-Wei approach. Journal of International Money and Finance, 2016 (62): 72-97.

③ Camilo E. Tovar and Tania Mohd Nor. Reserve Currency Blocs: A Changing International Monetary System? IMF Working Paper No. 18/20, 2018.

④ Hiro Ito and Robert N McCauley. A Key Currency View of Global Imbalances. BIS Working Papers No 762, 2020.

⑤ 主要因亚洲国家间的贸易往往是全球价值链的一部分，属于中间产品贸易，最终消费品的目标市场仍为美国，企业习惯于以最终出口地货币进行贸易计价。

对手方是我国香港地区（占比 42.2%），远高于境外第二大（欧盟，占比 18.1%）和第三大（东盟，占比 15.3%）交易对手地区。

2. 人民币国际地位落后于我国经济和贸易在全球中的地位

一是人民币国际化主要指标落后于我国总体经济实力。二是我国已成为全球最大的铁矿石、石油、钢材、大豆、农产品等大宗商品进口国，但既没有大宗商品定价权，也没有相关交易的本币计价结算权。大宗商品的计价结算货币仍由美元、欧元主导。从大宗商品计价结算看，2018 年 5 月，在联合国贸易和发展会议（UNCTAD）公布的 54 种大宗商品价格指数中，有 41 种以美元定价，有 11 种以欧元定价，没有以人民币计价的（见表 1–1）。三是虽然境外主体对人民币金融资产投资增长迅速，但人民币金融资产总体规模仍处于较低水平。截至 2023 年 3 月末，境外主体持有债券托管量占银行间债券市场债券托管总量的 2.5%，持有股票市值占 A 股总流通市值的 4.8%，远低于其持有的发达国家债券和股票水平。

表1-1　大宗商品价格指数及其计价货币（2018年5月）

计价货币	计价的商品数量	比例
美元	41	75.93%
欧元	11	20.37%
英镑	1	1.85%
指数	1	1.85%
总计	54	100%

数据来源：UNCTAD Commodity Price Index Methodological Note, pp.19–21, 2018。

二、人民币国际化支撑要素的主要进展

（一）资本项目开放进展

资本项目开放程度是进一步推进人民币国际化的重要影响因素。在货币国际化的初期，随着一国贸易额在全球贸易额中比重的提升，在市场需

求推动下，该国货币的国际使用程度会逐步提升。但货币国际化的进一步深化则需要资本项目开放的支撑。从国际经验看，德国和日本在推进货币国际化的过程中，均相应地推进资本项目开放。资本管制一方面限制了人民币国际使用的深度和广度，不利于人民币国际化水平的持续提升；另一方面，会增加货币跨境流动的交易成本，降低资源配置效率，影响对本币的信心。

IMF 将资本项目交易分为 7 大类，包括资本和货币市场工具、衍生工具和其他工具、信贷业务、直接投资、直接投资清盘、不动产交易和个人资本交易，并进一步根据交易方向（向非居民开放本国市场和向居民开放外国市场）、市场层级（一级市场和二级市场）等细分为 40 个子项目（见附表 1–1）。近年来我国资本项目的开放领域集中于资本和货币市场工具以及少部分衍生品工具。

在股票市场，以合格机构投资者和交易所联通为主要开放渠道。在引入境外投资者方面，先后推出合格境外机构投资者（QFII，2002 年）、人民币合格境外机构投资者（RQFII，2011 年）渠道，并在 2019 年取消对 QFII 和 RQFII 的投资额度限制。在对外证券投资方面，先后推出合格境内机构投资者（QDII，2006 年）、人民币合格境内机构投资者（RQDII，2014 年）渠道。在交易所联通方面，先后启动沪港通（2014 年）、深港通（2016 年）、沪伦通（2019 年）。

在债券市场，分别在银行间市场和交易所市场启动通道式开放。在引入境外投资者方面，2010 年 8 月，QFII、RQFII 和备案直接进入银行间市场（CIBM）三类境外机构获准进入银行间债券市场，开启了境外机构直接入市的全球通模式。2017 年，又推出了香港交易所和内地银行间债券市场互联互通的债券通模式。2020 年，允许在银行间市场开户的境外投资者直接投资交易所债券市场。2023 年 5 月，推出北向互换通，推进我国香港地区与内地利率互换市场互联互通。在境外机构到银行间债券市场发债方面，2005年推出了面向境外发债机构的熊猫债，发行主体包括境外非金融企业、金融机构、国际开发机构以及外国政府等。

在衍生品交易方面，2015年起允许境外交易者和境外经纪机构从事境内特定品种商品期货交易。2017年后，银行间利率和外汇衍生产品已向不同类型机构实现不同程度的开放。

在其他资本项下交易方面，外商直接投资和清盘的外汇管理手续不断简化，外商投资的负面清单不断缩减。

按照IMF和经济合作与发展组织（OECD）公认的定义，资本项目开放指取消资本流动管理措施，既包括交易环节的开放，也包括汇兑环节的开放。从实际情况看，我国资本项目交易环节和汇兑环节的开放缺乏统筹协调，部分项目交易环节已放开，但汇兑环节仍保留限制，这既增大了市场主体办理业务的复杂性，又降低了市场主体对跨境资本交易便利程度的满意度。

从目前国际上使用较多的衡量资本项目可兑换的综合性指数——Milesi-Ferretti指数[①]看，我国资本项目开放度不仅低于发达国家，也低于主要的新兴市场国家，未来仍有较大的提升空间。

（二）人民币汇率形成机制改革进展

1. 人民币汇率形成机制与人民币国际化的关系

当今主要世界货币大多实行浮动汇率制度。IMF公布的八大外汇储备货币（美元、欧元、日元、英镑、人民币、加元、澳元和瑞郎）中，美元、英镑、日元、澳元、加元均实行自由浮动的汇率制度；欧元对欧盟之

① 该指数由IMF提出，以剔除官方储备资产后的境外资产和境外负债存量之和占GDP的比重来测度。

外的国家货币实行自由浮动的汇率制度，对欧盟内的非欧元区国家货币实行“欧洲第二汇率机制（ERM2）”[①]；瑞郎自2015年开始也重新实行自由浮动的汇率制度。从国际经验看，人民币国际化需要更加市场化的汇率形成机制。从全球GDP排名前20的经济大国看，除中国和沙特阿拉伯分别实施其他有管理的安排（Other managed arrangement）和传统钉住汇率制度（Conventional Pegged arrangement）外，其余国家均实施浮动汇率制度。

浮动汇率制度有助于化解跨境资本流动可能带来的冲击。随着人民币国际化程度的提高，未来我国不可避免地要面对资本大规模跨境流动。进一步增强汇率弹性，能够充分发挥汇率“自动稳定器”功能，提前释放跨境资本流动冲击的风险，同时，还有助于减少离岸、在岸市场的套利问题，降低管制成本。

浮动汇率制度有助于增强我国货币政策的独立性。未来人民币国际化水平不断提升，资本项目开放稳慎推进，我国面临的“不可能三角”在政策约束下将越来越明显。灵活的汇率制度能够在很大程度上平抑资本大进大出的风险，增大货币政策的腾挪空间。

浮动汇率制度有助于拓展金融市场的深度，也有利于国内经济结构调整。缺乏弹性的人民币汇率会制约境内外人民币远期汇率市场的培育，导致市场投资者缺乏人民币汇率风险对冲工具，不利于提升境外投资者增持人民币资产的意愿。更加灵活的汇率形成机制有助于我国构建双循环新发展格局，推进国内产业从成本优势转向创新优势。例如，在德国马克渐进式升值过程中，德国并没有降低出口企业的国际竞争力，反而通过推动企业技术创新增强了产品的国际竞争力。

---

① 欧元与尚未加入欧元区的欧盟成员国之间货币汇率的波动幅度保持在15%以内。

2. 人民币汇率形成机制改革取得了显著进展

一是人民币汇率弹性显著增强，货币成熟度提升。2015 年“8 · 11”汇改后形成了“前日收盘价 + 一篮子货币汇率变化”的新的中间价定价机制。2017 年 5 月，为进一步优化人民币汇率市场化形成机制，对冲外汇市场的顺周期波动，央行在中间价定价模型中引入逆周期因子，形成“前日收盘价 + 一篮子货币汇率变化 + 逆周期因子”中间价定价机制，增加了央行预期引导权重。汇率形成机制改革使人民币中间价定价机制更为透明和合理。

二是人民币汇率趋近均衡水平，不存在系统性偏离。根据利率平价公式，利用中国和美国一年期国债利差、人民币对美元离岸即期汇率和无本金交割远期汇率变化，可测度人民币汇率对平价水平的短期偏离。测算结果显示，2015 年“8 · 11”汇改以来，人民币汇率实际定价与均衡水平的偏离呈震荡收窄态势，其中 2015 年 8 月至 2017 年 12 月偏离幅度较大，尤其是 2015 年 6 月股市大跌、2015 年 12 月美联储加息、2016 年 12 月美元持续走高期间，偏离度一度超过 2 个百分点。2018 年以来，汇率对平价水平的偏离度除 2018 年 10 月受中美贸易摩擦升级、2020 年 3 月受新冠疫情冲击以及 2021 年下半年受经济下行压力加大等阶段性影响大幅上升外，其余时期内总体振幅收窄，围绕均衡水平小幅波动（见图 1–5）。这表明，上一轮汇率形成机制改革以后，人民币汇率不存在系统性高估或低估[①]，对内外短期冲击的适应性明显增强。

---

① 2019年8月8日，国际货币基金组织发布的对中国的第四条款磋商报告指出，人民币汇率水平与经济基本面相符，并不存在明显高估或低估，这表明人民币汇率的均衡性已得到国际认可。

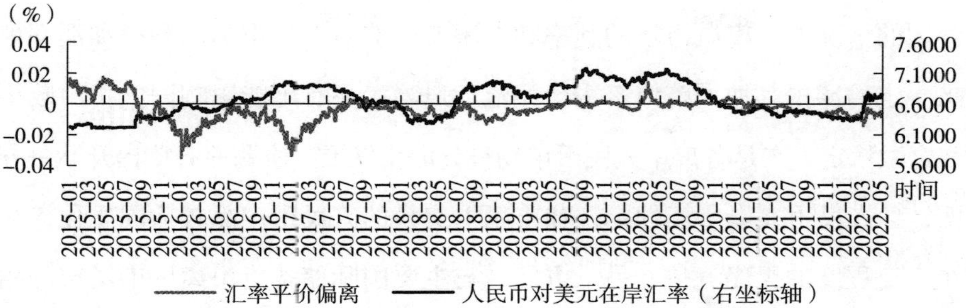

图1-5　汇率平价偏离度变动趋势（2015年1月—2022年5月）

数据来源：Wind。

（三）人民币离岸市场进展

离岸金融市场是推进货币国际化、形成国际货币环流机制的重要支撑。一是离岸金融市场资本管制较少，风险对冲和衍生工具发达，更容易发挥价格发现功能。二是离岸市场为大量的第三方交易（交易双方均非本国居民）提供了便利，有利于增大市场的广度和深度，推动货币国际化职能的演进。三是离岸金融中心作为金融创新的“试验田”，能够引导和推动在岸市场的金融创新，与之形成良性互动。

人民币离岸市场最初由边境贸易结算推动。2001 年我国加入世界贸易组织后，边境贸易规模进一步扩大，人民币在边境贸易中的使用需求不断增加。2003 年开通的香港人民币业务、2004 年开通的澳门人民币业务推动了香港人民币离岸市场的发展。2008 年国际金融危机爆发后，国际上对人民币的使用需求增加，离岸人民币市场快速发展。2016 年人民币加入 SDR 货币篮子后，离岸人民币市场规模进一步扩大。2021 年末，主要离岸市场人民币存款余额超过 1.54 万亿元，主要离岸市场人民币贷款余额为 5271 亿元，境外人民币清算行人民币清算量合计为 468.03 万亿元，银行同业清算量为 418.07 万亿元。

当前人民币离岸市场的主要问题有两个。一是在我国仍存在一定资本管制的情况下，离岸市场的利率和汇率有可能对在岸市场的利率和汇率带来一定的冲击，加大跨境资本无序流动风险，还有可能影响国内货币政策和金融稳定。二是各离岸人民币市场呈分散化发展，协调性有待提升。一方面，各人民币离岸市场的定位和市场上交易的人民币产品较为同质化，存在一定程度的无序竞争；另一方面，与主要国际储备货币离岸市场布局相比，离岸人民币中心主要集中在亚洲和欧洲，在与我国经贸往来密切的非洲、拉丁美洲等地区的建设相对滞后。

三、人民币国际化发展相对滞后的主要原因

人民币国际化程度落后于成熟国际货币和我国经济发展水平，有其客观因素。一是经济基础支撑还不足。我国经济总量大，但劳动生产率低，产业还处于全球价值链的中低端。贸易规模虽然居于全球首位，但主要嵌于欧美主导的全球价值链体系内，参与国际贸易本币计价议价能力不足。二是金融发展水平和开放程度还较低。我国国内金融市场的深度、广度和国际投资者参与的程度都不高，各项制度建设也还在推进中。三是人民币国际化启动至今仅十多年，获得全球广泛认可还需要时间的积累。从未来进一步推动人民币国际化的视角看，当前面临的制约因素主要有以下几点。

1. 贸易的数量优势未能充分转化为计价结算优势

我国国际贸易中使用人民币计价结算的比例偏低。2020 年，全球以我国为最大贸易伙伴的国家达到 64 个，远超美国的 28 个，更高于德国、日本（见表 1–2）；以我国为前五大贸易伙伴国之一的国家达 148 个，高于美国的 90 个（见表 1–3）。虽然我国在全球货物贸易中的“节点”作用日益凸显，但使用人民币计价结算的贸易占比不高。我国与主要贸易伙伴国以

及对中国商品有较强依赖性的国家，在贸易中使用双边货币结算的比重不高。人民币国际使用主要集中在我国内地与香港之间的跨境贸易上。作为全球大宗商品战略买家，我国并没有发挥与该地位匹配的附加影响力。

从国际经验看，货币国际化往往先从跨境贸易的计价结算和贸易融资上取得突破。我国在全球贸易中的地位上升较快，从国际商品体系的接受者较快地转变为重要参与者甚至主导者，但对全球商品体系规律的研究和利用，以及参与相关领域的制度建设方面均滞后。我国在以贸易优势地位支持人民币国际地位提升方面仍存在诸多不足。

表1-2　以某国为最大贸易伙伴国的国家数量（个）

年份	美国	日本	英国	德国	中国
1980	37	16	14	14	0
1990	44	16	11	20	3
2000	49	10	7	22	7
2010	36	5	3	22	27
2020	28	0	0	25	64

注：1945—1990年德国以联邦德国和民主德国两个国家的形式存在，1990年才统一。为行文方便，本书对跨越1990年的事件进行论述时，笼统称两国为“德国”。

数据来源：IMF，Direction of Trade Statistics（DOTS）。表1–3同此来源。

表1-3　以某国为前五大贸易伙伴国之一的国家数量（个）

	美国	日本	英国	德国	中国
1980	97	59	60	78	5
1990	107	79	64	107	6
2000	112	61	62	71	41
2010	91	39	33	58	126
2020	90	23	24	52	148

2. 利率市场化、资本账户开放虽取得一定进展，但所受管制仍较多

汇率灵活浮动、利率市场化决定、跨境资本自由流动是当前主要国际

货币发行国金融体系的共同特征。利率市场化、资本账户开放也是我国金融改革开放的重要方向，近年来进展较快。我国资本账户中七大类40个跨境资本交易子项目中，目前有37个已实现不同程度的可兑换，占比为92.5%。其中，有6项实现可兑换，15项实现基本可兑换，16项实现部分可兑换。3项尚不可兑换。不可兑换的项目包括非居民境内发行衍生工具和其他工具、居民个人向非居民提供贷款、非居民向个人提供贷款。在主要领域，我国利率市场化改革名义上已经基本完成。

对于我国的资本账户开放和利率市场化程度，国际上存在一定争议。IMF相关研究认为，资本账户的七大类中，我国至少有五大类存在不同程度的管制，尚未形成系统化的开放；股票市场以管道式开放为主，债券交易便利性有待进一步提高，且税收、终止净额结算的法律等基础性制度不健全；在跨境信贷领域，对企业对外放款实行余额管理，借用外债实行登记管理，借用长期外债需要审批；在直接投资领域，主要表现为需要多个管理部门的准入审批，资金的兑换和汇出程序较长；在个人资本交易领域，个人购汇额度范围内的银行办理业务程序便利化程度有待进一步提高；利率实际上仍存在一定程度的管制，存款利率行业自律标准较严格。

3. 金融市场深度和国际化程度不足，债券市场流动性不高

我国资本市场深度和国际化程度还不够。我国股票市场、债券市场规模居全球第二，仅次于美国，但与主要国际货币发行国相比，国际化程度还不足。2020年，美国股票市场外国投资者持有比重约16%，如果考虑通过共同基金等间接持有，比重会更高；日本约30%；英国和德国分别为57.1%和54.9%。我国股票市场外国投资者持有比重与欧美国家和日本相比差距明显。债券市场上，外国投资者主要投资我国国债和低风险政策性银行债，2020年我国国债市场外资持有比重达9.7%，略低于日本（13.3%），显著低于美国（29.1%）、英国（27%）和德国（45.4%）（见图1–6）。

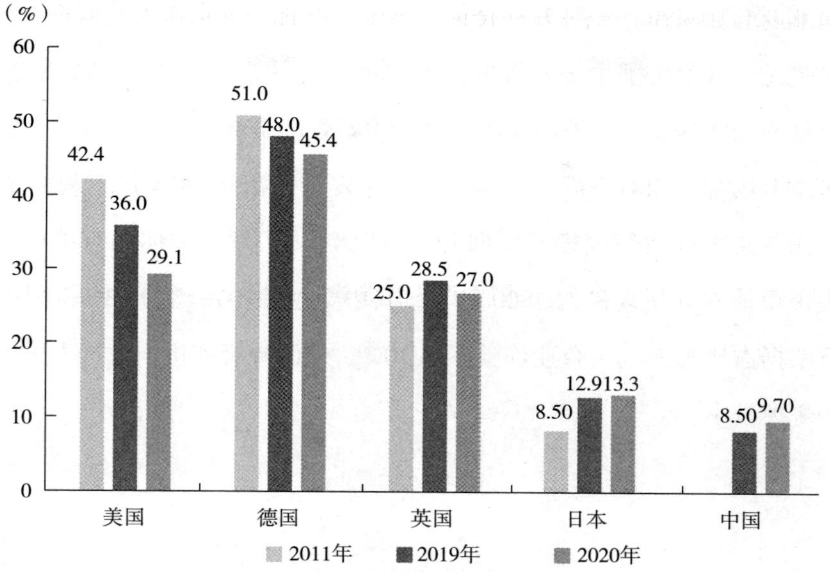

图1-6 国债市场外国投资者持有比重

数据来源：美国证券与金融市场协会（SIFMA）、欧洲统计局（Eurostat）、万得资讯（Wind）、英国财政部和日本财务省债务管理报告。

国债市场流动性较低。国债是国际投资者资产配置的重点和外汇储备主要投资标的。成熟开放的国债市场有助于促进境外本币回流，是货币环流机制的重要组成部分。美国国债市场规模全球最大、流动性最强。据美国财政部披露数据，2020 年美国国债余额约为 26.9 万亿美元，超过其 GDP，换手率为 7.4，它吸引大量美元回流美国，有力支撑了美元的国际地位。同年我国国债余额为 2.9 万亿美元，仅相当于我国 GDP 的 19.6%，换手率仅约 2.4。我国国债市场投资者高度集中，约六成国债由商业银行持有，商业银行风险偏好低、交易行为趋同。为降低国债价格波动对财务报表的影响，部分银行倾向于持有到期，影响了国债的交易活跃度。国债期限结构中，我国高流动性的短期国债（1 年期及以下）占比较低，而美国短期国债占其存量国债比重超过 20%。

离岸人民币债券市场不活跃。离岸债券市场的发展能够有力推升国际货币投融资职能。根据彭博数据，2019 年全球美元债券发行规模为 9.2 万亿美元，其中美国本土发行占比为 85%，欧洲美元债券发行占比为 15%，大量美元债券发行在美国本土之外。中国香港是离岸人民币债券主要发行地，市场规模相对有限，2014—2019 年发行规模从 2274 亿元萎缩至 1988 亿元，2020 年发行规模有所回升（见图 1–7）。发行主体相对单一，离岸人民币债券存量规模约 3800 亿元，其中金融债券占比为 53%，国债和央行票据占比为 36%，企业债券不到 10%，外国政府和机构发行人民币债券的规模较小。

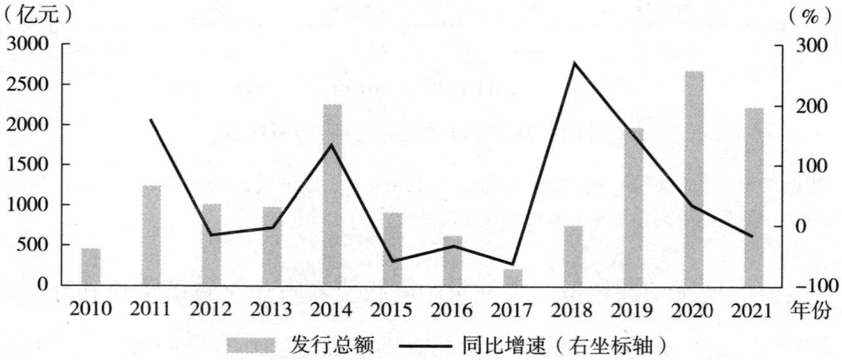

图1-7 中国香港离岸人民币债券发行规模

数据来源：Wind。

4. 金融机构国际化程度有待提升，重点地区覆盖面有待扩大

国际化的金融机构是一国货币国际化的重要支撑。英国、美国的金融机构全球布局网络，为英镑、美元流通提供服务。“一战”后，虽然英国的经济地位已低于美国，但英国金融机构仍在全球银行、贸易融资、证券交易中占据主导地位，这是 20 世纪 30 年代英镑仍对美元构成强力竞争的重要原因。目前英镑的国际地位仍高于人民币，英国国际化的金融机构是重要支撑因素。

我国金融机构国际化程度不高，重点地区覆盖面不广。JP 摩根、美国银行、花旗和高盛等国际大型银行的海外业务利润比重接近或超过 20%，我国除中国银行接近 20% 外（海外业务利润近一半来自中银香港），工商银行、建设银行和农业银行都不到 8%。

2020 年中资银行累计共设立 1400 多家海外分支机构，覆盖全球近 70 个国家和地区，初步搭建起全球业务网络，但重点地区覆盖面还不够广。从四大行海外分支机构分布情况看，亚洲、欧洲比重分别为 37%、33%，占比较高，与我国贸易往来密切、人民币需求较大的拉丁美洲（6%）和非洲（5%）比重偏低（见图 1–8）。

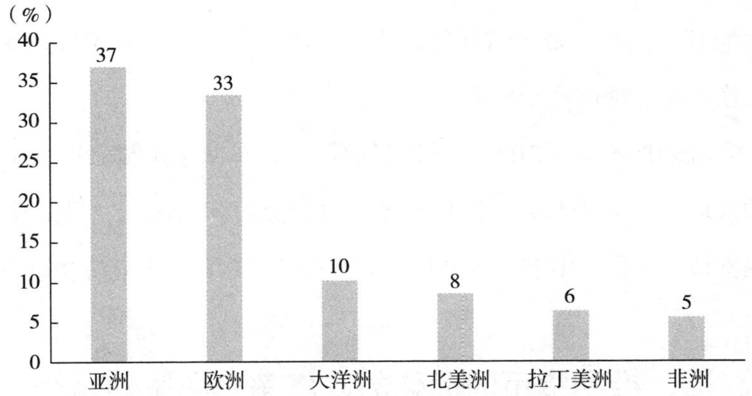

图1-8 2020年我国四大行海外分支机构分布情况

数据来源：根据2020年四大行年报和公司官网整理。

5. 人民币跨境支付基础设施有待完善，业务规模相对较小

人民币跨境清算结算基础设施起步较晚，业务规模相较美元和欧元，差距明显。人民币跨境支付系统（CIPS）于 2015 年上线，分别较美国 CHIPS、欧元区 TARGET2 晚约 50 年、20 年。CIPS 业务量与成熟国际货币跨境结算系统差距大，效率有待提升。

一是业务量差距大。2020 年 CIPS 累计处理金额 45.3 万亿元（约 7.2 万亿美元），相当于美国 CHIPS 的 1.75%、欧元区 TARGET2 的 1.3%。

2020 年 CHIPS、TARGET2 交易总金额分别约 400 万亿美元、450 万亿欧元。这种状况既与人民币国际货币地位不高有关，也受到 CIPS 使用便捷度和效率的影响。

二是标准兼容性有待提升。跨境信息传输（如接收行名称、转账科目）需要统一标准，否则会影响效率并产生风险。环球银行金融电信协会（SWIFT）是全球最重要的金融报文传送与交换处理体系，属于非官方协会组织，总部位于比利时，遵守欧盟和比利时法律。美国“Fedwire+CHIPS”与 SWIFT 高度兼容，欧元区 TARGET2 境内与跨境结算均使用 SWIFT 系统。部分境外金融机构习惯使用 SWIFT 报送信息，CIPS 报文标准可与 SWIFT 兼容，但最终资金结算的人民币大额支付系统（CNAPS）为中文报文，转换效率和准确性受影响。

三是流动性不足。CIPS 不允许日内透支，有助于控制信贷风险，但增加流动性成本，如果有会员机构发生临时资金短缺的情况，可能缺少有效流动性支持。美国 CHIPS、欧元区 TARGET2 都具有日内信贷功能。

四、推动货币国际化的政府角色和驱动路径

（一）市场力量是货币国际化的基础，但政府政策选择和大国博弈影响显著

1. 美国政府早期不重视美元国际化，后期则积极推动

美元取代英镑成为国际主导货币是国际金融体系历史上的重大变革。此变革并非完全依靠市场驱动。

美国政府在早期并未主动推动美元国际化。美国从华盛顿总统时期就采取孤立主义，远离欧洲事务。19 世纪中后期，美国出口增加，对国际市场的依赖度提高，逐步放弃孤立主义传统，并优先向英国势力薄弱的南

美洲和亚洲扩张。1912年美国时任总统塔夫脱提出以“金元外交”（鼓励美国银行家和企业家到国外去投资）替代“枪炮外交”（用坚船利炮武力征服获取利益）的政策。美国加强与拉美地区的经济合作，通过关税等打压欧洲强国。1915—1924年，在英镑主导的国际金本位体系下，覆盖拉美地区的美元区开始形成。美元在成为国际主导货币前先实现了货币的区域化。

美国政府的政策选择为中后期快速推动美元国际化提供了条件。1913年之前美国没有央行，更没有明确的货币国际化战略，美元国际化缺乏推动主体。受联邦主义影响，美国各州一直限制联邦政府集中权力，这在金融领域尤为明显。美联储于1913年成立，在时间上远远滞后于英格兰银行（1694年成立）和法兰西银行（1800年成立）。美联储成立后采取的关键政策是发展美元计价的贸易票据（Trade Acceptances），这有效推动了美元国际化。从外部环境看，“一战”扰乱了英镑计价的贸易信贷市场，为美元贸易票据发展提供了重要契机，推动贸易商大规模转向使用美元贸易票据，相关交易商组织和机构开始出现，如1919年与1921年先后成立的美国承兑汇票理事会（American Acceptance Council）与纽约国际承兑银行（International Acceptance Bank of New York）。“一战”结束时，美国的贸易票据市场规模已超过英国。20世纪20年代后期，美国进出口贸易中有一半以上通过美元计价的银行承兑汇票结算，打破了英镑在国际贸易计价中的垄断地位，美元国际地位明显增强。

2. 货币国际化需服务国内发展目标，日本、德国都曾限制货币国际化

日本、德国在20世纪80年代后积极推进货币国际化，但在此前却对货币国际化采取抑制态度，主要是担心本币升值导致出口竞争力降低或资本流入引发输入型通胀。

日本主要担心日元国际化引起日元升值，降低其产品的出口竞争力。“二战”后日本为促进出口，实施汇率低估、利率管制和资本管制政策。日元对美元汇率长期维持在 360 日元 / 美元。日本实施利率管制，为工业和出口提供低成本资金。1949 年后日本颁布《外汇和外贸管理法》和《外资法》实施资本管制，控制非居民在日本境内投资。1964 年之前日元经常账户不具有完全可兑换性，1972 年之前一直有强制结汇要求。由于日元国际化需要利率市场化和资本账户开放，并可能造成日元升值，日本在 20 世纪 80 年代前推动日元国际化的动力不强。20 世纪 80 年代，美国国内面临通胀和美元升值压力，开始施压日本放松金融管制、推动日元升值。1983 年，日本大藏省和美国财政部成立日元美元委员会，推动日本金融开放和日元国际化。

德国主要担心货币国际化后资本大量流入，加大通胀压力。德国中央银行将价格稳定作为最高政策目标，担心马克国际化会带来跨境资本大进大出，影响货币控制力和抑制通胀能力。在布雷顿森林体系下，德国马克长期面临升值压力，1960 年至 1969 年，为限制国外资本流入（尤其是来自美国的投资），德国限制非本国居民购买货币市场基金。德国央行明确表示，会阻止各国储备马克资产。20 世纪 80 年代，德国马克在全球外汇储备中所占的份额未超过 15%。与日本不同的是，德国早在 20 世纪 60 年代就推动马克小幅升值，1961 年马克首次从 4.2 马克兑 1 美元升值至 4 马克兑 1 美元，1969 年再次升至 3.66 马克兑 1 美元。德国通过主动升值释放贸易顺差压力，并激励企业创新和提高劳动生产率。

3. 货币国际化往往伴随着大国博弈

美国政府的打压加速了英镑的衰落。英镑在 1931 年、1949 年、1967 年和 1992 年发生了四次货币危机，严重损害了英镑的购买力和价值储藏功能。美国在此期间多次打压英镑。1956 年苏伊士运河危机时美国集中抛售英镑是典型事件。“二战”后，美国对英国进行援助时还附加条件以削弱英镑地位。为避免英镑被集中抛售，“二战”后英国政府规定仅限于当期获得的英镑收入可兑换美元，并通过一系列双边协定让其他经济体保留已有英镑。为彻底打破英镑在英联邦体系内的使用惯性，1946 年美国向英国提供 37.5 亿美元的亘建贷款时，要求英国在获得贷款后一年内恢复经常账户可兑换性。最终英国于 1947 年 7 月 15 日恢复了可兑换制度，比布雷顿森林协议规定的最后期限提前了 5 年。

面对美元竞争，英国多途径维系英镑国际地位。英国在 20 世纪大萧条后组建英镑集团，以维持英镑国际使用。成员国货币对英镑维持固定比价，各国间贸易以英镑为计算单位，外汇储备主要存放在英格兰银行。英国组建英镑集团的目的主要是限制成员国转向使用美元，巩固英镑在国际金融体系中的地位。1939 年后该集团演变为更加松散的英镑区。布雷顿森林体系建立后，美元已经确立了国际主导货币地位，但英国仍要求英联邦成员国家优先持有英镑资产作为外汇储备，限制其卖出英镑资产，且卖出时只能卖给英联邦成员，以延缓英镑国际储备货币地位的下降趋势。

日元国际化的启动和中断均深受美国政府影响。日元启动国际化的两大标志性事件均与美国政府相关。一是 1983 年日本大藏省和美国财政部成立日元美元委员会，讨论日本金融开放和日元国际化。二是日元大幅升值，标志性事件是 1985 年“广场协议”的签署。此后，日元国际化进程明显加快。日元国际化过程的中断既与国内泡沫破灭有关，也受到美国主导的国际金融协调的影响。1987 年 2 月七国集团召开卢浮宫会议，目的是阻止“广场协议”后美元的持续贬值趋势，推动美元汇率相对稳定。为此，各国停止加息，保持低利率水平。低利率造成日本资产泡沫积累，为经济危机埋下伏笔，20 世纪 90 年代后伴随内外部金融危机的爆发，日元快速国际化进程中断。

（二）主要经济体驱动货币国际化的路径

1. 贸易计价结算驱动

提高贸易计价结算比重是货币国际化的起点。在国际贸易中采用本币计价结算可以减少外汇依赖，规避汇率风险，降低企业交易成本。推动市场主体使用本币计价结算，需要政府创造条件。19 世纪的英国是最大贸易国和顺差国，出口额占欧洲出口份额的 40% 左右，支撑了英镑在贸易计价中的地位。美联储成立后推动美元计价的贸易票据的使用，美元逐步替代英镑成为国际贸易中的主要计价货币，这是 20 世纪 20 年代美元地位快速上升的重要原因。

2. 境外投资驱动

推动对外投资使用本币是提升货币国际地位的重要路径。英国、美国、日本在货币国际化早期均鼓励以本币开展对外投资。1825 年到 1913 年，英国对外投资额从 5 亿美元增加到 195 亿美元，远超其他国家，这些投资当时主要以英镑计价。美国马歇尔计划本质上也是以美元计价的对外投资。1948—1957 年，美国政府通过“美元赤字”策略，增加对他国的对外投资和贷款、对外援助和军事开支，将美元输出至其他国家。据估算，美国在 1946—1953 年通过马歇尔计划、道奇计划等向其他地区转移了价值 330 亿美元的商品和服务（不包括军事产品），相当于美国总出口额的 1/4。输出的美元或被各国作为外汇储备囤积，或被用来购买美国商品。为促进日元境外使用，日本政府于 1987 年制定了“黑字环流”计划，政府从国际贸易顺差中拿出一部分资金，作为优惠贷款回流到发展中国家，主要目的是输出日元。

3. 金融深化和金融开放驱动

便捷的本币资产投资渠道是驱动境外主体持有和使用本币的基础。这就需要建立有深度的、高度开放的金融市场。19 世纪前叶，英国与法国的经济规模大体相当，都相当于全球 GDP 的 5%。但英国金融市场发展程度远超法国。英格兰银行建立于 1694 年，远早于法兰西银行（1800 年）。1855 年英国有超过 400 家银行，而法国不少地区没有银行。英国票据交换所成立时间比法国早 100 年。发达的金融市场是英国成为全球金融中心、英镑成为国际货币的基础。美国金融市场快速发展，是大萧条后驱动美元奠定国际地位的重要原因。当前美国国债市场是全球规模最大、流动性最强的债券市场，美国国债存量超过黄金、欧元区国债等其他类似资产。

4. 区域金融合作驱动

货币国际化往往以区域化为先导。20 世纪初期，美元在成为国际主导货币前，已经在美洲发挥了较大作用。20 世纪 70 年代至 90 年代，在欧元推出之前，德国马克已经成为欧洲主要的贸易和储备货币。在 19 世纪英镑崛起阶段，英国首先推动英镑在殖民地体系内使用；在“二战”后英镑衰落阶段，英国也通过组建英镑区维系英镑国际地位。区域金融合作推动货币国际化，主要通过货币政策协调、汇率稳定机制、金融市场开放等制度安排和成立区域性国际金融机构来实现。推出欧元是近 30 年来较成功的区域金融合作举措，统一货币收益巨大，欧元成为主要国际储备和贸易结算货币，欧盟国际金融地位显著提高。2018 年欧盟 28 国[①]整体对外出口中欧元结算占比为 49%，美元结算占比仅为 34%，整体进口中欧元结算占比为 35%，剔除原油进口后达 48%。在 20 世纪 90 年代日元国际化快速推进时期，日本积极与东亚和东南亚国家开展多种形式的金融合作，成立亚洲开发银行，提出设立亚洲债券基金等倡议，这些都是推动金融区域化的积极探索。

---

① 统计口径为欧盟28国，包括英国、瑞典、波兰、罗马尼亚、丹麦、捷克等非欧元区国家。欧元区内部跨国贸易基本都已使用欧元结算。

5. 政策信誉驱动

货币国际化需要货币发行国经济金融稳定运行，以透明、可预期的制度约束树立该货币的信誉。一是货币当局遵守货币发行制度，维持币值及本币计价资产的价值长期稳定。美国、英国、日本及欧洲央行均具有较强的独立性，不会轻易受政府经济政策目标的左右。“一战”爆发到 1925 年英国恢复金本位制前，当时只有美国将货币与黄金挂钩且未改变黄金的美元价格，美元的货币锚作用大幅提升。二是政府严格信守内部承诺，维持金融财政政策的稳定性。主要表现为按时履行债务承诺，如英美两国国债自发行以来，历史上从未发生过延期支付利息或本金的情况，享有最高的信用评级。多数主要国际储备货币发行国均遵守严格的通胀目标制，树立起不会通过通胀稀释主权债务的信誉。三是政府遵守对外承诺，尊重本币利益相关者的利益，维护本币可兑换性和本币资产安全性。布雷顿森林体系后期，面对严重的国际收支失衡问题，美国被迫放弃了美元兑换黄金承诺。然而，在此之前仍尽可能通过国际合作、动用大量国际资源来维持美元币值稳定。四是政府及时履行本币国际供应义务，建立稳定的本币国际供应渠道。2008 年国际金融危机期间，为应对美元流动性短缺问题，美联储与 14 家外国央行达成临时美元流动性互换安排，及时出手稳定全球美元流动性，美元国际地位得以巩固。

成功实现货币国际化需要综合上述驱动因素。如果某一方面存在明显短板，则会制约货币国际化的进展。例如，欧元区金融市场深度不够，这是欧元地位低于美元的重要原因之一。欧元区国债市场割裂，各国债券虽都以欧元计价，但实际上各国政府信用差异很大，德国国债的安全溢价远远高于南欧国家。日元国际化总体不成功，其政策信誉不高是重要原因之一。日元汇率经常大幅波动，给境外持有者带来很大风险。

五、新形势下需稳妥推进人民币国际化

（一）构建新发展格局，需要稳妥推进人民币国际化

1. 人民币国际化可以为我国在全球配置资源提供便利

人民币国际化是由其不断扩展的国际货币职能支撑的。这些职能是金融深化和国际化发展到一定程度后的客观需要。从支付结算功能看，人民币国际使用的提高可以降低国际贸易中企业的汇兑成本和汇率风险。从投融资功能看，人民币国际使用可以为我国在国外配置生产资源和金融资产提供便利。前者有利于我国以较低成本构建自主产业链和供应链，后者可以降低我国进行国际投资时的汇率风险，并通过在更大范围内配置资产降低系统性风险。更多外国投资者持有人民币金融资产，可扩大我国金融产品的国际市场范围，使之获得更加公允的估值。计价功能的扩展则有利于增加我国对部分大宗商品的议价权和定价权，在国际贸易中更好地维护自身权益。人民币储备功能的提升具有战略性意义，可以在降低我国巨额外汇储备的基础上，扩大货币政策的空间。

此外，人民币国际化的推进也是一项系统工程，需要利率、汇率市场化，资本项目开放和金融改革作为配套。推进人民币国际化，可以倒逼我国金融体系深化改革、扩大开放，从而为我国经济转型升级带来新的动力。

2. 人民币国际地位显著提高，可增强我国应对经济金融危机的能力

主要国际储备货币发行国可面向全球发行本币计价的债券，融资范围和渠道大幅拓展，且不需筹集外币偿还债务，不存在汇率波动风险，从而增强了政府应对经济金融危机的能力。为应对新冠疫情的冲击，美国政府债务率（政府债务 /GDP）从 2019 年末的 102.9% 骤增至 2020 年末的

132%，创造了历史最快增速和最大增幅。2020年美联储、欧洲央行实施量化宽松政策，资产购买规模均超过GDP的6%，而不具备国际货币地位的新兴经济体资产购买规模多在1%~2%。特别是在国际金融市场大幅动荡时期，主导型国际货币安全资产作用更加突出。比如，无论是2008年国际金融危机，还是新冠疫情期间，即使美国处在金融危机的震中，市场也抛售其他资产、更多持有美元资产，美元汇率不降反升。正是有上述作用，国际货币地位还可降低并分担应对危机的成本。国际主导货币发行国的债务缩减效应也有利于其应对经济金融危机。比如，美国的境外资产多以其他货币计价，但境外负债多以美元计价。当美元贬值时，美国的境外资产增加，境外负债减少，导致净负债减少。

3. 人民币国际化可以为我国实施宏观调控扩展资源

货币国际化可以提升政府的负债能力、扩大财政政策空间，还可以降低政府的对外融资成本。主要国际储备货币发行国金融资产的安全性相对较高，其国债被视为安全资产，是全球外汇储备和私人资产配置的重要标的，能够以较低成本融资。正是由于上述原因，政府的债务可持续性增加。美元的国际货币地位是美国维持庞大对外债务的重要原因。美国融资成本低但投资收益率高，净资产回报率为正，有助于维持高负债格局。随着本币国际地位的提升，主要国际货币发行国能够通过非常规货币政策，实施力度更大的宽松政策。

（二）人民币国际化可能带来的挑战

1. 人民币国际化后，“政策自主空间”将受到挤压

当前我国财政和货币政策仍处于正常区间，相比发达国家我国宏观调控仍有较大回旋余地。但上述政策空间的保持是有条件的，其中资本账户未完全放开发挥了重要作用。货币国际化要求资本项目更加开放、利率决定机制更市场化，这将使国内政策不得不与国际政策趋同。因为在资本账户高度开放的条件下，较高的境内利率水平将吸引境外低成本资金流入，境内居民也可以从境外获得低息贷款，境内的高利率水平难以维持。国际金融危机后，美国、欧元区、日本实施零利率或负利率，这既是其国内宏观调控的需要，很大程度上也是其金融高度开放条件下的被动选择。因为其他主要经济体实施零（负）利率后，本国难以维持高利率，国内政策与国际政策的同步性很强。

2. 人民币国际化后，宏观经济管理复杂性将会加大

货币国际化后一般会形成规模庞大的离岸货币市场。离岸货币市场调控难度大，且会牵引在岸货币市场运行。欧洲美元市场兴起后，不少美国金融机构将业务转向监管更少的离岸美元市场。离岸美元市场对在岸美元市场形成干扰，美国企业和居民在20世纪60年代大规模向境外投资，美国资本项目出现逆差，这是美国实行资本管制进而推动国内利率市场化的重要原因。2015年我国“8·11”汇改后，人民币汇率快速走低、外汇储备流失与离岸人民币市场对在岸人民币市场的影响不无关系。

国际货币体系主导国的宏观政策调整会对全球经济产生溢出和回溢效应，政策制定需要考虑的因素更加复杂。国际金融动荡时期，国际货币主导国央行需承担“国际最后贷款人”职责，否则流动性枯竭会导致更严重的金融危机，这是2008年美国与欧盟等成立国际货币互换网络的重要背景。货币国际化后，该货币发行国的金融机构海外活动会随之扩张，对其监管难度加大。比如美国、欧洲和日本的主要金融机构广泛设立海外分支机构，将高风险业务转移到监管薄弱地区。全球金融监管套利是美国雷曼兄弟银行、英国巴林银行等破产倒闭的重要原因。

3. 人民币国际化程度提高的过程可能会伴随金融风险多发

我国推动人民币国际化，需要与国际通行规则和做法对接。货币国际化需要一系列配套制度安排。当前国际货币体系下，发达国家普遍实现了资本账户开放和利率市场化，这也是我国金融改革的方向。但金融开放和市场化程度提高后，跨境资本流动增加，势必会增加金融波动风险。发达国家在利率市场化和资本账户开放过程中都发生过较大的金融危机。英国快速放开利率管制后，1974 年曾发生银行危机，60 余家中小银行破产重组。美国 20 世纪 80 年代取消“Q 条例”、放开利率管制后，中小银行竞争加剧、利差缩小，导致 1987 年发生储贷危机。从更大范围看，在主要国际货币地位更迭期，全球发生金融风险的可能性显著加大。1929 年大萧条就发生在英镑国际货币地位下降和美元国际货币地位上升的交接期[①]。

（三）人民币国际化面临的有利条件在增加

1. 经济长期向好的基本面将对人民币国际化形成持续支持

经济体量和贸易规模将对人民币国际化形成持续支撑。国际货币发行国的经济体量均位居全球前列。2020 年中国 GDP 超过 100 万亿元人民币，经济总量位居全球第二，达到美国的 70%，与美国的经济差距持续缩小，相当于日本、德国、印度和英国的 GDP 之和。经济总量的持续扩张和在全球贸易中占比的提升，将强化中国经济对全球经济的影响力，进而提升人民币国际地位并为其各项国际职能的发挥创造需求和条件。美国工业产值在 1894 年超过英国，1913 年美联储建立后才开始推动美元国际化，在此之前大约有 20 年的影响积累期。随着我国经济和贸易影响积累期的拉长，人民币国际化有望进入快速发展的阶段。

人民币汇率弹性增加。2015 年“8·11”汇改以来，人民币汇率形成机制更加市场化。人民币汇率总体呈现双向波动、长期升值态势，对经济

① 对大萧条原因的一种解释是，英国已无实力维持国际经济秩序，而美国尚未具备国际治理能力，导致各国危机期间缺乏政策协调，甚至采取货币贬值和贸易保护措施来维护本国利益。

基本面和市场预期的反应更加灵活，这为促进人民币国际使用创造了更好的条件。从历史经验看，长期升值趋势是货币国际化的重要特征，对于吸引境外投资、增强价值储藏功能具有重要意义。过去两百年，美元对英镑的名义汇率呈现长期升值态势，从 19 世纪初期的 5 美元 / 英镑升值到目前的 1.2 美元 / 英镑左右。1975 年后德国马克（1999 年后为欧元）对美元的汇率也呈现波动升值的态势，从 3 马克 / 美元升值到 1.5 马克 / 美元左右。当前人民币币值稳定，为我国进一步深化金融改革提供了有利时机。货币升值和金融改革可相互促进。由于我国潜在经济增速高于美国和其他发达经济体，只要我国经济政策得当，从长期看人民币也将维持升值趋势。

2. 国际货币和金融体系的变革为人民币国际化创造新的机遇

数字货币是全球数字经济发展的新趋势，央行数字货币将挑战现行国际货币体系。对于国际货币主导国，央行数字货币将对货币政策设计和流动性控制带来深远影响。对于中小国家，数字货币可能冲击本国主权货币地位。数字货币的快速发展可能冲击当前以美元为主导的国际货币体系，这也是美国对央行数字货币总体持保守态度的重要原因。我国数字经济发展在全球处于领先地位，以此为依托我国央行数字货币的研发和推广也领先于全球。无论是通过央行间数字货币的合作，还是利用现有数字支付渠道扩展数字人民币海外使用，都可以对人民币国际化带来积极贡献。

绿色金融可能颠覆美元在大宗商品计价中的核心货币地位。石油美元是美元在国际贸易中发挥计价作用的关键支撑，随着能源转型加快推进，传统能源的重要性逐步下降，这不利于美元保持国际计价地位。与此同时，碳价格在全球经济中的影响加速提升。我国在未来国际碳定价机制中，将发挥举足轻重的作用。绿色经济发展带来新的原材料需求，我国在一些领域既是最大买家也是最大供应方。人民币可避开传统大宗商品领域，依托我国超大规模市场优势，增强在全球绿色金融市场计价货币方面的地位，为国际投资者提供更丰富的人民币资产配置选择，拓宽人民币国际化的路径。

六、推动人民币国际化的政策和措施

2008 年国际金融危机后，我国利用有利时机启动了人民币国际化进程，在此后一段时间内，人民币国际地位快速提升。2020 年新冠疫情发生后，人民币国际地位明显提升，这既有我国率先控制疫情和复工复产的影响，也体现了我国 2018 年以来加快金融开放带来的积极效果。我国经济增速领先全球平均水平仍将会持续一段时间，这为推进人民币国际化创造了难得的窗口期。我国应持续深化金融改革开放，加快推进人民币国际化，为构建新发展格局创造有利条件。

1. 完善推进人民币国际化的基础设施

统筹协调人民币跨境结算基础设施建设。优化清算行和人民币跨境支付系统（CIPS）空间布局，着重增加对重点地区的支付清算网络覆盖，在人民币结算需求较大的国家新设人民币清算行。“一带一路”沿线国家和地区的人民币业务规模上升较快，可加大中资金融机构覆盖面，为当地企业提供更完善的人民币金融服务。增加直接参与 CIPS 的海外金融机构数量，优化日间流动性管理，探索临时流动性支持业务。扩大离岸市场 CIPS 使用，与清算行加强业务配合。强化第三方跨境支付监管，鼓励合规的第三方跨境支付机构为中小企业提供更高效、低价、安全的跨境支付相关服务。

提升小额跨境支付服务水平，以科技创新带动成本下降和风险降低。鼓励和引导跨境电商积极使用人民币计价结算，为跨境人民币支付提供更多政策便利。推动跨境电商企业、商业银行、第三方支付平台加强多方合作，减少业务中间环节，提升业务效率。推动第三方支付平台运用区块链等新技术提升跨境人民币支付的效率和安全性。

2. 积极引导和构建人民币环流机制

积极推动国内金融市场对外开放。人民币国际化程度提高后，境外投资者对我国金融市场的投资需求会增加。这要求国内金融市场能够为境外投资者提供投资便捷、收益稳定的高信用等级安全资产。可逐步放开针对金融活动和金融产品的限制以及减少进入国内金融市场的各种壁垒，稳步提升支持交易的基础设施的质量，如支付和结算系统等。提升金融市场的深度和广度，提供高流动性的政府债券、良好的套期保值手段、活跃且可普遍自由进入的债券回购交易市场。

完善基于市场机制的本币输出渠道。货币环流机制是人民币国际使用的重要基础。货币的稳定输出是启动国际环流的现实起点。推动人民币形成市场化的输出机制，可利用我国出口的国际竞争力优势，推动形成“经常项目流入、资本项目流出”的货币环流模式。

加强人民币离岸市场建设，强化境内外监管当局协调。丰富境外投资人民币资产的品种与渠道，畅通人民币回流机制。扩充离岸人民币市场与在岸人民币市场的资金循环渠道，加快推动跨境理财通、QFLP（合格境外有限合伙人）等业务发展。鼓励中资企业扩大人民币结算比重，进一步放开跨境资本双向流动渠道，加强利用直接投资等渠道对外输送人民币，扩充境外人民币资产池规模。改善离岸人民币流动性调节机制，探索建立常规流动性调节和紧急流动性供给机制，如发行和回购央行香港票据、接受境外人民币资产抵押的逆回购操作。

探索发展境内离岸人民币市场。明确离岸金融业务的划分标准，建立离岸金融统计体系，将现有的离岸金融服务纳入统一框架。如可考虑将境内离岸人民币市场发展与深化自贸区建设相结合，选择部分自贸区作为新一轮离岸金融试点，对离岸人民币业务给予一定的政策优惠。

3. 强化区域金融合作

积极推动与周边及域外国家金融合作。扩大双边贸易中的本币结算比例，推动建设区域性支付结算体系。在中日韩自由贸易区、区域全面经济伙伴关系协定（RCEP）、全面与进步跨太平洋伙伴关系协定（CPTPP）等区域的经济合作谈判中，加大金融合作分量。深化与“一带一路”沿线国家和地区的金融合作，加强丝路基金、亚投行等区域性国际金融机构作用。完善清迈协议、金砖国家应急储备安排等现有货币稳定机制。通过双边货币金融合作，进一步推动人民币发挥区域货币锚的作用。

扩大人民币在多边金融合作和区域紧急流动性救助安排中的使用。新冠疫情后，发达经济体资产泡沫高位上升，金融动荡可能增多，我国可在维护区域经济金融稳定中发挥更积极的作用。推动优化亚洲区域紧急流动性救助机制，为跨境资本流出压力较大的国家提供人民币货币互换支持，推动设立由亚洲主要货币组成的紧急救助安排。

提升我国在国际金融治理体系中的地位和作用。持续推动 IMF、世界银行等机构改革，争取更多投票权和话语权，提高人民币在 SDR 货币篮子中的权重，推动国际金融组织雇员和高管来源多元化。继续利用好二十国集团（G20）等国际合作平台，推动完善国际宏观经济政策协调的制度安排和机制设定。积极拓展并参与绿色金融领域的国际合作，在可持续金融国际平台（IPSF）、央行与监管机构绿色金融网络（NGFS）等多边平台中扩大影响力。

4. 完善人民币国际化的保障配套条件

稳步提升人民币大宗商品计价功能。在原油、铁矿石等传统领域，鼓励企业在大宗商品结算中参考人民币期货价格签订合同。在新兴大宗商品领域，新能源相关商品市场规模较小，定价、风险控制等制度安排难度较大，优先推出现货市场较为成熟品种的期货交易，再逐步推出其他商品期货交易。

增强人民币汇率弹性，推进人民币外汇市场避险工具创新。循序渐进深化汇率市场化改革，不断增加价格形成机制中的国内外市场化因素。保持汇率制度的灵活性，充分发挥汇率调节国际收支平衡“自动稳定器”的作用。培育市场准确理解和充分适应汇率双向波动的能力。进一步完善外汇市场稳定机制，并加强市场沟通。

加快推进上海国际金融中心建设。以市场化、国际化为核心，推动上海建成综合竞争力强劲的全球金融中心，提高非居民获得和使用人民币的便利性，确立在岸市场对全球人民币资产的定价权，在人民币国际循环中发挥主导作用，实现人民币国际化在市场、制度、技术等方面所受约束的实质性突破。

完善香港离岸人民币债券市场建设，丰富离岸人民币市场金融产品选择。可推动离岸人民币国债和地方政府债券发行力度，鼓励符合条件的企业到香港发行人民币绿色债券，推动“一带一路”沿线国家和地区到香港发行人民币债券。完善人民币离岸市场的存款准备金制度和流动性管理制度，发挥人民币清算行的流动性调节作用。与境外监管当局合作，加强对人民币离岸市场的监管协调，构建信息交流和政策协商机制。

积极争取数字货币领域国际规则和标准的话语权，借助数字货币提升人民币的国际影响力和凝聚力。加快央行数字货币研发，加快推进数字人民币跨境支付功能，重点推出大额资金的跨境支付清算结算功能，为未来金融交易和大额贸易作准备。扩大国际数字货币合作，对接数字货币标准。积极向重点合作地区提供数字货币解决方案。加强数字人民币账户体系、支付清算体系建设，加快探索更为丰富的数字人民币应用场景，提升人民币国际使用的便捷性，探索构建数字人民币投融资体系。

5. 注重人民币国际地位提升过程中的风险防范

注重资本项目开放过程中的风险防范，引导跨境资本有序流动。稳妥有序推进资本项目开放，注重开放的时机选择，建立高水平开放状态下的资本账户管理制度。综合运用风险准备金、全口径跨境融资宏观审慎管理等政策工具，探索基于税率等价格工具调节跨境资本流动的做法，减少直接行政干预。持续完善跨境资本流动的宏观审慎政策框架。丰富对银行等各类交易主体全覆盖的宏观审慎管理政策工具箱，强化对外汇领域重点机构的监管。

加强对外部输入风险的监测预警。随着我国金融开放程度的提高，外部输入风险影响加大。我国应持续关注外部因素的影响，做好风险预警。通过推动更深入广泛的国际金融合作来提升风险应对能力，包括扩大双边本币互换涉及的国家范围和规模，在信息披露和处理突发事件等方面加强国际监管合作。

积极应对国际金融制裁的风险。持续跟踪外方金融制裁政策、工具及其影响并将其常态化。系统梳理外方金融制裁涉及的中方人员和机构并明确有差异化的应对之策，尽力支持与国家经济发展、金融稳定和国家安全紧密相关的实体。加快推进人民币支付清算体系建设，防止对支付清算的隔离式制裁造成交易阻断。借鉴美国、英国、欧盟等发达经济体的经验，构建我国金融制裁政策框架特别是设置被制裁实体清单及制裁标准。

优化海外资产结构，持续推动外汇储备资产多元化配置。引导企业围绕产业链和供应链重组加快全球和区域布局。鼓励商业银行和政策性银行提供配套人民币融资服务。优化储备资产规模和币种构成，丰富储备资产类型。

2009 年 4 月以来，我国推动人民币国际化的主要政策见附表 1–2。

附表1-1 **资本项目7大类40个子项目管理现状评估**

交易项目				管理现状			开放现状评估
				开放内容	交易限制	汇兑限制	
一、资本和货币市场工具	资本市场证券交易	买卖股票或有参股性质的其他证券	1. 非居民境内买卖	QFII/RQFII；沪港通、深港通；B股	QFII/RQFII准入审批	沪港通、深港通单日交易额度限制	基本可兑换
			2. 非居民境内发行	A股/CDR	科创板/创业板注册上市（目前仅有红筹公司）、沪伦通下CDR审批	登记，汇兑无限制	部分可兑换
			3. 居民境外买卖	QDII；沪港通、深港通	QDII准入审批	QDII额度管理；沪港通、深港通单日交易额度限制	部分可兑换
			4. 居民境外发行	H股/GDR	准入审批	登记，汇兑无限制	基本可兑换
		债券和其他债务性质证券（指原始期限超过一年的债券和其他证券）	5. 非居民境内买卖	CIBM；QFII/RQFII；债券通（北向通）	CIBM/债券通（北向通）备案管理；QFII/RQFII准入审批	登记，汇兑无限制	基本可兑换
			6. 非居民境内发行	熊猫债	准入审批（纯外资机构发债数量较少）	登记，汇兑有限制	部分可兑换
			7. 居民境外买卖	银行自有资金购买；QDII；债券通（南向通）	QDII准入审批；债券通（南向通）准入审批	QDII额度管理；债券通（南向通）有年度总额限制和每日额度限制	部分可兑换
			8. 居民境外发行	境外发债	宏观审慎管理；中长期债券需国家发展改革委备案登记	登记	基本可兑换
	货币市场工具		9. 非居民境内买卖	CIBM；QFII/RQFII、债券通（北向通）	CIBM/债券通（北向通）备案管理；QFII/RQFII准入审批	登记，汇兑无限制	基本可兑换
			10. 非居民境内发行	熊猫债	准入审批（暂无）	登记，汇兑有限制	部分可兑换

续表

交易项目			管理现状			开放现状评估
			开放内容	交易限制	汇兑限制	
一、资本和货币市场工具	货币市场工具	11. 居民境外买卖	银行自有资金购买；QDII；债券通（南向通）	QDII准入审批；债券通（南向通）准入审批	QDII额度管理；债券通（南向通）有年度总额限制和每日额度限制	部分可兑换
		12. 居民境外发行	境外发债	宏观审慎管理	登记	基本可兑换
	集合证券投资工具	13. 非居民境内买卖	QFII/RQFII；跨境理财通	QFII/RQFII准入审批	QFII/RQFII登记，汇兑无限制；跨境理财通单个投资者额度限制	基本可兑换
		14. 非居民境内发行	内地与香港基金互认	准入审批（限制较多）	有总额度限制	部分可兑换
		15. 居民境外买卖	QDII；跨境理财通	QDII准入审批	QDII额度管理；跨境理财通单个投资者额度限制	部分可兑换
		16. 居民境外发行	内地与香港基金互认	准入审批（限制较多）	有总额度限制	部分可兑换
二、衍生工具和其他工具		17. 非居民境内买卖	外汇套保；股指期货套保；商品期货；互换通（2023年1月正式启动）	基于实需原则	汇兑无限制；互换通（总量管理）	部分可兑换
		18. 非居民境内发行	无	—	—	不可兑换
		19. 居民境外买卖	QDII；央企境外衍生品交易；持证国企境外商品期货套保	QDII准入审批；央企境外衍生品交易有准入审批；持证国企境外商品期货套保数量限制	QDII额度管理；央企、国企境外衍生业务有额度限制	部分可兑换
		20. 居民境外发行	银行境外发行；其他暂不允许	准入审批	汇兑无限制	部分可兑换

续表

交易项目			管理现状			开放现状评估
			开放内容	交易限制	汇兑限制	
三、信贷业务	商业信贷	21. 居民向非居民提供	贸易信贷（预付或延收）	3个月以上需登记	汇兑无限制	可兑换
		22. 非居民向居民提供	贸易信贷（预收或延付）	3个月以上需登记	汇兑无限制	可兑换
	金融信贷	23. 居民向非居民提供	银行跨境直贷；企业境外放款	企业境外放款限于有股权关系的境外机构	企业境外放款有数量限制（上限为境内放款所有者权益的30%）	部分可兑换
		24. 非居民向居民提供	外债	宏观审慎管理（房地产、地方政府融资平台除外）；中长期债券需经国家发展改革委备案登记；外资企业可选“投注差”	外债登记；企业外债意愿结汇；银行外债原则上不得结汇	基本可兑换
	担保、保证和备用融资便利	25. 居民向非居民提供	内保外贷等	无	登记	基本可兑换
		26. 非居民向居民提供	外保内贷等	接受担保机构有限制（银行）	登记	基本可兑换
四、直接投资		27. 对外直接投资	对外直接投资（ODI）	审批或备案	登记，汇兑无限制	基本可兑换
		28. 对内直接投资	外商直接投资（FDI）	负面清单管理	登记，汇兑无限制	可兑换
五、直接投资清盘		29. 直接投资清盘	外资企业清盘	无	登记，汇兑无限制	可兑换

续表

交易项目			管理现状			开放现状评估
			开放内容	交易限制	汇兑限制	
六、不动产交易		30. 居民境外购买	境内居民境外购房	企业须核准；个人暂不允许	登记	部分可兑换
		31. 非居民境内购买	非居民境内购房	基于实需自用原则	汇兑无限制	基本可兑换
		32. 非居民境内出售	非居民境内房屋出售	无	汇兑无限制	可兑换
七、个人资本交易	贷款	33. 居民个人向非居民	无	—	—	不可兑换
		34. 非居民向居民个人	无	—	—	不可兑换
	礼品、捐赠、遗赠和遗产	35. 居民个人向非居民	继承财产转移	审批	在批准额度内购付汇	部分可兑换
		36. 非居民向居民个人		无	无限制性规定	基本可兑换
	外国移民在境外的债务结算	37. 外国移民另外债务的结算		无明确规定	无限制性规定	可兑换
	资产转移	38. 移民向境外转移	移民财产转移	审批	在批准额度内购付汇	部分可兑换
		39. 移民向境内转移		无明确规定	无限制性规定	基本可兑换
	博彩和中奖收入的转移	40. 博彩和中奖收入的转移		无明确规定	无限制性规定	基本可兑换
合计		可兑换	6项（15%）			
		基本可兑换	15项（37.5%）			
		部分可兑换	16项（40%）			
		不可兑换	3项（7.5%）			

注：截至2022年7月。

资料来源：作者根据官方文件整理。

附表1-2 **支持人民币国际化的主要政策**

涉及领域	时间	部门或文件	主要内容
跨境贸易	2009年4月	国务院（常务会议上）	在上海、广州、深圳、珠海、东莞5个城市开展跨境人民币结算试点
	2009年7月	央行等六部门《跨境贸易人民币结算试点管理办法》	对跨境贸易人民币结算试点的业务范围、运作方式，试点企业的选择、清算渠道的选择等问题作了具体规定；试点企业为365家
	2010年6月	央行等六部门《关于扩大跨境贸易人民币结算试点有关问题的通知》	跨境贸易人民币结算的境外地域由我国港澳、东盟地区扩展到所有国家和地区；增加18个省为试点地区；试点企业扩人到6万多家；试点业务范围扩大到跨境货物贸易、服务贸易和其他经常项目
	2011年8月	央行等六部门《关于扩大跨境贸易人民币结算地区的通知》	跨境贸易人民币结算地区范围扩大至全国
	2012年2月	央行等六部门《关于出口货物贸易人民币结算企业管理有关问题的通知》	参与出口货物贸易人民币结算的主体不再限于列入试点名单的企业，所有具有进出口经营资格的企业均可开展出口货物贸易人民币结算业务
	2020年12月	央行等六部门《关于进一步优化跨境人民币政策 支持稳外贸稳外资的通知》	便利个人经常项目下跨境人民币收付
	2022年1月	央行等六部门《关于进一步优化跨境人民币政策支持稳外贸稳外资的通知》	推动更高水平贸易投资人民币结算便利化，进一步简化跨境人民币结算的流程
	2022年6月	央行《关于支持外贸新业态跨境人民币结算的通知》	进一步发挥跨境人民币结算业务服务实体经济、促进贸易投资便利化的作用，支持外贸新业态发展

续表

涉及领域	时间	部门或文件	主要内容
国际储备货币	2015年7月	央行《关于境外央行、国际金融组织、主权财富基金运用人民币投资银行间市场有关事宜的通知》	允许境外央行或货币当局、国际金融组织、主权财富基金（央行类机构）自由选择代理结算银行备案进入银行间债券市场或银行间外汇市场，且没有投资额度和产品限制
	2022年5月	央行、证监会、外管局《关于进一步便利境外机构投资者投资中国债券市场有关事宜》	进一步便利境外机构投资者依法合规投资中国债券市场；有利于境外机构投资者入市程序进一步简化，可投资范围扩展到交易所债券市场
	2016年1月	国际货币基金组织	人民币被正式纳入SDR货币篮子
	2022年5月	国际货币基金组织	人民币在SDR货币篮子中的权重由10.92%上调至12.28%（升幅1.36个百分点）
债务证券	2003年12月	央行与中银香港《关于人民币业务的清算协议》	央行授权中银香港作为香港人民币清算行，为跨境人民币清算做好安排
	2007年6月	央行、国家发展改革委《境内金融机构赴香港特别行政区发行人民币债券管理暂行办法》	规定境内政策性银行和商业银行可以在香港发行人民币债券；国开行成为第一家发行行
	2010年7月	央行和香港金管局签署《补充合作备忘录》，与中银香港签署修订后的《关于人民币业务的清算协议》	人民币在香港开户、划转不受限制
	2011年10月	央行《关于境内银行业金融机构境外项目人民币贷款的指导意见》	规范境内银行业金融机构境外项目人民币贷款相关业务，防范风险，促进贸易和投资便利化
	2015年9月	国家发展改革委《关于推进企业发行外债备案登记制管理改革的通知》	取消企业发行外债额度审批，实行备案登记制度管理

续表

涉及领域	时间	部门或文件	主要内容
非居民持有人民币资产	2002年11月	证监会、央行联合发布《合格境外机构投资者境内证券投资管理暂行办法》	允许符合条件的境外机构投资者在核定的投资额度内进入境内资本市场，迈出了我国证券市场对外开放的重要一步
	2006年8月	证监会、央行、外管局联合发布《合格境外机构投资者境内证券投资管理办法》	实施合格境内机构投资者制度，允许符合条件的境内银行等机构在核定投资额度内开展境外证券投资，境内资金“走出去”步伐加快
	2011年1月	央行《境外直接投资人民币结算试点管理办法》	启动境外直接投资人民币结算和外商直接投资人民币结算
	2011年12月	证监会、央行、外管局联合发布《基金管理公司、证券公司人民币合格境外机构投资者境内证券投资试点办法》	实施人民币合格境外机构投资者试点，允许符合条件的境外机构投资者使用跨境人民币投资境内证券市场
	2014年11月	央行《关于人民币合格境内机构投资者境外证券投资有关事项的通知》	启动人民币合格境内机构投资者试点
	2014年11月	证监会、香港证监会联合公告	启动沪港通试点
	2016年2月	央行2016年第3号公告	向境外私人机构投资者开放银行间债券市场交易，不设投资额度限制
	2016年12月	证监会、香港证监会联合公告	启动深港通
	2017年7月	央行、香港金管局联合公告	启动债券通
	2020年5月	央行、外管局《境外机构投资者境内证券期货投资资金管理规定》	取消QFII和RQFII境内证券投资额度管理要求等

续表

涉及领域	时间	部门或文件	主要内容
非居民持有人民币资产	2020年6月	央行、香港金管局、澳门金管局《关于在粤港澳大湾区开展“跨境理财通”业务试点的联合公告》	开展跨境理财通业务试点
	2021年9月	央行《关于开展内地与香港债券市场互联互通南向合作的通知》	南向通将境内投资人与境外的广大债券市场联通起来
	2022年7月	央行、香港证监会、香港金管局联合公告	开展香港与内地利率互换市场互联互通合作（互换通）
离岸人民币业务	2003年11月	央行2003年第16号公告	授权中银香港作为香港人民币清算行
	2006年2月	央行深圳中支	在中银香港设立境外人民币发行基金代保管库
	2009年7月	央行、中银香港签署修订后的《香港人民币业务清算协议》	配合跨境贸易人民币结算试点工作
	2010年2月	香港金管局《香港人民币业务的监管原则及操作安排的诠释》	人民币流入香港以后，只要不涉及资金回流内地，银行可按本地法规、监管要求及市场因素发展人民币业务
人民币现钞境外流通	2004年11月	央行公告	自2005年1月1日起，中国公民出入境、外国人入出境每人每次携带人民币限额调整为2万元
	2010年7月	央行、中银香港签署修改后的《关于人民币业务的清算协议》	中银香港开始向海外参加行提供人民币现钞服务
	2010年7月	央行、中银香港签署《关于向台湾提供人民币现钞业务的清算协议》	授权中银香港为台湾人民币现钞业务清算行，向台湾当地的金融机构提供人民币现钞供应与回流服务

资料来源：作者根据官方文件整理。

第二章

美元国际化进程中政府的角色与启示

美元国际化进程大致可分为四个阶段，分别是19世纪末至1944年的追赶阶段、1945—1957年的确立阶段、1958—1973年的调适阶段和1974年至今的动荡和巩固阶段。在追赶阶段，美国政府从早期的孤立主义开始转向，积极提升国际金融影响力。美联储借助美元在全球贸易中的融资主导地位，以商业汇票为抓手推动了美元的国际使用，美元兑黄金的稳定币值和美国国内日趋完善的金融体系也为美元国际化打下了坚实基础。在确立阶段，美国主导建立了布雷顿森林体系，以国际多边协议的形式确立美元的全球霸权地位。通过马歇尔计划、道奇计划等大规模输出美元，美国政府构建起“境外金融投资输出、贸易项目回流”的美元环流机制。在调适阶段，美国国际收支呈经常项目和资本项目（不含储备项目）“双逆差”。在此背景下，美国政府试图借助资本管制以及与主要国家央行之间的合作推动美元回流，但美元持续贬值以及与黄金的可兑换问题引发一些国家抵制，美元的国际货币地位有所下降。在动荡和巩固阶段，美国政府基于鲁萨债券（非流通国债）回流境外美元的经验，以解决石油美元问题为契机，构建起“石油美元—美债”环流机制，有效巩固了美元的国际货币地位。20世纪90年代后，新兴经济体积累了大量美元贸易盈余，“石油美元—美债”环流拓展为“新兴国家贸易顺差—美元外汇储备—美国金融市场”环流。2008 年国际金融危机后，美国通过扩展美元国际互换机制，保持了美元全球流动性供给的稳定，巩固了美元的国际货币地位。

美元的国际化历程表明，要利用经济优势推动货币国际化。政府的主动作为能够在推动本币境外使用、货币环流的演进及树立货币国际信誉方面发挥重要作用。未来我国应以贸易金融为抓手，推动人民币在贸易结算计价中的使用。保持人民币币值相对稳定，强化人民币作为区域货币的锚定效应。稳妥推进金融开放，提供更加丰富的人民币计价金融投资品，形成与当前发展阶段相匹配的人民币环流机制。加快推进经济结构转型升级，提升实体经济国际竞争力，在人民币国际化进程中稳固自己的基本盘。

一、美元国际化追赶阶段美国政府的角色（19 世纪末至 1944 年）

（一）美国政府面临的经济金融和货币环境

1. 国内经济高速增长，市场规模不断扩大

19 世纪后期，美国经济高速发展。随着西部开发快速推进、外来移民大量涌入、第二次工业革命爆发三个重要事件发生，美国国内市场规模扩张、结构升级。前三大主导行业分别由 1860 年的棉纺织品、木材、制鞋，转变为 1900 年的机器、钢铁、印刷出版[①]。美国制造业占全球的份额从 1880 年的 14.7% 上升至 1913 年的 32.0%，同期英国的这一占比从 22.9% 下降至 13.6%[②]。1870—1913 年，美国 GDP 年均增长率达 3.94%，同期英国仅

① 杰里米·阿塔克彼得·帕赛尔：《新美国经济史：从殖民地时期到1940年》，中国社会科学出版社，2000。

② Paul B. International Industrialization Levels from 1750–1980. Journal of European Economic History, 1982, 11 (2): 269–333.

为 1.90%。美国 GDP 在主要工业国中的占比从 26.3% 提升至 28.0%，而英国则从 26.7% 下降至 12.2%；美国人口增长了 1.43 倍，人口总量是英国的 2 倍，而英国人口仅增长 0.45 倍（见表 2–1）。在 19 世纪 60 年代初，美国仍为农业国，但到 90 年代末，已成为具有完整工业体系的工业化国家。

表2-1　主要工业化国家经济指标对比（1870年和1913年）

主要经济体	1870年				1913年			
	GDP（亿1990年国际元）	人均GDP（1990年国际元）	GDP占比（%）	人口（万人）	GDP（亿1990年国际元）	人均GDP（1990年国际元）	GDP占比（%）	人口（万人）
英国	1002	3191	26.7	3139	2246	4921	12.2	4565
法国	721	1876	19.3	3844	1445	3485	7.8	4146
德国	714	1821	19.1	3923	2373	3648	12.9	6506
美国	984	2445	26.3	4024	5174	5301	28.0	9761

注：GDP占比为在主要资本主义经济体中的占比。

数据来源：见安格斯·麦迪森的《世界经济千年史》，由北京大学出版社于2003年出版。

2. 出口竞争力不断增强，全球贸易占比持续提升

随着商品国际竞争力的提升，美国出口快速增长，结构不断升级。1870—1900 年，美国出口额占世界出口额的比例从 7.9% 提高至 15.0%。在出口商品中，制造业商品占比从 1869—1878 年的 15.8% 提高至 1904—1913 年的 27.3%。美国的经常项目自 1896 年后开始进入长期顺差状态。1914 年“一战”爆发后，欧洲主要工业国因交战影响，经济贸易受到重创，进一步刺激了美国出口的增长。1915 年，美国成为世界第一大出口国。

3. 由资本输入国转为资本输出国，国际资本市场影响力不断提升

外来资本在美国早期的贸易融资和基础设施建设中发挥了主导性作

用[①]，这为日后美国金融市场的全球化奠定了基础。随着国内资本的持续积累，1895年前后，美国从资本输入国变为资本输出国，解决了资本短缺的难题。美国的海外资产中，直接投资和间接投资比重大体相等。其中，直接投资服务于本国的原材料需求以及出口需求。例如，汽车的发展推动了美国的炼油公司在海外寻找石油储备，美国钢铁业公司、国际收割机公司等均在海外建立了市场和服务机构。间接投资主要用于向外国政府贷款，如1900年和1905年主要向英国政府贷款。1914年前后，美国海外投资的市场价值开始超过外国在美国本土投资的市场价值，国际投资净头寸额首次转正。美国占全球黄金储备的份额也从19世纪90年代中期的大约1/8上升到19世纪末的1/4。

4. "一战"后黄金储备全球占比持续提升

1900—1945年大部分时间里，美国呈黄金净流入状态。19世纪80年代美国黄金储备就曾赶超英国，1880年美国黄金储备为209.8吨，英国为170.6吨，这一趋势一直持续到19世纪90年代。19世纪90年代因美国在金本位制和金银复本位制间摇摆，市场对美元币值的担忧加剧。为避免美元贬值和停止兑换黄金造成的潜在损失，投资者将资本转换为欧洲货币，黄金流出美国。1896年全球黄金供应增加及支持金本位制的麦金莱当选美国总统后，黄金转为流入美国。1913年，美国黄金储备全球占比达28.3%，成为最大黄金储备国；同期英国黄金储备全球占比仅为3.4%，不仅落后于美国，还排在俄国（16.2%）、法国（14.0%）、德国（5.7%）、意大利（5.5%）、阿根廷（5.3%）之后[②]。

---

① 斯坦利·恩格尔曼等：《剑桥美国经济史（第三卷）》，中国人民大学出版社，2018。

② 数据来源：Timothy Green, Central Bank Gold Reserves—An historical perspective since 1845, World Gold Council, 1999。

（二）美国政府的做法和效果

1. 以商业汇票推动美元在贸易结算计价中的使用，强化美元网络外部性

美元国际化早期阶段的主要措施是银行在开展贸易金融时接受以美元计价的商业汇票（Trade Acceptances）。1913 年《联邦储备法》授权银行从事国内和对外商业汇票的承兑贴现业务，希望借此与英国竞争。美联储通过商业汇票的方式来管理和干预利率，将商业汇票市场作为稳定美国金融市场的工具，在客观上推动了美元商业汇票市场的发展壮大。“一战”的爆发一方面扰乱了以英镑计价的欧洲贸易信贷市场，另一方面也加速提升了以美元计价的贸易信贷的市场份额。战争消耗了欧洲金融体系的贸易金融资本，为满足客户需要，德国和英国的银行转而接受美国银行背书的以美元计价的商业汇票。同时，战争期间英镑价值剧烈波动，也推动了美元对英镑的替代。为提高商业汇票市场的规模和流动性，美联储还要求联邦储备系统内各层级银行参与购买以美元计价的商业汇票。与此同时，专门从事商业汇票承兑业务的交易商组织和机构开始出现，如于 1919 年与 1921 年先后成立的美国承兑汇票理事会（American Acceptance Council）与纽约国际承兑银行（International Acceptance Bank of New York）。

“一战”结束时，美国的商业汇票市场规模已超过英国。20 世纪 20 年代后半期，美国进出口贸易中有一半以上通过以美元计价的银行承兑商业汇票结算[①]。以美元为计价单位的外国商业汇票已经以 2 倍的优势超过以英镑为货币单位的外国承兑汇票。到 20 世纪 20 年代末，用以资助第三国之间贸易的美元商业汇票总额已接近美国自身为资助进口而签发的美元商业

① Phelps, Clyde William. The Foreign Expansion of American Banks. New York: Ronald Press Co, 1927.

汇票总额[①]。美元国际使用率的提升强化了美元的国际地位。1924年，美元在各国央行和政府的外汇储备中的占比已超过英镑[②]。

2. 金融体系完善、金融市场深化为美元国际化打下基础

1913年12月，美联储的成立标志着现代金融制度在美国确立，美国国内金融市场日趋稳定，夯实了全球对美元价值的信心。金融市场的深化发展，逐步支撑起广大的美元交易网络，如商业银行、储蓄银行、信托公司、保险公司、投资银行、股票和债券市场的发展构建起多层次金融市场，资本市场逐渐向包括国际化战略在内的多元业务方向转型，非银行金融机构的发展和成熟满足了市场更长期的资产负债匹配需求并提供了更高的投资收益。

3. 美元兑黄金比率保持稳定，提升了美元的国际市场信誉

美国作为崛起的货币国，依托经济实力捍卫了美元币值的坚挺，主要体现在尽量确保美元与黄金的可兑换性和相对稳定的兑换比例。美国1873年颁布《硬币法案》，废除了银币，美元价值上升至面值；1879年恢复了可兑换货币制度，建立起金本位制。1900年，美国颁布《金本位法案》，以法律形式保证了美元和黄金的可兑换性。在当时实施金本位制的主要工业国中，美国与英国、德国、法国实施的是纯粹金本位制，国内流通的是金币及一部分纸币和辅币[③]，官方储备形式为黄金，用于纸币和辅币的兑换。与之相比，其他国家的储备大部分是外汇。

在国际金本位体系下，哪种货币能长期稳定与黄金保持固定价值关系并实现自由兑换，哪种货币就更容易被国际市场所接受。第一次世界大

---

① 巴里·艾肯格林：《嚣张的特权：美元的国际化之路及对中国的启示》，中信出版社，2019。

② Eichengreen B , Flandreau M . The Rise and Fall of the Dollar, or When did the Dollar Replace Sterling as the Leading Reserve Currency?. NBER Working Paper 14154, 2008.

③ 辅币亦称“辅助货币”，指主币单位以下的小额货币，供日常小额交易和找零之用。其特点是面额小、流通频繁、磨损快，故多用铜、镍等贱金属或其合金铸造。

战爆发后到1925年英国恢复金本位制前，大国中只有美国将货币与黄金挂钩且未改变黄金的美元价格，其他国家的货币则通过钉住美元来稳定本国汇率。在1932年英国再次放弃金本位制后，尽管美国在“大萧条”冲击下也于1933年放弃金本位制，但很快于1934年恢复金本位制。美国在英国放弃金本位制的间隙，通过坚持金本位制支撑起外界对美元价值的信心，使美元快速获得了国际市场的认可。

4. 积极推动货币区域化，有效把握英镑走弱窗口期

在美元国际化初期，为了避免触及英国的势力范围，美国优先选择在英国势力薄弱的拉丁美洲和亚洲地区推动美元的区域化。19世纪末到20世纪初，美国大规模扩充海军力量，在远东和太平洋地区频繁扩张，夺取新的领地和势力范围。1898年，美国为了夺取西班牙在美洲和亚洲的殖民地发动了美西战争，随后将波多黎各、古巴、巴拿马等拉美国家纳入自身势力范围。在之后20年左右的时间里，美国通过军事手段又将多米尼加、海地、尼加拉瓜等纳入势力范围，成为其保护国，并建立起关税同盟。这一时期，美国同上述拉美国家的贸易和投资快速增长。时任美国总统塔夫脱为了更加有效地在上述地区扩大美国的影响力，提出了“金元外交”政策（Dollar Diplomacy），更加强调依靠经济金融手段发挥美国的影响力。其中一项重要的措施是鼓励其他国家在自身金融体系内更多地使用美元①。

1900年美国通过《金本位法案》后正式实行金本位制，负责殖民地管理的作战部岛屿事务局（Bureau of Insular Affairs，BIA）特别强调将殖民地货币改为黄金，以在经济上与美国绑定，创建一个金本位的国家集团。② 与此同时，美国军事控制部分拉美国家后，美元开始在这些国家快

① Emily S. Rosenberg. Financial Missionaries to the World: The Politics and Culture of Dollar Diplomacy, 1900–1930.Boston: Havard University Press, 1999.

② 同上。

速流通；但在不同地区，美元与当地货币的汇率并不稳定，造成了金融混乱。20世纪初，美国政府在波多黎各（1900年）、巴拿马（1904年）、多米尼加（1904年）、尼加拉瓜（1904年）、洪都拉斯（1911年）、海地（1919年）等多个地区推行建立金汇兑本位制。[①]美元在拉美地区的区域化使用在1915年达到了高潮。[②]当时美国任命的拉美国家金融顾问凯末尔（Kemmerer）在第二次泛美科学会议上提出了创建“泛美货币单位”（Pan-American Monetary Uint）的建议，甚至呼吁创建以美元为基础的美洲货币联盟。在“一战”和美国推行的“美元化外交”政策的共同影响下，到1916年末，美元已基本替代英镑，成为美国对外贸易的主要结算货币。同时，部分欧洲国家和拉丁美洲、亚洲国家间的贸易也用美元结算。1923—1928年，美国的金汇兑本位制改革在拉美地区继续深入推广，涉及哥伦比亚、智利、厄瓜多尔、玻利维亚和秘鲁。[③]

美国金汇兑本位制的主要措施包括两个。一是在上述国家发行与美元挂钩的新货币（包括银币或金币），即当地货币与美元挂钩、美元与黄金挂钩。由于殖民地经济规模较小，如果直接采用美元则货币价值过高，无法满足当地经济活动需要。二是上述国家的黄金储备存在美国，外汇交易通过纽约的银行操作。在20世纪初至20年代末，美国在英镑金本位制下（Sterling-based Gold Bloc）建立起了一个覆盖大部分拉美国家的美元金汇兑本位制货币区（Bloc of Gold-standard），美元成为实质的区域中心货币。[④]

此外，美国多次把握英镑走弱的窗口期，充分发挥自身经济金融优势

---

① 此外，美国在其占领的菲律宾也推行了金汇兑本位制改革。

② Helleiner E. Dollarization Diplomacy: US Policy Towards Latin America Coming Full Circle?. Review of International Political Economy, 2003, 10 (3): 406-429.

③ Emily S. Rosenberg. Financial Missionaries to the World: The Politics and Culture of Dollar Diplomacy, 1900-1930. Boston: Havard University Press, 1999.

④ Rosenberg, E. Foundations of United States International Financial Power: Gold Standard Diplomacy, 1900-1905. Business History Review, 1985, 59 (2): 169-202.

推动美元国际化。"一战"后，对于寻求支持以保持金融稳定的国家，英格兰银行引导它们从国际联盟而非美国那里获得帮助，而美国不是国际联盟成员。美联储则在1924—1925年维持低利率，以便各国从纽约获得低成本贷款用于稳定其货币汇率。之后美国借助债权人优势地位，迫使英国在国际金融领域逐步退让，先后签署了《英美互惠贸易条约》（1938年）、《促进美国国防法》（1941年）、《互助协定》（1942年）等，逐步打破了英帝国贸易偏好体系（Imperial Preference）。

二、美元国际化确立阶段美国政府的角色（1945—1957年）

（一）美国政府面临的经济金融和货币环境

1. 美国作为全球第一大经济体的地位进一步巩固

两次世界大战后，大部分欧亚国家经济均遭受重创，美国成为唯一拥有完整工业生产能力的西方国家。在主要资本主义国家中，美国工业产量占2/3，外贸出口额占1/3，黄金储备占3/4；煤和石油产量占比达62%，钢产量占比达61%；汽车、民用飞机、冰箱和洗衣机产量占比均在80%以上。截至1947年，美国商船吨位超过主要资本主义国家商船吨位总和[①]。

1950年1月，西方主要国家在美国主导下成立"对共产党国家出口管制统筹委员会"（COCOM，因总部设在巴黎故简称"巴统"），割裂了西方国家同社会主义阵营国家的正常贸易，西欧各国同美国的经贸联系进一步增强。

2. 主要工业国普遍出现美元短缺

第二次世界大战后，大部分参战国家的黄金、外汇储备和海外债权大

① Sideney Lens, The Foging of the American Empire, Thomas Y. Crowell Company, N.Y., 1971, p.337.

幅耗损，主要西方国家的美元和黄金存量短缺问题更为突出[①]。由于生产能力受损严重，大部分国家依赖从美国进口商品，呈现对美贸易赤字，导致美元资本持续流出，战后重建进程缓慢。此外，各国央行均需要储备一定数量的美元用于进行外汇市场干预以维持布雷顿森林体系下的汇率稳定，各国对美元的需求进一步增加。

（二）美国政府的做法和效果

1. 主导建立布雷顿森林体系，以国际协定形式确立美元霸权

随着经济金融和军事实力的急速膨胀，美国转向全球扩张。1950 年，时任美国总统杜鲁门正式宣称：在过去 50 年所发生的一切巨大变化中，美国在世界事务中的地位变化是最重要的变化，美国已经从世界事务的外缘走到世界事务的中心[②]。在第二次世界大战期间及战后初期，美国开始筹划从金融、投资和贸易等方面实施对外扩张。

在 1944 年 7 月举行的布雷顿森林会议上，美国以怀特计划为基础，通过了《国际货币基金组织协定》和《国际复兴开发银行协定》，建立起布雷顿森林体系。主要内容包括：规定 35 美元兑换 1 盎司黄金[③]；美元成为全球最主要的储备货币，形成“美元与黄金挂钩、其他货币与美元挂钩”可调整的固定汇率机制；成立国际货币基金组织和国际复兴开发银行，总部均在华盛顿（两家国际组织中美国拥有的投票权占比在 1/5 以上，取得了决定性控制权）[④]。此外，1947 年 10 月，在美国主导下，23 个国家签

---

① The Economic Report of the President, United States Government Printing Office, Washington, 1953, p.135.

② 美国《国会记录》，1950年1月4日。

③ 《国际货币基金组织协定》确认的35美元兑换1盎司黄金的官价实际上高估了美元的对外价值，有利于战后初期美国经济的对外扩张。该兑换价格按照1934年美元与黄金的兑换价格确定，1946年美元购买力因通货膨胀已贬值。

④ 国际货币基金组织规定，对于重大问题的裁决，理事会和董事会必须有4/5甚至85%的赞成票才能通过。

订了《关税及贸易总协定》，以促进贸易自由化、消除贸易壁垒，重要目的是进一步瓦解英帝国特惠制[①]。

2. 大规模美元输出，缓解美元短缺问题

布雷顿森林体系初期，美国虽然成为国际货币体系和贸易体系的核心国，但除美国外的其他国家普遍缺乏美元，导致美元国际资本循环难以启动，限制了美元的国际使用。1948—1957 年，美国政府通过增加对他国商品进口、对外投资和贷款、对外援助、军事开支等措施，将美元从美国输出至其他国家，实现美国对其他国家的储备再分配。据美国对外经济政策委员会估计，1948—1953 年，通过马歇尔计划、道奇计划等，美国向世界其他地区提供了约 330 亿美元的援助（不包括军事开支），相当于美国总出口的 1/4[②]。输出的这些美元则被各国政府或央行囤积起来作为外汇储备，用来购买美国商品或偿还美元债务，国际贸易计价结算也大多以美元进行。在该策略推进过程中，美元逐渐在实质上取代了英镑成为最重要的国际货币，真正成为国际中心货币。1951 年底，西欧经济开始恢复正常运转，大部分国家扭转了商品和劳务的收支逆差，美元缺口得以缓解。1958 年底，欧洲各国恢复了经常项目可兑换。

三、美元国际化调适阶段美国政府的角色（1958—1973 年）

（一）美国政府面临的经济金融和货币环境

1. 西欧和日本经济快速复苏，美国国际收支“由顺转逆”

20 世纪 50 年代末，随着“冷战”加剧，美国对外支出不断增加。同

---

① 指导英国和自治领、殖民地之间关于实行互惠关税的协定，具有关税同盟性质，于1932年7月在加拿大首都渥太华召开的帝国会议上缔结。

② Department of State of U.S, American Foreign Policy Current Documents, 1950–1955, Foreign Economic Policies, 1957, p.2898.

时，西欧、日本经济在这一时期快速恢复，国际贸易竞争力大幅提升，美国的贸易优势地位被削弱。1946—1949 年，美国年均贸易顺差额达 80.4 亿美元，而 1950 年大幅下降至 18.9 亿美元。受 1953—1954 年、1957—1958 年经济危机冲击，美国贸易顺差在 1953 年和 1959 年分别下降至 5.3 亿美元和 3.1 亿美元的低点。在此背景下，美国国际收支在 1953—1956 年仅维持小幅顺差。自 1958 年起美国国际收支开始由顺差转为逆差，1967 年后这一格局进一步强化（见图 2–1）。

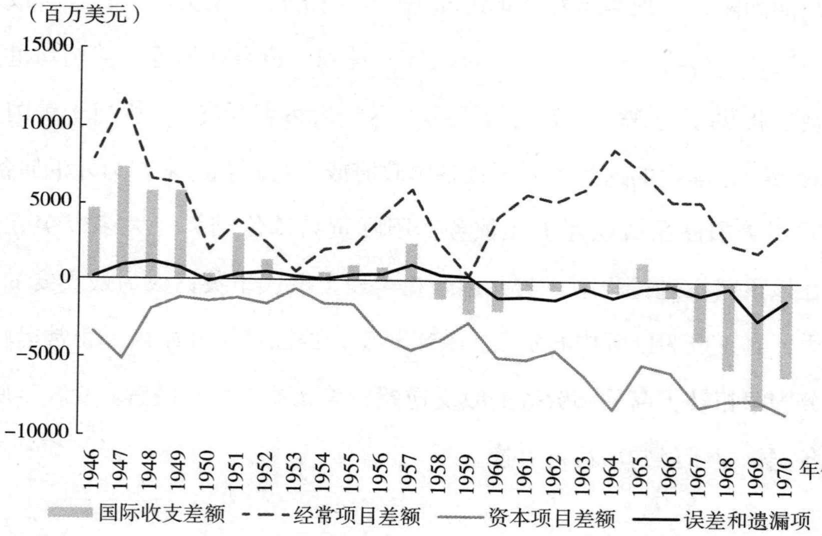

图2-1　美国国际收支状况（1946—1970年）

数据来源：U.S. Bureau of the Census, Historical Statistics of the United States, Colonial Times to 1970（Washington, D. C., 1976）。

2. 黄金储备持续下降，海外美元由短缺转为过剩

布雷顿森林体系下，美国始终无法克服“特里芬难题”。伴随着国际收支状况恶化，美国黄金储备快速减少。1958 年起，因贸易逆差额大幅增加，美国的黄金储备持续流出。1958—1972 年，美国黄金储备从 6.52 亿盎司下降到 2.76 亿盎司，年均减少约 2500 万盎司（约合 8.22 亿美元）（见图 2–2）。

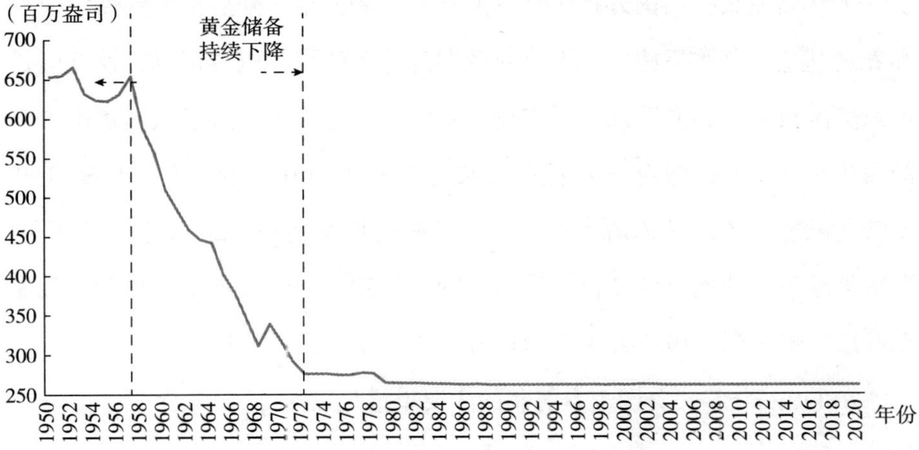

图2-2　美国黄金储备变化（1950—2020年）

数据来源：IMF。

由于美国海外的军事支出、政府对外援助项目支出、私人长期海外投资支出和单方面转移支出持续累积，美国境外美元流动性开始进入供应过剩的状态。1960 年，美国境外主体（包括政府及市场机构等）持有的美元总量首度超过了美国的黄金储备，10 月，伦敦黄金市场价格猛涨到 41.5 美元 / 盎司，超过官价 20%，美元大幅贬值，引发“第一次美元危机”。1963 年外国货币当局持有的美元总量也超过了美国的黄金储备。这意味着美国将无法维持美元兑换黄金的承诺，导致金价存在上涨压力。

（二）美国政府的做法和效果

1. 强化资本管制，减缓资本外流

为鼓励外国政府持有美元资产，1962 年美国取消了外国货币当局在美国境内的定期存款上限。为遏制资本外流，1963 年 7 月美国实施利息平衡税，对美国人购买外国在美国发行的股票、债券征收数量相当于其发行额的 1% 的税费，并且可根据债券期限的长短进行税率的调整。1965 年美国

引入了对商业银行向国外提供贷款的自愿限制措施，随后扩大到保险公司和养老基金。这些措施实际上是对外国部分关闭美国资本市场，使外国资本及美国投资者转向欧洲货币市场筹集资金，客观上促进了欧洲货币市场的发展。1961—1964 年美国国际收支逆差均维持在较低水平，1965 年甚至转为顺差。但因并未解决引发美元危机的根本问题，20 世纪 60 年代中期越南战争、约翰逊的“伟大社会计划”导致美国财政赤字增加和美元流动性进一步过剩，1966 年后美国国际收支再度陷入逆差状态。

20 世纪 60 年代美国资本管制的主要举措见表 2–2。

表2-2　　20世纪60年代美国资本管制历程

年份	举措
1962	取消外国货币当局定期存款上限
1963	对美国居民购买外国证券征税
1964	商务部限制对外直接投资
	美联储限制银行向国外放贷（在1965年、1968年进一步强化）
1965	对美国银行离岸贷款征税
1968	中央银行停止在公开市场上买卖黄金，只有外国中央银行才能向美国财政部索要黄金

资料来源：笔者整理。

2. 通过国际央行间合作缓解美元危机

1960 年起，美国政府相继采取一系列“保卫美元”的措施，除扩大出口和强迫盟友分担美国的海外军事开支外，还要求盟国与其合作应对美元危机。一是 1961 年 10 月美国联合英国、瑞士、法国、联邦德国、意大利、荷兰、比利时央行共拿出 2.7 亿美元的黄金组建黄金总库，用于在伦敦黄金市场上干预黄金价格，维持 35.20 美元兑换 1 盎司黄金的水平。二是 1962—1963 年美联储签署了一系列货币互换协议，约定外国央行向美联储提供本币贷款，美联储用其干预即期和远期市场，支撑美元币值。三是1961年10月美国向外国央行开放以外币计价偿付但以美元投资认购的鲁萨债券（非流通国债），实际上是以附息金融工具替代黄金，实现境外美元回流。四是1965年改变了之前对特别提款权（SDR）的反对立场，同意国际货币基金组织发行SDR，在一定程度上弥补黄金储备的不足。

国际合作仅在短期内缓解了美元危机。1960年首次美元危机爆发，之后又发生了三次美元兑换危机（1968年、1971年、1973年）。1971年8月，美国宣布停止履行外国央行可用美元向美国兑换黄金的义务。随着美国国内失业率、通货膨胀、财政赤字等问题持续恶化，加之石油危机冲击，1973年美元再度贬值并遭到抛售，布雷顿森林体系最终瓦解。

四、美元国际化动荡和巩固阶段美国政府的角色（1974年至今）

1971年美元与黄金脱钩以及1973年布雷顿森林体系解体后，美元国际地位受到较大冲击。美国经济因滞胀持续低迷，进一步拖累美元。20世纪七八十年代，美元国际化进入持续的动荡调整阶段，直至90年代后，“石油美元—美债”环流拓展为“新兴国家贸易顺差—美元外汇储备—美国金融市场”环流，对美元国际地位形成支撑。1995年初，出任克林顿政府第二任财长的罗伯特·鲁宾提出“强势美元符合美国的利益”，并采取措施扭转美元颓势，美元开启了长达7年的升势，进一步巩固了美元的国际地位。

（一）美国政府面临的经济金融和货币环境

1. 美国全球经济霸主地位有所下降，全球竞争加剧

1973年第一次石油危机后，美国经济在1974年和1975年两度陷入

负增长，通货膨胀率在1974年和1980年前后两次触及战后峰值，陷入滞胀。同期日本、德国经济快速崛起，美国经济全球霸主地位开始下降。1985年，美国首次由1914年后的净债权国变为净债务国。20世纪90年代后，包括中国在内的新兴市场国家经济快速发展，对美国经济产生新的竞争压力。21世纪以来，美国先后遭遇2000年互联网泡沫破灭、2008年国际金融危机两次冲击，其经济的全球影响力进一步下降。

2. 多种国际储备货币并存，但美元依然是主要国际储备货币

布雷顿森林体系崩溃后，德国、法国等欧洲国家先后经历1972年3月至1979年3月的“蛇形浮动”汇率制度、1979年3月后开启的欧洲货币体系（EMS），直至1991年签订《马斯特里赫特条约》。该条约明确欧洲货币联盟设计并在1999年正式推出欧元。欧元区的出现在美元本位制下切割出一个独立的区域货币体系。此外，英镑、日元、人民币先后成为重要国际储备货币，与美元形成一定程度的竞争。但依靠美国强大的政治、经济、金融和军事实力，美元的国际主导货币地位并未发生根本性动摇。

3. 发达国家资本管制逐渐放松，全球跨境资本流动规模持续扩大

布雷顿森林体系解体后，美国、德国等少数国家开始减少对资本流动的限制。两次石油危机期间资本管制虽有所加强，但石油危机后又再次放松。同时期，受自由主义思想影响，主要发达国家金融管制逐步放松，相继通过金融开放来促进各国的经济发展。1986年，17个发达国家中的12个已基本取消了资本管制。从20世纪80年代起，IMF开始反对资本管制，将资本账户开放作为成员接受IMF贷款援助的条件之一，并于90年代中期提出修改协议条款，将实现资本账户自由化作为IMF工作目标之一。在一系列金融自由化改革措施的刺激和信息通信技术的支持下，从20世纪80年代开始，跨境直接投资规模快速膨胀，规模和增速都数倍于贸易。

（二）美国政府的做法和效果

1. 构建“石油美元—美债”环流

1974年美国与沙特阿拉伯秘密签订石油贸易“不可动摇协议”，并与石油输出国组织（OPEC，以下称“欧佩克”）其他成员国逐一达成协议，明确将美元作为欧佩克国家出口石油时唯一的计价和结算货币，维持并强化了美元的国际货币地位。这些国家将积累的大量美元外汇投资于美国国债及其他美元计价的金融资产，形成了“石油美元—美债”环流。20世纪80年代以来，原油期货的诞生和发展进一步支撑了石油美元的垄断地位。原油、金属等工业品商品贸易的货币兑换与商品期货市场的定价交易、企业风险管理以及美元融资、美债、美股等投融资需求深度绑定，“石油美元—美债”环流进一步扩大为“大宗商品贸易—美元—美国金融市场”环流。作为主要大宗商品和金融资产的定价基准，美元的计价、结算、支付和储备等功能得以强化，大宗商品贸易锚定美元信用，美国可借此转嫁其经济调整成本。

2. 扩大美元经济循环体量，构建“贸易顺差—美元外汇储备—美国金融市场”循环

20世纪80年代以来，在全球化推动下，全球经济形成了相互依赖的生产消费三角形循环，中国等新兴市场国家成为全球主要制造基地，资源富足国家提供原材料和能源，美国等发达国家作为全球主要市场通过负债消费拉动新兴市场国家产能利用[①]。美元本位制下，全球资本循环层面形成了以美元为核心的“中心—外围”互动模式，在实体经济基础上建立起“贸易顺差—外汇储备积累—美债等核心资产”环流。美国提供美元等储备货币和相应的计价债券等资产，“外围国家”提供产能和资源并将大

① 刘鹤：《两次全球大危机的比较研究》，中国经济出版社，2013。

量盈余美元回流至美债、美股等核心资产。以金砖五国为例，2000 年至 2013 年其外汇储备规模扩大了 23 倍多。这一情况与 20 世纪五六十年代类似，被 Dooley 等[①]称作布雷顿森林体系Ⅱ。美国位于循环体系的中心，通过赤字为世界其他国家提供流动性。经济快速增长的“外围国家”将产品出口到高收入的“中心国家”，实现贸易顺差并积累更多储备以适应经济增长的需要。

3. 实施“强势美元”政策提升美元吸引力，打压竞争货币

布雷顿森林体系解体后，美元不断贬值，国际货币地位持续下降。为维护美元地位，1978 年 11 月美国宣布一揽子美元救助政策，包括向外国中央银行、IMF 和资本市场总共借款 300 亿美元，美联储将贴现率提高 1 个百分点，并干预外汇市场以支持美元。1979 年 10 月，美联储开始采取激进的货币紧缩政策，使美国联邦基金利率从 1979 年 7 月的 10% 升至 12 月的 14%，并在 1980 年 4 月达到 19%。1980 年 6 月至 1985 年 2 月，美元持续升值，大量资本从欧洲、日本流入美国，美元国际地位得以巩固。强势美元导致美国贸易逆差进一步扩大，同时推升了石油进口价格，造成日本、西欧等国家和地区国际收支脆弱性增加。1985 年 9 月，美国、日本、联邦德国、法国以及英国达成“广场协议”，约定五国政府联合干预外汇市场，诱导美元对主要货币汇率有秩序贬值。“广场协议”后，日元大幅升值对日本出口造成了沉重的打击，严重影响了日本经济的发展，且国外资金由于日元的大幅升值而大量回流日本国内市场，成为日本的“泡沫经济”的导火索。20 世纪 90 年代日本经济泡沫破裂，日元国际化进程停滞。1995 年 6 月到 2001 年 7 月，美元在“新经济”推动下再度回归强势，客观上打压了欧元的国际使用。

---

① Dooley, Michael P., David Folkerts-Landau and Peter Garber. The Revived Bretton Woods System. International Journal of Finance and Economics 9 (4): 307-313, October 2004.

4. 国际金融危机后扩展美元货币互换网络

2007—2008 年为应对国际金融危机造成的美元流动性短缺，美联储与 14 家外国央行达成临时美元流动性互换安排，维护全球的美元流动性。2013 年 10 月，美联储、欧洲央行、英国央行、日本央行、加拿大央行和瑞士央行把临时双边流动性互换协议转换成长期货币互换协议，形成“C6”，美联储成为欧洲美元市场的“最后贷款人”。

2020 年 3 月，为应对新冠疫情冲击，美联储联合上述五大央行宣布采取协调行动，将利用现有货币互换额度为美元流动性提供支持，各央行一致同意将货币互换协议价格下调 25 个基点。随后美联储与另外 9 家中央银行创建了临时性美元流动性互换安排：与澳大利亚、巴西、韩国、墨西哥、新加坡和瑞典央行各自达成不超过 600 亿美元的新互换安排，与丹麦、挪威和新西兰央行各自达成 300 亿美元的安排，美元货币互换“C6”扩展为“C15”。目前以美联储为主导的双边美元互换体系已经覆盖了几乎所有的大型发达经济体以及一些重要的新兴经济体，有力支撑了美元的国际货币地位。

美元国际化历程中的标志性事件及美国政府采取的措施，见附表 2–1。

五、美元国际化政府作用的相关启示

（一）货币国际化需要一国政府在关键节点主动作为

货币国际化虽然以市场需求为基本推动力，但政府的主动作为一方面有助于市场规模的扩大，另一方面能够融合政府信誉提升市场对本币的认可度。此外，货币国际化并不是单纯的经济金融行为，还涉及大国博弈中的非经济金融因素，需要依靠政府的主动作为加以解决。在赶超阶段，1913 年美联储成立后就将贸易承兑汇票作为提升美元国际地位的重要抓手，要求联邦储备系统内各层级银行参与购买美元承兑汇票，推动成立专门从事承兑汇票的交易商组织和机构，扩大票据市场容量、增加流动性。这一举措快速提升了美元的国际使用率，使美元在20世纪20年代中期成为第一大外汇储备货币。在确立阶段，在布雷顿森林体系会议期间，美国政府积极与英国政府争夺战后国际金融秩序主导权，最终建立以美元为本位货币的战后国际金融体系，将美元的国际地位以国际协议的形式固化。在调适阶段，美联储通过强化资本管制，推动央行间合作缓解美元危机，为巩固美元国际地位赢得了时间。在动荡和巩固阶段，美国政府通过秘密协议构建起“石油美元”循环，通过金融市场开放推动“石油美元—美债”环流扩大为“大宗商品贸易—美元—美国金融市场”循环，并进一步拓展为“贸易顺差—美元外汇储备—美国金融市场”环流，巩固了美元的国际地位。面对欧元、日元等竞争货币的出现，美国通过经济、政治等手段进行或明或暗的打压，延缓了竞争货币的国际化进程。在2008年国际金融危机期间，美国及时与14家外国央行达成临时美元流动性互换安排，并在其后达成长期货币互换协议，稳定国际市场上的美元流动性。

（二）货币国际化的重要举措在于找准能够快速推进本国货币国际使用的金融工具

货币的国际地位反映了一国经济的国际地位，货币国际化的过程可视为一国经济优势转化为货币优势的过程。能否有效地将本国经济优势转换为货币优势，直接关系到货币国际化的成败和推进速度。从美元国际化历程看，美元国际地位的提升落后于美国经济地位的提升，在一定程度上受美国政府早期的孤立主义传统和美元国际化政策目标不明确的影响。美国在19世纪末已成为全球第一大经济体，但直至1913年美联储成立后找准以商业汇票为抓手的契机，才有了美元国际化进程的快速推进。在一国货币国际化的初期，应充分发挥实体经济部门的国际竞争优势，推进本币在跨境贸易结算中的使用，同时借助贸易金融工具将贸易优势向本币贸易融资优势转化。在持续的国际收支盈余积累下，本国跨越资本短缺阶段后，应积极助推境内资本去国外寻找投资机会，将资本优势向本币投融资优势转化。由于国际市场上对本币的需求旺盛，本币将维持一段时间的升值趋势，这反过来又增加了境外主体持有本币资产的意愿，此时应推进将本币的币值优势向本币国际储备、大宗商品计价优势转化。

（三）货币国际环流的构建需要政府因势利导并给予信用支持

第一次世界大战前，美元就在市场需求推动下形成了“经常项目流入、资本项目流出”的环流模式，布雷顿森林体系初期这一环流模式进一步强化。1958 年后，布雷顿森林体系进入失衡期，美国经常项目盈余不断减少，无法弥补资本项目流出，国际收支逐步进入逆差周期。20 世纪 60 年代后，美国国际收支状况进一步恶化，呈经常项目、资本项目“双逆差”。此后美元环流进入调适期，美国政府主动推动形成了“国际收支流出、央行间合作流入”的美元环流新模式。央行间合作的模式包括央行贷款协议、货币互换、非流通政府债券认购等，均依赖于政府主动作为。这一时期，以美国政府信用为支撑的美国国债逐步成为黄金储备的“替代物”，政府信用从此深度绑定美元国际环流。美国国债取代了黄金成为国际收支清算的手段，由此变相化解了美元的“特里芬难题”。在“尼克松冲击”和布雷顿森林体系解体后，随着石油美元的出现，“大宗商品贸易—美元—美国金融市场”这一环流模式逐渐成形。20 世纪 90 年代以来，以中国为代表的新兴市场国家通过贸易顺差积累了大量的美元外汇，并将其投资于美国国债，美元环流进一步演变为“贸易顺差—外汇储备积累—美债等核心资产”模式。除美债外，美股及其他美元资产均成为美元回流的支付对价标的物。

六、推进人民币国际化的相关建议

（一）创新贸易金融工具，在贸易领域加快推进人民币国际使用

20世纪20年代初，美国借助美元计价的商业承兑汇票加速推动了美元国际化，形成了美元国际环流雏形。人民币当前也已形成“贸易项下输出、境外金融投资回流”的模式，但人民币在全球贸易金融中的占比与我国的全球贸易地位落差较大。截至2023年5月，人民币在全球贸易融资中的占比仅为4.49%，不仅远低于美元（83.92%），也落后于欧元（6.22%）。未来应在全球尤其是在“一带一路”沿线、东盟等与我国有密切经贸往来的国家和地区，推动从经贸融合向贸易货币金融融合的发展，以外贸优势赋能人民币，发挥人民币作为跨境资本流动的重要载体和工具的作用。以跨境人民币使用减弱跨境资本流动潜在风险，巩固在岸与离岸人民币环流格局。同时，可参照美国马歇尔计划和日本“黑字环流”经验，通过国际货币互换或贸易信贷等形式为境外对华进口贸易提供低成本人民币融资，提升人民币融资货币属性。

应聚焦于贸易金融领域，探索创新一批将我国经济贸易优势“引流”至金融领域的有效工具。应加快发展人民币贸易信贷网络，加大对与我国经贸往来密切地区（如“一带一路”沿线、东盟等国家和地区）的人民币贸易信贷支持力度，加大对跨境电商等我国具有国际竞争优势的贸易新业态的金融创新支持力度。注重构建以贸易信贷金融工具为基础资产的二级交易市场，通过引入信用评级、设立专业投资机构等提升贸易信贷资产和其他相关金融支持工具的流动性及吸引力。

（二）保持本币币值稳定，强化人民币作为区域货币的锚定效应

保持币值稳定能够增强境外机构和个人使用和持有本币的意愿，提升本币国际声誉，有利于加快本币成为区域货币锚的步伐。从美元国际化历程看，美元国际信誉的树立很大程度上依靠美元兑换黄金比例的稳定。稳定的币值推动形成了拉美美元货币区，形成了支撑美元进一步国际化的基本盘。当前人民币国际化仍处于较低水平，在提升汇率形成机制市场化水平的基础上，仍需要在一段时期内注重通过预期引导、逆周期因子调节等措施保持人民币汇率短期内相对稳定、长期缓慢升值，不断积累人民币的国际信誉，提升人民币的区域影响力。

（三）构建发达开放的金融市场，推进形成稳定的人民币国际环流

在“美元—美债”环流形成初期，美国政府先后向盟友国及石油输出国提供鲁萨债券、卡特债券等非流通国债，定向回流美元，并通过灵活的条款设计为境外投资人提供汇率风险担保。美国财政部发行的鲁萨债券、卡特债券，均以外币计息、以美元认购和结算，既为投资人规避了美元贬值的风险，又为投资人提供了以美国政府信誉为担保的高信用等级债券。在推进构建人民币国际环流的过程中，应注重运用好国债等高信用等级金融工具，将我国政府信用与人民币国际使用相结合。一是向特定的境外交易对手开放国债投资“绿色通道”，提升跨境投资的便利化水平。二是丰富对冲工具以管理汇率和利率风险，提高现有利率期货和标准远期产品的活跃程度。三是丰富债券品种，择机试点双币种货币债券，如境外投资者担心人民币汇率波动风险，可设计以美元或欧元等作为债券本息的计价货币，按照约定或以实时汇率进行人民币结算。

（四）加快推进经济结构转型，提升实体经济国际竞争力，为人民币国际化稳固基本盘

根据国际经验，货币国际化是一个长期的过程。从美元、德国马克、日元崛起的历程看，成功的货币国际化主要得益于本国经济的支撑，失败的货币国际化或国际化进程的倒退更多地由本国经济问题引发，而非外部打压。从布雷顿森林体系解体至今，美元体系的运行具有无法调和的矛盾，国际货币多元化的长期趋势不会改变。我国应着力构建双循环新发展格局，推动经济高质量发展，为人民币国际化提供根本性支撑。

（五）优化央行间货币合作框架，推动人民币环流机制建设

国际经验表明，央行间货币合作能有效推动货币的国际环流。早在 19 世纪末国际金本位时期，英国就主导主要金融大国展开货币互换以稳定主要货币兑黄金平价。布雷顿森林体系建立后，美国、英国、德国、法国等国多次通过央行间货币互换、共同贷款计划等调节国际收支。从结果看，上述行为最终均推动了相关货币的国际使用和循环。未来我国应积极借助央行间货币合作，推动人民币国际环流的巩固和优化。

附表2-1 **美元国际化历程中的标志性事件及美国政府政策措施**

美元国际化阶段	标志性事件发生时间	标志性事件	实施政策措施时间	美国政府政策措施	备注
追赶阶段	1880年	美国黄金储备超过英国	1900年	通过《金本位法》，保证美元与黄金的可兑换性	2006年，中国成为全球拥有外汇储备最多的国家
	1894年	美国工业赶超英国			2010年，中国制造业位居世界第一
	1895年	由资本输入国转为资本输出国			2014年，中国实际对外投资超过利用外资，由资本输入国变为资本输出国
	19世纪末	GDP赶超英国			2021年，中国GDP达美国GDP的77%
	1915年	美国成为世界第一大出口国	1913年	联邦储备法开始授权银行开展商业汇票业务	2009年，中国成为世界第一大出口国
			1919年	成立美国承兑汇票理事会	
			1921年	成立纽约国际承兑银行	
	1916年	美国成为世界第一大债权国	20世纪初至20年代中	“美元化外交”政策	中国在2008年超过德国，成为全球第二人债权国，仅次于日本
	1924年	美元作为央行和政府的外汇储备超过英镑			2009年正式开启人民币国际化
	1929年	经济大萧条	1933—1934年	1933年放弃金本位制，1934年建立金本位制	

续表

美元国际化阶段	标志性事件发生时间	标志性事件	实施政策措施时间	美国政府政策措施	备注
确立阶段	1945年	美国经济综合实力世界第一	1944年7月	布雷顿森林体系建立	—
	1947年	美国商船吨位世界第一	1947年	关贸总协定建立	
			1948—1957年	通过马歇尔计划、道奇计划等对外输出美元	
			1951年	“巴统”成立，西方国家与美国的经济联系更加密切	
调适阶段	1958年	美国国际收支转为逆差	1961年10月	联合英国、瑞士、法国、西德、意大利、荷兰、比利时等国家的央行成立黄金总库；发行鲁萨债券	—
	1960年	美国国外货币债务超过黄金储备。是年，发生第一次美元危机			
			1962年	取消外国货币当局定期存款上限	
			1962—1963年	与外国央行开展货币互换，成立“G10”	
	1963年	美国对国外货币当局货币债务超过黄金储备	1963年7月	推出利息平衡税	
			1965年	引入对商业银行向国外提供贷款的自愿限制措施；同意国际货币基金组织发行SDR	
			1971年8月	美元与黄金脱钩	

续表

美元国际化阶段	标志性事件发生时间	标志性事件	实施政策措施时间	美国政府政策措施	备注
动荡和巩固阶段	1974—1975年	经济负增长	1974年	与沙特签订石油贸易“不可动摇协议”	—
			1978年11月	推出一揽子美元救助政策	
			1979年10月—1980年4月	美联储加息	
	1985年	美国由净债权国转变为净债务国	1985年	主导达成“广场协议”	
	2008年	国际金融危机	1995年	实施“强势美元”政策	
			2008年	美联储与14家外国央行达成临时美元流动性互换安排	
			2013年	形成“C6”	
	2020年	新冠疫情冲击	2020年	“C6”升级为“C15”	

资料来源：笔者根据美国官方资料整理。

第三章

欧元和日元国际化进程中政府的角色及启示

布雷顿森林体系解体后，国际货币体系由制度约束转向重新由货币竞争趋动的状态。欧元和日元均开启了国际化进程，对美元国际货币地位构成挑战。在欧元和日元的国际化进程中，政府扮演着重要角色。欧元和日元国际化进程的最终走向并不相同，这与双方经济发展水平有关，也与双方政府采取的不同政策密切相关。本章通过分析欧元和日元这两个后发货币国际化历程中政府采取的主要措施，为我国推进人民币国际化进程提供借鉴。

一、欧元国际化的进程

布雷顿森林体系解体后，欧元区国家通过让渡国家部分货币权力、分享收益、共担风险的建构性货币机制，在全球美元本位制货币体系内，形成了较为成功的区域性货币体系。

（一）“二战”后的欧洲经济一体化进程为货币一体化奠定了基础

“二战”后，为避免欧洲大陆重蹈战争覆辙，欧洲统一的思潮不断强化。1949 年成立的欧洲委员会成为第一个泛欧组织。1951 年 4 月，法国、联邦德国、意大利、荷兰、比利时和卢森堡六国签订了为期50年的《欧洲煤钢共同体条约》(《巴黎条约》)。1957年上述六国签署《罗马条约》,随即又组建欧洲经济共同体(EEC),并于1958年起正式运行,经济一体化加速发展。

欧洲经济一体化推进期间,正值战后各国经济快速恢复,一体化的相关举措取得了显著成效。20世纪60年代末,欧洲经济共同体的货币一体化被提上议程。实际上早在制定《罗马条约》期间,各成员国就已经认识到汇率对"共同利益"至关重要。1961年荷兰盾和德国马克汇率重估也曾引发货币汇率的讨论,并促成了欧洲中央银行行长委员会的成立①。1968年11月尼克松当选美国总统后,美国单边主义政策倾向日益明显。与此同时,深化欧洲共同体合作的呼声越来越高。1969年法国总统蓬皮杜呼吁欧洲领导人在海牙召开峰会,讨论欧洲货币联盟(EMU)议题。蓬皮杜声称,必须首先达成货币联盟,这样才能去争取更具体的成果②。出于对美元体系下欧洲货币汇率无序估值影响经济增长,带来金融风险的担忧,欧洲理事会重申朝着经济和货币联盟方向迈进的意图。为推进货币一体化,在海牙峰会上成立了由各国官员组成的委员会(研究小组),由卢森堡首相皮埃尔·维尔纳担任组长。1970年该委员会发布《维尔纳报告》,该报告并没有主张建立单一的欧洲货币,而是建议国家货币保留它们的象征性价值,并在10年内分三步走逐步建立货币联盟。相关国家的经济和财政部部长在1971年3月签署了《维尔纳报告》。

---

① Werner, Pierre, Baron Hubert Ansiaux, Georg Brouwers, Bernard Clappier, Ugo Moscq, Jean-Baptiste Schöllhorn, and Giorgio Stammati. Report to the Council and the Commission on the Realisation by Stages of Economic and Monetary Union in the Community. Supplement to Bulletin II–1970 of the European Communities. Brussels: European Communities, 1970.

② 阿绍卡·莫迪:《欧洲悲剧:欧元如何一步步将欧洲推入深渊》,广西师范大学出版社,2021。

（二）1971—1978年“蛇形浮动”时期

20世纪70年代，欧洲内部贸易自由化程度大幅提升，成员国之间的贸易总额持续扩大，对汇率稳定的需要进一步提升。1971年美国国际收支自1888年以来首次出现贸易逆差，达20亿美元；同年8月15日尼克松宣布美元与黄金脱钩，美元持续贬值。1971年12月，美国、英国、法国、联邦德国、意大利、日本、荷兰、比利时、加拿大、瑞典等十国（又称“巴黎俱乐部”）在华盛顿史密森学会达成协议，宣布美元对黄金贬值7.89%，各国汇率波动幅度由布雷顿森林协定约定的 ±1% 扩大至 ±2.25%。1972年3月，欧共体六国（比利时、法国、联邦德国、意大利、卢森堡、荷兰）为了给货币一体化创造条件并推行共同的农业政策，决定将成员国之间的汇率波动幅度缩小一半，调至 ±1.125%。这样就在 ±2.25% 的大波动幅度内创造了一个 ±1.125% 的小波动幅度；将二者绘成曲线后，犹如地洞（±2.25%）中有一条蛇（±1.125%）在蠕动，因此这一阶段的汇率安排也被称作“洞中的蛇形浮动”体系①。1973年2月布雷顿森林体系解体后，各国相继放弃汇率干预，联邦德国、法国、比利时、荷兰、卢森堡、丹麦等六国保留对美元实行共同浮动的汇率制度。由于 ±2.25% 的波动幅度限制不复存在，这一阶段的汇率安排被称作“湖中的蛇形浮动”体系。

1973年4月，欧共体设立了欧洲货币合作基金，集中其成员国20%的黄金储备和美元储备，作为发行欧洲货币单位的准备。但1973年第一次石油危机导致“蛇形浮动”体系内各国货币受到不同程度冲击，无论是外国援助还是国内政策调整都难以抗衡外汇市场压力。加之各国政府在如何应对冲击上存在分歧，针对货币政策是否应以稳定物价为导向也没有达

① 蒯斯训：“‘蛇形’浮动”，《国际贸易问题》，1976年第1期，第72～73页。

成共识。“蛇形浮动”汇率体系运行期间，虽然陆续有英国、丹麦、挪威、瑞典等国加入，但也出现成员国迫于本国汇率压力多次退出和加入现象。1976年后成员国货币汇率平价频繁调整，“蛇形浮动”汇率体系未能实现区域汇率稳定，实质上失去了效力。

（三）1979—1999年欧洲货币体系（EMS）时期

1979年3月，在欧共体成员的努力下欧洲货币体系成立。欧洲货币体系吸取了“蛇形浮动”机制的经验教训，创设了新的参考货币“欧洲货币单位”（缩写为ECU，“埃居”）。成员国货币汇率不再钉住美元，改为钉住埃居。作为EMS的“核心组件”，汇率机制（ERM）将成员国货币汇率浮动区间设定为 ±2.25%，由此实现EMS对内可调整的固定汇率和对外的联合浮动汇率制度。成员国之间建立中短期融资机制，保证外汇市场动荡时能够实施有效干预。

欧洲货币体系在最初的4年里，中心汇率每8个月变更一次。在接下来的4年里，调整频率下降到每12个月1次。1987年1月至1992年9月，5年多的时间内欧洲货币体系仅进行过一次汇率调整。这反映了汇率机制的有效性，也反映了随着资本管制的放松，币值重定的难度不断加大。

欧洲货币体系运行期间，欧洲一体化进程不断加速，为货币一体化奠定了基础。1989年6月“德洛尔报告”通过，建议设立欧洲中央银行，负责实施共同货币政策和发行单一欧洲货币。1991年11月欧共体通过了《马斯特里赫特条约》。该条约制定了向统一欧元过渡的三步走计划：第一步，从1990年开始解除资本管制；第二步，从1994年开始进一步集中国家政策，建立临时机构欧洲货币机构，逐步向货币联盟过渡；第三步，最迟从1999年1月开始，参与国的汇率不可撤销地固定，欧洲货币机构由欧洲中央银行取代，后者实施共同货币政策。

1992 年欧洲货币体系爆发危机，英国、意大利被迫脱离欧洲货币体系。1992 年 9 月法国全民公决通过了《马斯特里赫特条约》，稳定了欧洲货币联盟发展预期，使本次危机得以平息。1995 年 12 月，马德里首脑会议决定将欧洲单一货币定名为“欧元”，取代“埃居”。1999 年 1 月 1 日，欧元在欧盟各成员国范围内正式推出。

（四）2002年至今，欧元国际货币地位总体保持稳定

2002 年 1 月 1 日，欧元正式进入流通领域；同年 7 月，原有货币停止流通。欧元推出以来，其国际地位经历多次冲击，特别是在科索沃战争、欧债危机等事件期间受到较大挑战，但总体稳定，长期保持仅次于美元的第二大国际货币地位。2022 年末，欧元在国际支付中的占比达 31.74%，在官方外汇储备中占比达 20.47%，在场外外汇成交额中占比达 15.27%，在国际债券计价货币中占比达 38.29%，是重要的国际货币。

二、日元国际化的进程

“二战”后的外汇短缺、经济对出口的依赖导致日本政府倾向汇率低估，为支持外汇积累和促进出口而实施的金融管制措施限制了日元的国际使用。日元国际化可能导致日元升值并且与已见成效的金融管制措施相悖，因而日本在 20 世纪 80 年代前推动日元国际化的动力不强。20 世纪 70 年代初日本 GDP 已位居全球第二，并成为第二大商品和服务出口国。但相对于日本的经济地位，日元在国际上几乎没有发挥作用。截至 1970 年，国际贸易还没有以日元作为计价货币，甚至日本自身对外贸易中也不使用日元。在外汇市场上，也没有外国政府或公司发行日元债券。

（一）20世纪80年代，日元国际化进入快速推进期

20世纪80年代，美日贸易失衡现象日益严重，迫于压力，日本开始改变对日元国际化的态度。日本这样做一方面是为了通过日元升值缓解美日之间的贸易失衡，另一方面是为了配套改革国内金融体系。日本大藏省在1983年10月出台的《综合经济政策》中列举措施，表示将推动日元国际化，使日本的金融市场进一步自由化，更加充分地发挥日元潜在优势。1983年底，日本大藏省和美国财政部成立了日元美元委员会，讨论日本金融开放和日元国际化问题。1984年5月，日元美元委员会和日本大藏省分别发布《日元美元委员会报告书》和《金融自由化与日元国际化的现状和展望》，正式开启日元国际化历程。

1985年至20世纪90年代初，日元国际化取得一定进展。日本出口结算中的日元占比从1985年的39.2%提升至1993年的43%；进口结算中的日元占比从1985年的7.3%提升至1990年的14.5%。全球离岸债券中日元计价债券发行量占比从1985年的7.7%提升至1990年的13.5%。全球跨境贷款中日元贷款的占比从1985年的5.7%升至1991年的11.2%。各国外汇储备中日元资产的占比从1985年的8.0%升至1990年的9.1%。全球主要外汇市场上，日元交易量占比从1986年3月的23.0%升至1989年4月的25.2%。[①]

（二）20世纪90年代中后期，日元国际化陷入停滞期

随着日本经济在20世纪90年代陷入“失去的十年”，日元国际化进程也陷入停滞。1998年7月，日本财务大臣要求外汇理事会“从日本和

① 数据来源：Hiroo Taguchi, On the Internationalization of the Japanese Yen, in book “Macroeconomic Linkage: Savings, Exchange Rates, and Capital Flows, Nber-EASE volume3” , pp.3335-3357。

海外经济及金融状况正在发生的变化的角度”调查并审议日元的国际化问题。尽管根据新的《外汇交易法》，跨境交易已全面放开，但外汇理事会仍然认为，日元的可用性仍有提升空间，尤其是在提供无风险、高流动性的金融产品和基准方面。

1999 年 4 月，日本外汇理事会发表《面向 21 世纪的日元国际化》报告，提出通过改善日本政府债券市场运作、完善必要的基础设施、借助资本交易向非居民部门提供日元资金等措施，进一步挖掘日元国际化发展空间。同年 9 月，日本成立促进日元国际化研究小组①，旨在跟进并落实上述报告的相关建议。但由于国际市场对日本经济缺乏信心及对日元的需求有限，日元国际化的进程始终没有实质性进展。

2003 年，日本政府货币国际化的重点从助推日元国际化转向了促进日本资本市场国际化。

总体看，1998 年至 2003 年底，由于日本经济基本面没有得到根本改善，亚洲主要经济体在日元国际化上也没有动力配合，日元国际化进程迟滞不前。此外，日本进口商品中以美元计价的原材料占比过高、亚洲国家货币与日元几乎没有交叉交易、国际市场上的日元贷款需求有限等因素，也限制了日元国际化的推进。

三、欧元、日元国际化进程中政府的主要举措

（一）欧元和日元国际化进程中政府均采取的举措

一是在货币国际化进程中推进金融开放。日本在 20 世纪 80 年代货币国际化初期推出一系列金融开放举措。1985 年 6 月银行承兑汇票市场的创

---

① 该小组在随后的4年中召开过3次会议（1999年9月至2001年6月、2001年10月至2002年6月和2002年9月至2003年1月），并在2001年6月、8月和2003年1月分别发布了报告。

设，有助于开展以日元结息的贸易金融，推动贸易交易的日元结算；1984年10月，取消期货汇兑交易中的实需原则，由此以投机为目的的期货汇兑交易成为可能，并作为外汇风险对冲手段，使期货汇兑交易更为便利。20世纪90年代欧盟推出“单一通行证”制度，消除了金融机构在欧盟境内的跨境展业障碍，促进了资金自由流动，推动了欧盟金融市场一体化进程。

二是在货币国际化进程中加强区域金融合作。从“蛇形浮动”机制、欧洲货币体系到《马斯特里赫特条约》最终确定推出时间表，欧元的诞生始终在区域金融合作的框架中推进。虽然这一过程中法国和德国是主导角色，但各成员国均对欧元国际化进程产生重要影响。通过不断探索有效的区域金融合作机制，较大程度缓解了各成员国内外均衡的冲突，为欧元的推出奠定了基础。日元国际化的进程最初就置于美日金融合作框架内。在20世纪80年代日元快速国际化进程中，日本始终重视与主要发达国家宏观金融政策的协调。然而与美元、欧元国际化不同的是，日本始终没有构建起以日元为主导的、有影响力的区域货币合作机制。

（二）欧元国际化进程中政府采取的独特举措

一是在欧元国际化进程中不断扩大市场范围。1971年的“蛇形浮动”机制只覆盖欧共体六国。到了1999年欧元正式推出时，欧元区成员国已达11个。此后，希腊、斯洛文尼亚、塞浦路斯、马耳他、斯洛伐克、爱沙尼亚、拉脱维亚、立陶宛等相继加入欧元区。欧元区的经济规模和地理空间范围不断扩张，构成了支撑欧元国际地位的基本面。

二是在欧元国际化进程中注重推进区域经济一体化。1967年欧共体的组建为成员国经济的快速发展提供了便利，也为后续货币一体化进展奠定了基础。欧洲经济一体化成为推动货币一体化的动力，而货币一体化的发展反过来也进一步推进了区域经济一体化。如1986年的《单一欧洲法案》包含了《单一市场计划》，通过简化管制结构，加强欧共体成员国之间的竞争，为实现规模经济和范围经济提供了便利，对降低失业率也有一定帮助。这为1989年“德洛尔报告”的推出奠定了基础。《马斯特里赫特条约》进一步制定了各国汇率、通货膨胀率、公共债务和赤字率的趋同标准。

三是在欧元国际化进程中重视汇率协调机制。汇率协调机制反映了各国内外均衡的调整与磨合。欧洲货币一体化进程的关键事件均围绕汇率机制展开。尤其是作为欧洲货币成员国核心的德国和法国，最终在汇率机制上相互让步、达成“和解”，成功推动了欧元的形成。

（三）日元国际化进程中政府采取的独特举措

一是通过“黑字环流”计划打造日元国际环流。1986年日本推出“黑字环流”计划，并在1987—1991年分三期实施。“黑字环流”计划在推动日元境外使用、削减日本巨额贸易顺差、缓解资源匮乏难题、促进资金流出与回流的有效循环、改善对外关系等方面起到了一定作用。尤其是日本向发展中国家提供日元贷款，再由受援国以出口获得日元收入偿还贷款，形成日元环流渠道，推动了境外市场发展。但由于日元汇率波动大、原材料计价能力弱、未形成以日元为中心的汇率风险管理体系等，“黑字环流”计划对日元国际化的推进作用有限。

二是日元国际化与日本国际金融政策相配合。20世纪80年代中期，日本政府启动日元国际化的最初目的是通过日元升值缓解对美贸易失衡压力。1985年日本央行为配合美国推动美元贬值，在签署“广场协议”后，于1985年9月到12月通过升息措施促进日元升值。1985年初至1986年底，日元对美元汇率累计升值57%。直至1987年2月，美国、日本、德国、英国、法国、意大利、加拿大七国召开卢浮宫会议，同意接受当时的汇率水平。但 1989 年年中美元开始升值后，又给各国国际收支不平衡带来冲击，各国采取协调干预措施来抑制美元升值。1989 年 10 月，日本开始上调基准利率，此后又在 1990 年 3 次上调基准利率（从 4.25% 上调到 6%）。此举虽然扭转了日元对美元贬值的局面，但利率的快速上调导致了之后大规模泡沫经济的破灭，日元国际化也陷入停滞。

四、欧元、日元国际化的启示

一是强大的产业国际竞争力是货币国际化的基础。日本和欧洲货币体系的核心国德国均在正式推行货币国际化之前经历过出口快速增长阶段。日本在 20 世纪 80 年代正式开启日元国际化进程之前，已形成了国际领先的产业竞争力。从 60 年代的纺织品等轻工业，之后逐步升级至家电、汽车等高端制造业，日本是这些产品的主要出口国。1986 年日本企业占全球 DRAM 存储器市场的份额达到 80%，成为与美国并驾齐驱的世界半导体强国。在整个 20 世纪 60 年代，德国对外贸易均保持顺差，1967 年后顺差规模开始扩大，德国通过货币主动升值使贸易顺差压力自然释放。持续的升值压力促进了德国企业加速创新，进一步提升了出口竞争力。从 20 世纪 70 年代开始，德国 GDP 一直保持全球第三或第四的位置，其制造业也在全球具备较强竞争力。

二是稳定的货币环流机制是保持货币国际地位的重要支撑。日本和欧盟均在货币国际化进程中重视构建货币环流机制。随着货币国际化水平的提升，离岸货币持续累积，具有回流境内的需求。否则，离岸货币缺乏保值增值渠道，会逐步弱化其价值储藏功能，进而影响其国际地位。例如，日本试图通过“黑字环流”打通日元回流机制，通过开放金融市场吸引海外日元流入；欧元区则通过欧洲债券市场提供全球安全资产，吸引境外欧元回流。

三是货币国际化进程中可能发生反复，要保持战略定力。货币国际化的进程不可能一帆风顺，既受制于国内经济运行状况，也受国际政治经济形势等多重因素的影响。货币国际化的进程中要保持战略定力，长远着眼、持续发力。日元国际化进程在20世纪90年代经济泡沫破灭后陷入停滞，1998年再度推进日元国际化时已错失重要时机。与之对比，欧洲货币一体化进程中，德、法两国领导人对推进货币统一持续发力，虽然历经“蛇形浮动”体系的“破产”、1992年的欧洲货币体系危机等，但仍能按照前期设定的路线图稳步推进。

四是稳固的货币流通“朋友圈”是维系货币国际地位的重要保障。一种货币的崛起很难立即直面全球，需要从区域化货币开始，逐渐形成领导力。欧洲货币一体化进程中，德国扮演了关键领导国角色，形成了以其为中心的稳固“朋友圈”。德国通过“华沙之跪”“新东方政策”以及在推进欧洲一体化谈判中的一系列利益供给和妥协，全方位提升了其在欧洲地区的政治、经济领导力。20世纪80年代，德国开始发挥“最后贷款人”作用，向欧洲货币体系参与国提供援助资金，并努力保持货币价值和通货膨胀率稳定。与之相反，无论是国际声誉、区域地缘关系还是通过承担义务来获取向心力，日本都远不如德国。日本长期无法与亚洲邻国真正和解，在外交上亲近西方，轻视地缘政治；亚洲金融危机期间日本未能及时援助危机中的东南亚国家，错失获得货币领导地位的机会。

第四章

新兴经济体货币的影响力提升和国际化

2008 年国际金融危机以来，随着整体经济金融实力的增强，新兴经济体[①]的国际影响力不断提升，其货币在国际市场中的使用份额也随之增加。由于在经济结构、开放程度和金融体系效率等方面存在差异，主要新兴经济体在货币国际化上的积极程度也不尽相同。俄罗斯将推动卢布国际化作为提升俄罗斯金融体系全球竞争力的重要抓手，并倡导国际货币体系多样化。印度希望通过提升卢比国际化水平来促进对外贸易，使其更深融入国际市场。巴西将提升雷亚尔在南美洲地区的影响力作为主要突破口，提升其货币国际化水平。南非则受限于较小的经济体量和外贸规模，加之通胀压力较大且外汇储备规模不大，故并未将提升货币国际化水平作为明确目标。此外，新兴经济体在货币国际化中也面临贸易产品主要以美元计价、离岸市场发展深度广度不够等一系列问题。我国应根据国情，以适当的节奏和路径审慎推进人民币国际化，以重点区域为突破口，重视在国际贸易投资中运用本币。同时，要始终防控人民币国际化中的金融风险。

① 对于新兴经济体，目前尚未有准确的定义和范围。现在多使用的是摩根士丹利MSCI新兴市场指数涵盖的新兴经济体范围。MSCI新兴市场指数每半年调整一次，根据2022年11月的报告，共有24个国家和地区被纳入该指数，分别为巴西、智利、中国、哥伦比亚、捷克、埃及、希腊、匈牙利、印度、印度尼西亚、韩国、科威特、马来西亚、墨西哥、秘鲁、菲律宾、波兰、卡塔尔、沙特、南非、中国台湾、泰国、土耳其和阿联酋（2022年3月俄罗斯因股市多次停止交易而被剔除）。本报告在分析中借鉴该定义，并将俄罗斯纳入新兴经济体的研究范围。

一、新兴经济体货币国际影响力的总体情况

2008 年国际金融危机后，新兴经济体的经济实力显著增强。基于购买力平价计算，根据世界银行数据，2012 年中等收入和低收入经济体的 GDP 总量已经超过高收入经济体，而新兴经济体中仅金砖国家的 GDP 总量就占全球 GDP 的 1/4 左右。国际金融危机对全球经济金融格局产生了广泛影响，也引发了社会各界对当前国际货币体系的反思。新兴经济体在国际支付、外汇交易和外汇储备等方面的整体影响力不断增强，特别是人民币在国际货币体系中的份额不断提升。建立一个更多元的国际货币体系已成为国际共识。国际货币体系的变化，不仅能为投资者提供更多样化的投资机会，还应体现新兴经济体强劲的基本面。然而，旧格局向新格局的转变虽然源自经济发展，但往往需要更长的时间，需要通过国际舞台上各种力量相互联系、相互作用，推动全球经济格局发生变化。国际货币体系调整同样是一个渐进缓慢的过程。因此，虽然新兴经济体货币当前的国际地位与其经济地位并不完全匹配，并需在国际货币体系中发挥更大的作用，但其过程将是长期的。以金砖国家为代表的新兴经济体自 20 世纪末以来也一直致力于推行多项深层次体制改革，改善预算和社会领域状况，希望加深本国金融市场深度，同时为加深全球金融市场的深度作出贡献。然而，与主要的国际储备货币相比，新兴经济体货币的国际影响力仍十分有限。特别是自 2022 年乌克兰危机爆发和发达经济体收紧货币政策以来，新兴经济体货币在国际货币体系中的各项占比均有所下降，提升货币国际影响力仍有较长的路要走。

（一）新兴经济体货币国际使用份额稳步增加

近年来，新兴经济体货币在国际支付、外汇交易和外汇储备中的份额稳步提升。其中，人民币在各类交易和资产中份额的提升是新兴经济体整体份额提升的主要原因。

1. 在国际支付额中的占比有所上升

根据环球银行金融电信协会（SWIFT）公布的数据，在全球主要货币支付额历年占比前 20 名的货币中，新兴经济体主要货币在国际支付中的份额由 2016 年底的 4.54% 升至 2021 年底的 5.16%（2022 年受乌克兰危机和美国等发达经济体大幅加息影响，新兴经济体货币支付额占比有所下降，2022 年 10 月底为 3.95%）。其中，新兴经济体份额的增长主要来自人民币，其所占份额从 2016 年底的 1.68% 升至 2021 年底的 2.70%，是人民币国际化水平不断提升的体现。除了人民币，新兴经济体货币在国际支付中的份额占比在 2019 年达到顶点（2.99%），但从 2020 年开始下降（见表 4–1）。

表4-1　2016年以来历年支付额居前列的货币在国际支付中的份额（%）

币种	2016年	2017年	2018年	2019年	2020年	2021年	2022年10月	是否为新兴经济体货币
美元	42.09	39.85	41.57	42.22	38.73	40.51	42.05	否
欧元	31.3	35.66	32.98	31.69	36.7	36.65	34.43	否
英镑	7.2	7.07	6.76	6.96	6.5	5.89	7.85	否
日元	3.4	2.96	3.38	3.46	3.59	2.58	2.95	否
人民币	1.68	1.61	2.07	1.94	1.88	2.7	2.13	是
加元	1.93	1.57	1.84	1.98	1.77	1.64	1.75	否
澳元	1.55	1.39	1.57	1.55	1.44	1.27	1.33	否
港币	1.31	1.22	1.44	1.46	1.43	1.17	1.17	否
瑞士法郎	1.53	1.26	0.81	0.78	0.73	0.74	0.94	否
挪威克朗	0.64	0.64	0.66	0.66	0.67	0.63	0.66	否

续表

币种	2016年	2017年	2018年	2019年	2020年	2021年	2022年10月	是否为新兴经济体货币
瑞典克朗	1.06	0.8	0.76	0.76	0.87	0.75	0.63	否
波兰兹罗提	0.51	0.5	0.54	0.53	0.5	0.64	0.59	是
马来西亚林吉特	0.43	0.41	0.49	0.46	0.39	0.37	0.38	是
丹麦克朗	0.4	0.35	0.35	0.38	0.36	0.32	0.36	否
新西兰元	0.33	0.34	0.31	0.32	0.29	未上榜	0.33	否
新加坡元	0.85	0.84	1.03	1.05	0.98	0.95	0.31	否
墨西哥元	0.35	0.32	0.29	0.32	0.28	0.22	0.28	是
匈牙利福林	未上榜	未上榜	未上榜	未上榜	未上榜	未上榜	0.22	是
埃及镑	未上榜	未上榜	未上榜	未上榜	未上榜	未上榜	0.19	是
捷克克朗	未上榜	未上榜	未上榜	未上榜	未上榜	未上榜	0.16	是
泰铢	0.93	0.94	0.91	1.09	0.89	0.73	未上榜	是
南非兰特	0.38	0.4	0.39	0.36	0.32	0.28	未上榜	是
智利比索	未上榜	未上榜	0.23	0.23	0.21	未上榜	未上榜	是
俄罗斯卢布	0.26	未上榜	未上榜	未上榜	未上榜	0.22	未上榜	是
土耳其里拉	未上榜	0.32	未上榜	未上榜	未上榜	未上榜	未上榜	是
其中：								
新兴经济体	4.54	4.5	4.92	4.93	4.47	5.16	3.95	
除人民币外新兴经济体	2.86	2.89	2.85	2.99	2.59	2.46	1.82	
其他经济体	92.01	92.42	91.77	91.52	92.43	91.83	93.76	

资料来源：SWIFT，RMB Tracker，2016—2021年的数据采集时间为当年年底，2022年的数据采集时间为当年11月。

2. 外汇交易量占比明显上升

根据国际清算银行（BIS）每三年开展一次的国际央行调查报告数据，新兴经济体外汇市场交易量占比从 2013 年的 16% 上升到 2022 年的 19%。其中，人民币占比大幅上升，从 2013 年的 2% 升到 2022 年的 7%，是新兴经济体外汇交易占比提升的主要原因。除人民币外的其他新兴经济体货币占比则从2013年的13%小幅升到2019年的14%，并在2022年回落到12%左右（见表4-2）。

表4-2 主要货币外汇市场交易量规模和占比（2013年、2016年、2019年、2022年）

币种	2013年		2016年		2019年		2022年		是否为新兴经济体货币
	百万美元	%	百万美元	%	百万美元	%	百万美元	%	
美元	4662	87	4437	88	5811	88	6639	88	否
欧元	1790	33	1590	31	2126	32	2292	31	否
日元	1235	23	1096	22	1108	17	1253	17	否
英镑	633	12	649	13	843	13	968	13	否
人民币	120	2	202	4	285	4	526	7	是
澳元	463	9	349	7	446	7	479	6	否
加元	244	5	260	5	332	5	466	6	否
瑞士法郎	276	5	243	5	326	5	390	5	否
港币	77	1	88	2	233	4	194	3	否
新加坡元	75	1	91	2	119	2	182	2	否
瑞典克朗	94	2	112	2	134	2	168	2	否
韩元	64	1	84	2	132	2	142	2	是
挪威克朗	77	1	85	2	119	2	125	2	否
新西兰元	105	2	104	2	137	2	125	2	否
印度卢比	53	1	58	1	114	2	122	2	是
墨西哥元	135	3	97	2	111	2	114	2	是
新台币	24	0	32	1	60	1	83	1	是
南非兰特	60	1	49	1	72	1	73	1	是
巴西雷亚尔	59	1	51	1	71	1	66	1	是
丹麦克朗	42	1	42	1	42	1	55	1	否
波兰兹罗提	38	1	35	1	41	1	54	1	是
泰铢	17	0	18	0	32	0	31	0	是

续表

币种	2013年		2016年		2019年		2022年		是否为新兴经济体货币
	百万美元	%	百万美元	%	百万美元	%	百万美元	%	
以色列新锡克尔	10	0	14	0	20	0	31	0	否
捷克克朗	19	0	14	0	26	0	29	0	是
印尼卢比	9	0	10	0	27	0	28	0	是
阿联酋迪拉姆	—	—	—	—	14	0	28	0	是
土耳其里拉	71	1	73	1	71	1	27	0	是
匈牙利福林	23	0	15	0	27	0	26	0	是
智利比索	16	0	12	0	19	0	24	0	是
沙特里亚尔	5	0	15	0	12	0	18	0	是
菲律宾比索	8	0	7	0	19	0	18	0	是
马来西亚林吉特	21	0	18	0	10	0	14	0	是
哥伦比亚比索	6	0	8	0	12	0	14	0	是
俄罗斯卢布	86	2	58	1	72	1	14	0	是
罗马尼亚列伊	7	0	5	0	6	0	9	0	否
秘鲁索尔	3	0	4	0	5	0	7	0	是
巴林丁那	0	0	0	0	2	0	3	0	否
保加利亚列弗	1	0	1	0	2	0	2	0	否
阿根廷比索	1	0	1	0	4	0	1	0	是
其他	83	2	103	2	121	2	174	2	
总计	10713	200	10133	200	13162	200	15012	200	
其中：									
新兴经济体货币	838	16	863	17	1235	19	1459	19	
除人民币外新兴经济体货币	718	13	661	13	950	14	933	12	
发达经济体货币	9709	181	9069	179	11676	177	13184	176	
其他	166	3	201	4	251	4	369	5	

注：因为数值录入时采用了四舍五入法，故最终总计数值与加总之和有出入。

资料来源：BIS，Triennial Central Bank Survey, Foreign exchange turnover in Oct 2022。

3. 外汇储备规模占比上升

根据国际货币基金组织（IMF）披露的全球主要经济体官方外汇储备的货币构成数据（COFER），2016 年至今，美元在全球官方外汇储备中的比重逐渐下降，从 2016 年的 65.36% 降至 2021 年的 58.81%。与此同时，其他主要经济体货币的占比均有不同程度的提高，体现了各国外汇储备多元化的努力。其中，人民币和其他新兴经济体货币占全球官方外汇储备的比重同样逐年增长，从 2016 年的 3.41% 提升至 2021 年底的 5.80%。其中人民币占比增加较多，从 2016 年的 1.08% 升至 2021 年的 2.79%（见表 4–3）。

表4-3　2016—2021年官方外汇储备的货币构成（%）

币种	2016年	2017年	2018年	2019年	2020年	2021年
美元	65.36	62.73	61.76	60.75	58.92	58.81
欧元	19.14	20.17	20.67	20.59	21.29	20.64
日元	3.95	4.90	5.19	5.87	6.03	5.57
英镑	4.35	4.54	4.43	4.64	4.73	4.78
澳元	1.69	1.80	1.63	1.70	1.83	1.81
加元	1.94	2.03	1.84	1.86	2.08	2.38
瑞士法郎	0.16	0.18	0.14	0.15	0.17	0.20
人民币	1.08	1.23	1.89	1.94	2.29	2.79
其他货币	2.33	2.43	2.45	2.51	2.65	3.01

注：数据为各国向IMF报告的数据，但部分国家未报告数据；表中数据为各年年底数据。
资料来源：IMF，COFER，https://data.imf.org/regular.aspx?key=41175。

4. 新兴经济体深化金融体系改革，其货币国际使用水平将逐步提升

新兴经济体经济和金融实力近年来显著增强，已成为国际商品、服务和资本市场的重要参与者。这是新兴经济体货币提升国际使用水平的基础，也是国际货币体系调整诉求的来源。然而，新兴经济体货币虽然在国

际支付、交易和储备中的份额逐渐提高，但与美元和欧元相比，份额调整幅度仍然有限。以金砖国家为代表的新兴经济体从20世纪末以来一直致力于推行多项深层次体制改革，改善预算和社会领域状况，提高本国金融市场深度和对全球金融市场深度的贡献（见表4–4）。其中，主要新兴经济体将提升货币国际化水平作为改革的一部分，通过提高货币的国际影响力，增加货币作为储备资产的使用程度，降低贸易往来中的汇兑风险和国际金融市场波动的传导风险。例如，建立本币贸易结算机制，扩大本币在区域贸易中的使用范围，建立能够与伦敦或纽约平等竞争的大型国际金融中心，增加本币互换的范围和规模，从多种渠道促使国际货币体系达到新的平衡。

表4-4　全球金融市场深度的五大贡献者：发达经济体和新兴经济体的比较（%）

	1989年	2009年
发达经济体	92.8	82.4
美国	32.5	29.4
日本	28.3	13.2
英国	5.7	7.8
德国	5.3	6.1
法国	4.5	5.4
新兴经济体	7.2	17.6
中国	1.9	7.2
巴西	0.9	1.6
中国香港	0.7	1.6
韩国	0.7	1.2
印度	0.5	1.1

注：①使用国内外资产和负债的加权总额与每个国家GDP之比。②该表只用于发达经济体和新兴经济体（2011年IMF将中国香港列入新兴经济体）的比较，计算时未考虑其他经济体。

资料来源：IMF staff discussion note, Internationalization of Emerging Market Currencies: A Balance between Risks and Rewards, Nov 19, 2011, SND/11/17。

二、金砖国家提升货币国际化水平的历程

（一）俄罗斯卢布的国际化

俄罗斯将推动卢布国际化作为提升其金融体系全球竞争力的重要抓手，积极将莫斯科建设为国际金融中心，促使卢布成为主要的区域储备货币之一。因此，俄罗斯自21世纪初开始大力呼吁促进国际货币体系多样化，并推进卢布国际化。

1. 2008年国际金融危机前

苏联解体后，旧卢布区随之解体，新区域货币一体化艰难推进。20世纪90年代初苏联解体后，俄罗斯及IMF最初均希望维持原有的卢布区[①]。然而，旧卢布区原苏联成员国倾向于选择其他货币，放弃使用卢布，致使旧卢布因价格暴跌而被新卢布取代（1000旧卢布兑换成1新卢布），最终导致卢布的国际地位大大降低。从1994年开始，俄罗斯和白俄罗斯将恢复货币联盟作为两国一体化进程的一部分展开了多轮谈判。但在具体实施机制上，双方始终存在分歧：俄罗斯主张两国统一使用卢布，白俄罗斯则要求双方央行平等协商统一货币机制。2021年11月，俄白两国签署联盟国家一体化的法令，回避了货币一体化问题。目前，俄白货币联盟尚未取得实质进展。

苏联解体后，俄罗斯也在国内逐步推动外汇领域和资本项目改革。1992年1月，俄罗斯成立了第一家外汇交易所——莫斯科银行间外汇交易所，改变了之前政府决定官方汇率的机制，形成了卢布对美元的市场汇率。俄政府采取“内部可自由兑换”制度，允许本国居民将卢布自由兑换成外国货币（但未放开非居民兑换）。1995年7月，俄罗斯推出“汇率

① Juliet Johnson. The BRICs and Aisa, Currency Internationalization and International Monetary Reform. ADB working paper, No.4, June 2013.

走廊”制度，规定卢布兑换美元的价格在规定的区间内浮动。“汇率走廊”制度给波动剧烈的汇率市场带来了稳定的基础，成为俄罗斯在卢布国际化过程中比较成功的措施之一。1996 年，俄政府宣布俄罗斯已开始承担《国际货币基金组织协定》第八条款所规定的义务，实行经常项目下的卢布可自由兑换。

1997 年亚洲金融危机和 1998 年俄罗斯金融危机后，俄罗斯政府将卢布国际化提上日程。1997 年亚洲金融危机中，俄罗斯政府一度宣布暂停卢布外汇交易。进入 21 世纪后，俄罗斯逐步从危机中复苏，21 世纪初至 2008 年国际金融危机前经济平均增速维持在 7% ~ 8%（见图 4-1），通胀率虽然高但相对稳定。同时，俄罗斯通过石油等资源的出口曾积累了近 5000 亿美元的外汇储备，并创建了一个 2250 亿美元的稳定基金。当时市场和俄罗斯政府均对俄未来增长充满信心。因此，俄罗斯政府开始大范围讨论推动卢布作为一种国际储备货币的可能性，以更好应对未来可能面对的全球金融动荡。

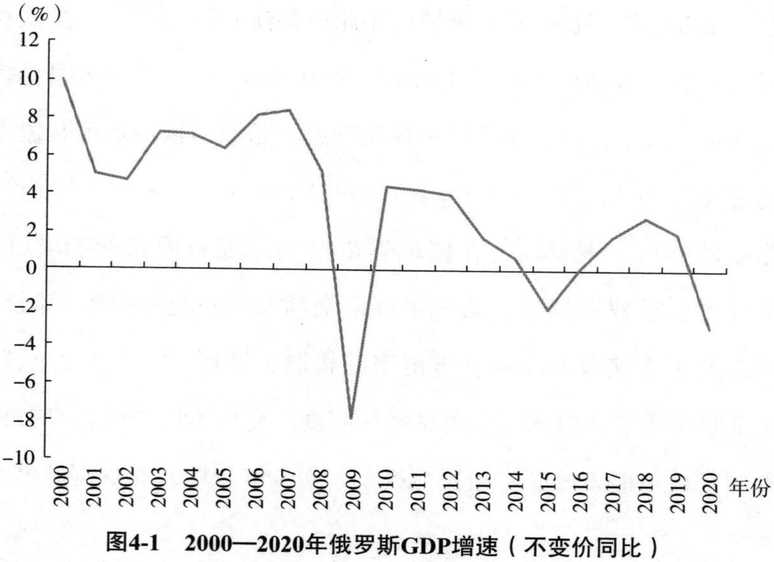

图4-1　2000—2020年俄罗斯GDP增速（不变价同比）

资料来源：Wind。

从21世纪初开始，俄罗斯积极倡导国际货币体系改革，强调去美元化，并逐渐在国际市场上推广卢布。2003年和2006年，总统普京两次在国情咨文中提出，要实现卢布完全可兑换，正式提出推进卢布国际化[①]。2008年时任俄罗斯总统梅德韦杰夫同样在讲话中表示，“卢布越坚挺，我们就越早开始用卢布而不是美元或其他外币来交换能源，卢布作为储备货币的想法就越容易实现”，“将莫斯科转变为强大的全球金融中心，并将卢布转变为主要的区域储备货币之一”[②]。在汇率制度改革方面，2005年俄罗斯开始实行有管理的浮动汇率制度，央行把以美元和欧元双货币为主的货币篮子作为实施汇率干预的操作基准。2006年，俄罗斯修订《外汇管理法》，废除与资本交易有关的各种条例，宣布卢布可自由兑换，对俄公民放开卢布兑换的数量限制，提高允许带出境外的卢布数量，允许俄罗斯公民在国外银行开设账户。

2. 2008年国际金融危机至今

2008年国际金融危机后，俄罗斯更积极地推进卢布国际化。2008年爆发的国际金融危机令俄罗斯面临国际油价下跌、外贸收缩、资本外逃和外债违约的局面，卢布因而贬值，俄罗斯证券交易所也在2008年多次停止交易。危机的巨大影响促使俄罗斯政府对内推动外汇储备多样化，不再严重依赖美元；对外多次批评当时的国际金融架构和国际货币体系，认为以美元为首的国际货币体系存在根本缺陷，是引发危机的主要原因[③]。俄罗斯更积极地倡导国际货币体系改革，同时推进卢布国际化。

---

① Juliet Johnson. The BRICs and Aisa, Currency Internationalization and International Monetary Reform. ADB working paper, No.4, June 2013.

② 同上。

③ M.V.Zharikov. BRICS currencies' Internaitonalisation, Department of World Economy and World Finance. Financial University under the Government of the Russian Federation, Department of Economic Research, Institute of Europe of the Russian Academy of Sciences, International Scientific Conference "Far East Con" (ISCFEC 2018).

在这个时期内，卢布的国际化路径被定为首先在区域内实现，并启动建设莫斯科国际金融中心。俄罗斯时任总统助理多次表示，俄罗斯已制定一项具体战略，先让卢布成为地区储备货币，再成为国际货币[①]。俄罗斯也试图将由俄罗斯、白俄罗斯等国组成的欧亚经济共同体（Eurasian Economic Community,EEC）作为在“近邻”推广使用卢布的抓手。2015年，该组织被欧亚经济联盟（Eurasian Economic Union，EEU）取代。卢布在该联盟地区的使用份额逐渐增加。欧亚开发银行2021年发表的一份报告显示，卢布仍是俄罗斯与欧亚经济联盟成员国间最主要的贸易结算货币。俄罗斯与白俄罗斯、哈萨克斯坦、吉尔吉斯斯坦间贸易使用卢布结算的比例分别达82%、63%和58%[②]。俄罗斯也通过二十国集团（G20）和金砖国家论坛等平台积极运作，希望变革以美元为主导的国际货币体系。此外，俄罗斯经济发展部2008年制定了《俄罗斯建设国际金融中心构想》，提出建设莫斯科为国际金融中心的目标。2012年11月，莫斯科开设了一家新的中央证券存管机构。

2014年克里米亚事件之后，美国及其盟友对俄罗斯愈加严厉的金融制裁也进一步迫使俄罗斯完善本币结算法律和制度建设，通过扩大本币结算来绕过美元，加快实现卢布国际化。为此，俄罗斯推进汇率制度改革。2014年，俄罗斯央行宣布当日起不再对“外汇走廊”设定上限和下限，也不再保持对“外汇走廊”的经常干预。俄央行事实上允许卢布汇率自由浮动。为了摆脱对SWIFT的依赖，俄罗斯于2014年在境内启动了俄罗斯银行金融信息传输系统（SPFS），以应对俄罗斯银行被切断与SWIFT系

---

① Juliet Johnson. The Russian Federation: International Monetary Reform and Currency Internationalization. The BRICS and ASIA, Currency Internationalization and International Monetary Reform, ADB working Paper, No. 4, June 2013。Kondratov, D.I. Internationalization of the Currencies of BRICS Countries. Her. Russ. Acad. Sci. 91, 37–50 (2021). https://doi.org/10.1134/S1019331621010044.

② 《卢布仍是俄罗斯与欧亚经济联盟主要结算货币》，https://baijiahao.baidu.com/s?id=1690750323201336441&wfr=spider&for=pc。

统联系的风险。同时，俄罗斯逐渐要求与俄有能源生意的国家进行本币结算，扩大本币结算的范围。例如，俄罗斯 2020 年加速推进与亚洲国家的战略合作关系，促进与中国、印度等大国交易使用本币结算，用卢布替代美元。2022 年乌克兰危机爆发后，美国、法国和德国等国宣布把俄罗斯部分银行排除在 SWIFT 支付系统之外，并对俄罗斯中央银行实施制裁，冻结其黄金和外汇储备。为应对该局面，俄罗斯积极同中国、土耳其、伊朗等国沟通合作，希望 SPFS 能与其他国家跨境结算系统直接对接。除此之外，俄罗斯还通过双边货币互换合作等方式，绕过 SWIFT 系统进行金融和贸易结算，并积极通过金砖国家推动本币合作的相关尝试[①]。

3. 俄罗斯卢布国际化成效

自 21 世纪初以来，俄罗斯始终积极推进卢布国际化，并赋予其极高的战略意义，但因自身问题，卢布国际使用份额仍不高。根据 BIS 的央行调查报告，卢布在全球 OTC 外汇交易市场的份额为 1.1%，在统计的 35 个国家中排名第 17。根据 SWIFT 数据，2014 年俄罗斯卢布仍然在前 20 大支付货币中，但随后几年跌出前 20 名。卢布在国际主要国家官方储备中的份额也十分有限，在全球主要官方外汇储备构成中的占比从 2016 年的 2% 降到 2021 年的不足 1%。同时，卢布的离岸市场发展仍较为落后，俄罗斯公司在海外发行的以卢布计价的公司债券也很少，大多数债券以美元或欧元计价。从外汇交易、外汇储备使用和国际支付等数据看，卢布的国际份额较小，国际化程度有限。俄罗斯卢布国际化水平有限的原因是多方面的，包括对能源产品出口的依赖、金融市场不发达且透明度不高、通胀高企等，这些都是推进卢布国际化的重大障碍。

① Kondratov, D.I. Internationalization of the Currencies of BRICS Countries. Her. Russ. Acad. Sci. 91, 37–50 (2021). https://doi.org/10.1134/S1019331621010044.

（二）印度卢比的国际化

印度推动卢比国际化意在促进经济和贸易发展，更好地融入国际市场。与俄罗斯相比，印度对卢比国际化的进程没有那么急迫，认为卢比达到完全可兑换是一个长期目标，需经若干中间阶段。

1. 卢比国际化的历程

印度十分重视国际市场，希望增加本国在全球商品和商业服务贸易中的份额，吸引更多外国资本流入，这成为早期卢比提升国际影响力的重要推动力。印度在 20 世纪 90 年代推出全面经济改革后不久，就取消了对经常项目的所有限制，实行了有管理的浮动汇率制；此后一直在逐步放松资本账户限制[①]。同时，印度将每年至少 250 亿美元的外国直接投资流入列入优先经济任务之一（见表 4–5）。

表4-5　印度汇率制度改革情况汇总

年份	事件	内容
1992	开始汇率自由化	最初采取双轨制的过渡形式
1993	完成汇率并轨，实行有管理的浮动汇率制度	卢比汇率由市场供求决定，同时仍实施严格的外汇市场管制
1994	接受《国际货币基金组织协定》第八条款	实现在经常项目下的可兑换，对资本项目开放仍保持谨慎
2000	新《外汇管理法》生效	改革外汇制度，将原先“管制”汇率制度改为“管理”汇率制度，将外汇管理的目标定为发展金融市场的同时为贸易和支付提供便利，并提出推进资本项目自由化进程
2003	允许上市公司和居民在通过一定的审批程序后投资海外证券市场	对投资品种、投资数额和投资比例都有严格的限制
2004	将居民对外汇款的上限提高到2.5万美元	—

① 陆前进. 柴天仪：“印度汇率制度的改革及对中国的启示”，《国际金融研究》，2011年第5期，第13–22页。

续表

年份	事件	内容
2006	提出实现卢比完全自由化的目标	央行建议分三个阶段开放资本项目，并依次放开资本市场、货币市场和衍生品市场，逐步提高印度卢比的可兑换程度

资料来源：陆前进、柴天仪："印度汇率制度的改革及对中国的启示"，《国际金融研究》，2011年第5期，第13–22页。

进入21世纪以来，因看到中国等新兴经济体积极推动本币国际化，努力提高贸易结算中本币使用份额，逐步减少对美元的依赖，印度开始研究卢比国际化的可行性。2010年和2011年，印度储备银行（RBI）委托研究机构开展了两项关于印度卢比国际化的研究[①]。考虑到印度GDP总规模与全球排名靠前的国家有一定差距、在全球贸易中地位仍较低，以及印度资本账户仍未实现完全可兑换，这两项研究都建议对卢比国际化采取谨慎态度。印度在全球贸易中所占份额偏低，印度企业以卢比计价的能力较弱，无法在短期内支撑卢比提升国际化水平的需求。因此，尽管印度政府和印度储备银行赞同推行卢比国际化政策，但未将其作为中短期的优先事项。印度在资本项目开放上也采取了渐进和谨慎的方针。例如，虽然印度1995年就发布了外国机构投资者（FII）框架，但直到2014年，印度证券监管机构——印度证券交易委员会（SEBI）才完全放开国际投资，因此在2014年至2016年国际投资者数量增加了12%；2016年约1/5的印度股票由外国投资者持有。2015年和2016年，印度放开了商业外债限制，允许印度公司在海外发行以卢比计价的债券。同时，印度居民可以获得外国资产和海外贷款，并允许非居民在印度市场进行有价证券投资。

与俄罗斯卢布类似，卢比的国际化也借助了区域合作框架。一是2012

① Shekhar Hari Kumar, and Ila Patnaik. Internationalisation of the Rupee. National Institute of Public Finance and Policy, Working paper No. 222, February 2018.

年以来，印度开始致力于在外贸中推动双边本币计价和结算。该做法为印度和其贸易伙伴国之间双边本币交易结算提供了便利，促进了各国更多使用本币，加强了各国银行系统之间的联系，从而有助于扩大两国之间的贸易和经济活动。同时，要求各国出口商以本国货币作为出口合同中使用的货币，从而降低汇率风险。二是卢比的国际化借助了南亚区域合作联盟（South Asian Association For Regional Cooperation，SAARC）框架[①]。印度卢比可以在不丹和尼泊尔（卢比大额纸钞除外）自由使用。三是和主要国家进行双边货币互换。印度储备银行主要利用双边货币互换降低美元融资风险，截至2021年，印度储备银行已经签订5份互换额度协议，另有一份正在讨论中（见表4–6）。

表4-6　　印度货币互换协议情况

对象	签署时间	规模
日本	2018年10月（续签）	750亿美元
南亚区域合作联盟成员	2016年2月	20亿美元
阿联酋	2018年12月	约5亿美元
金砖国家之间	2015年7月	180亿美元
斯里兰卡	2021年6月	4亿美元
俄罗斯	讨论中	讨论中

资料来源：Kumar, Patnaik，Internationalization of the Rupee，2018；笔者根据新闻报道整理。

2. 卢比的国际化程度

印度推动卢比国际化的关注点在促进外贸和引进外资上，更看重卢比国际化的实际效益，并不像俄罗斯那样对本币国际化赋予较大的战略意义[②]。随着印度经贸规模的扩大，印度卢比在金融市场的外汇交易量有大

① Shekhar Hari Kumar, and Ila Patnaik. Internationalisation of the Rupee. National Institute of Public Finance and Policy, Working paper No. 222, February 2018.

② 同上。

幅提升，交易额从2001年的日均30亿美元增加到2016年的580亿美元，增长了18倍多。然而从全球角度看，卢比国际使用份额仍相对较低。与俄罗斯卢布相比，印度卢比在外汇市场的份额仅在与美元的交易量上排名高于俄罗斯卢布，与其他货币的交易量则同卢布与其他货币的交易量相近。卢比国际化的障碍主要是国内通胀率相对较高、币值不稳定、在全球商品贸易中所占份额较低等，这些均影响了卢比的国际需求。

（三）巴西雷亚尔的国际化

巴西对雷亚尔国际化的看法与印度类似，希望提升货币国际化水平以促进外贸，增强与国际市场的联系。然而，与俄罗斯和印度不同的是，巴西更看重雷亚尔在区域内（南美洲）的主要货币地位是否稳固。此外，与印度渐进式货币国际化和金融自由化进程相比，巴西更快地推行金融自由化，加快了资本项目开放节奏。

1. 巴西早期汇率制度的变革和资本账户开放

20世纪80年代至21世纪初，巴西一直面临较高的外债负担和恶性通货膨胀。1994年，巴西政府将货币与美元挂钩，实行钉住美元的汇率政策，抑制了恶性通货膨胀。外债问题也在20世纪90年代中后期得到一定程度的解决，巴西经济因此恢复增长。1999年初，受亚洲金融危机的影响，巴西放弃了钉住美元的汇率制度，转向没有汇率区间和目标水平的浮动汇率制度。2003年后，巴西中央银行采取通胀目标制的货币政策，实行可灵活调整的货币制度。同时，20世纪90年代至2004年，巴西推行新自由主义经济改革，全面推动资本账户开放，在外商投资、境外直投、海外借贷和证券投资方面逐步放开限制。2005年，国际金融公司对世界20多个新兴经济体开展评估，认为巴西已经成为“可以完全自由进入的市场”[①]。

2. 区域协作和贸易本币结算推动雷亚尔国际化

巴西雷亚尔的国际化是在大型区域一体化组织——南方共同市场（MERCOSUR）的框架内进行的。自21世纪初以来，南美洲地区的宏观经济趋向稳定，市场对南美地区的信心有了很大提高，推动了该地区政治和经济一体化发展。例如，南美国家在2005年达成了政治和经济一体化框架——南方共同市场，其成员国GDP占拉丁美洲GDP总额的3/4以上。2007年，南美主要国家共同成立南方银行（South American Bank），支持该地区基础设施发展。南方共同市场各国政府使用本币参与相互经贸往来。2008年，巴西与阿根廷决定在双边贸易结算中扩大使用雷亚尔和比索的比重，实施双边贸易结算非美元化机制。这些措施增大了本国货币稳定性，为未来在南方共同市场领土上引入单一货币创造了条件。巴西与周边和其他国家也通过多种方式进行贸易结算，倡导绕开美元。2019年，巴西、阿根廷、巴拉圭和乌拉圭四国决定成立特别小组，评估未来四国统一货币的可能性，并研究最终要达成这一目标所需的步骤和条件[②]。此外，巴西同样通过货币互换计划来减少汇率波动的负面影响，降低不确定性。2008年国际金融危机后，新兴经济体，尤其是金砖国家，均希望摆脱对美元的依赖，促进本币贸易结算。2012年6月，中国和巴西两国领导人宣布达成货币互换协议（规模为1900亿元人民币或600亿巴西雷亚尔）。

3. 雷亚尔的国际化程度

由于巴西主要在一定区域内推动雷亚尔的使用，近年来雷亚尔在全球范围内使用程度提升有限。根据2019年BIS发布的央行调查报告，雷亚

---

① Nakamura, Ueda and Matsui. The Internationalization of Emerging Economy Currencies. Internaiotnal Economic and Financial Review, IIMA Working paper, No. 2, 2012.

② 同上。

尔在外汇市场的交易量占比从2007年的0.4%上升到2019年的1.1%，与美元的交易量占比从2010年的0.6%上升至2019年的1.0%；与俄罗斯卢布的占比相近（2019年俄罗斯两项指标分别为1.1%和1.0%），低于印度卢比（2019年卢比两项指标均为1.7%）。然而，雷亚尔在南方共同市场的使用程度较高，巴西和阿根廷之间的本币贸易结算以巴西雷亚尔为主①。

（四）南非兰特的国际化

与俄罗斯、印度和巴西等经济体不同的是，因经济体量和外贸规模相对较小，通胀压力较大且外汇储备规模不大，南非虽然推进了汇率制度改革并逐渐放开外汇管制，但并未将兰特国际化或提高兰特国际影响力作为明确的目标。目前，兰特在非洲南部的共同货币区（Common Monetary Area，CMA）内使用份额很大。CMA建立的主要目的是通过减少汇率的波动来降低通胀压力、促进增长。

1. 南非汇率制度改革和外汇管制变化

南非的汇率制度经历了相对美元固定汇率和严格外汇管制、减少管制的汇率市场化尝试、动荡和外部制裁引发的恢复直接管制，以及再次放松管制至浮动汇率制度几个阶段。资本项目以渐进式开放为主。整个过程受国内政治、国际形势等非经济金融因素影响较大。例如1984年之后的10年间，因种族隔离政策，南非受到国际社会的金融制裁，政治形势恶化，兰特贬值压力大，外汇储备一度接近耗尽。南非被迫对汇率和资本重新采用更严格的管控措施（见表4–7）。目前，南非实行浮动汇率制度，南非央行不设定明确的汇率目标，兰特的汇率由市场供需决定。在外汇管制方

① Akira Nakamura, Kenji Ueda, Kenchiro matsui, The Internationalization of Emerging Economy Currencies Some Thoughts on the Internationalization of the Chinese Renminbi, Brazilian Real, and Russian Ruble, The Institute for International Monetary Affairs, October 2012.

面，经常项目实现自由兑换，但资本项目在部分管制项目如个人和企业对外投资方面仍存在限制。

表4-7 布雷顿森林体系解体后不同时期南非汇率制度和外汇管制情况

时间	汇率制度	外汇管制
1974—1979年	兰特兑美元多维持在1∶1.15的水平，存在汇率双轨制	实行严格的外汇管制，包括对居民交易和外国投资流入管制
1980—1985年	汇率制度改革，双重汇率制度消失	取消了对非居民的外汇管制，提高了发展即期和远期外汇市场的技术条件
1985—1994年	关闭外汇市场和约翰内斯堡证券交易所，重新实施汇率双轨制，央行重新大幅干预外汇市场	对非居民资本项下资金流出和流入重新实施管制
1994年以来	汇率双轨制终止，央行对汇率的干预逐步减少	逐步取消外汇管制，实现了经常项目可兑换。取消了对非居民的多数外汇管制，允许境内企业、金融机构和个人开展境外投资，但对金额和方式还存有一定限制

资料来源：王晓红、弓晶、王博，“南非汇率制度改革历程与启示”，《甘肃金融》，2014年第1期，第14–17页。

2. 以兰特为主要通用货币的货币联盟

自 1921 年南非储备银行成立后，南非的货币同时成为博茨瓦纳、莱索托、纳米比亚和斯威士兰四国的法定货币。1974 年，南非、博茨瓦纳、莱索托和斯威士兰签署了《兰特货币区条约》（Rand Monetary Area Treaty，RMA，博茨瓦纳于 1975 年退出该条约）。在这个时期，斯威士兰和莱索托建立了自己的货币管理机构，并发行了本国货币（洛蒂和里兰吉尼）。但兰特仍可在两国流通，且两国货币与兰特基本以 1∶1 的比例兑换。1986 年，南非、莱索托和斯威士兰签署了 CMA（Common Monetary Area Treaty）三方协议，取代 RMA。1990 年纳米比亚独立，其于 1992 年加入 CMA，并于 1993 年发行自己的货币（纳米比亚元），同样允许兰特流通且两者基本维持 1∶1 的汇率。在 CMA 区域内，南非在 GDP、贸易和人口方面均占区域总规模的 90% 以上。由于 CMA 没有自己独立的中央银行和共同的外汇储备，其他三国需要南非储备银行在外储管理和汇率调整方面提供支撑。此外，根据四国签署的协议，所有会员国货币需要与南非兰特挂钩；除非南非政府事先同意，否则 CMA 内不得接受其他货币作为法定货币。由此可见，南非兰特是该区域内唯一事实上的通用货币。

3. 南非兰特的国际化效果

南非是一个外向型经济体，农产品和矿产品是其主要出口产品，易受国际大宗商品价格波动影响。同时，南非储蓄额较低，与 GDP 之比常年在 15% ~ 16% 徘徊，十分依赖国际资本。因此，南非的汇率和国内通胀率波动较大。此外，与其他金砖国家相比，南非的经济体量小，在全球外贸交易中的份额低，且存在种族和殖民等遗留问题，这些因素则始终制约着南非兰特国际使用水平的提高。南非自身也并未将货币国际化作为明确的目标。在汇率稳定和通胀率稳定之间，南非选择了通胀率稳定（采用了通胀目标制的货币政策）并因此减少对汇率波动的主动管理。央行开展外汇市场操作的目的也以积累外汇储备为主。但是从实际效果看，南非兰特在外汇交易和跨境支付中的占比并不完全落后于除中国外的金砖国家。根据 BIS 在 2019 年发布的调查报告，南非兰特在 OTC 市场的外汇支付中的占比与俄罗斯卢布和巴西雷亚尔一样，均为 1.1%，低于印度的 1.7%。在 SWIFT 的前 20 大支付货币中，南非兰特排名第 17，占比为 0.34%，是除人民币外唯一上榜的金砖国家货币。

三、对主要新兴经济体货币国际化和影响力提升状况的总体分析

（一）新兴经济体在国际货币多元化中的角色

2008 年国际金融危机显示出以单一货币作为世界储备货币存在重大风险隐患。当前以美元为主导的国际货币体系亟须改革。新兴经济体，特别是金砖国家，在国际货币体系中的地位与其不断增长的国力并不匹配。因此，以金砖国家为代表的新兴经济体希望提升本币国际化水平，并推动形成多中心的世界货币体系，分散并降低以美元作为单一储备货币的风险。在 2012 年印度新德里峰会上，金砖国家签署了《金砖国家银行合作机制多边本币授信总协议》和《多边信用证保兑服务协议》，体现了金砖国家希望进一步促进本币国际化和提升货币国际影响力的诉求。

（二）不同新兴经济体对货币国际化和提升货币国际影响力的态度有差异

不同的新兴经济体在货币国际化和影响力提升上的态度存在差异，总的来看包括以下几种：明确提出货币国际化目标并积极推进（俄罗斯）、提出货币国际化目标但审慎推进（印度）、未强调货币国际化目标但希望提升货币国际使用水平（巴西）、并未将国际化作为明确目标且将区域货币使用作为重点（南非）。

俄罗斯明确提出货币国际化的战略目标，并积极推动实施相关措施。由于国际关系复杂且不稳定，卢布国际化被俄罗斯赋予了更多的战略意义，一直是俄罗斯国内改革和国际关系战略的重要部分。俄罗斯希望通过将更多国家纳入国际治理结构（不仅仅是 G7 或 G8），建立一个更具包容性的国际金融架构，更公平地处理国际事务，更好地反映国际经济实力对

比。俄罗斯作为国际体系中的大国，需推动卢布国际化来促进国际货币体系多样化。因此，卢布国际化一直是俄罗斯现代化和金融部门改革发展的重要内容。俄罗斯认为，卢布应成为后苏联时代国际的主要货币之一，特别是应在苏联的“近邻”地区保持中心地位。2022 年乌克兰危机爆发以后，俄罗斯凭借能源出口的强势地位，扩大卢布的结算使用范围，卢布国际化被赋予了更多的战略意义。

与俄罗斯相比，印度虽然提出了卢比国际化，但对进程并没有那么急迫。由于印度的经济实力和贸易地位与排名前列的国家存在差距，印度卢比国际化水平无法短期内提升，因此其认为卢比达到完全可兑换是一个长期目标，需经若干中间阶段。印度在资本项目开放上也采取了渐进的方式，2006 年提出推动印度卢比完全可兑换的目标后，直到 2014 年才完全放开国际投资。

巴西并未强调货币国际化目标，但希望提升本国货币国际使用水平以促进外贸发展，增强与国际市场联系。因此，相比于印度，巴西更快地推行了金融自由化，加快了资本项目开放节奏。然而，与俄罗斯和印度全球化目标不同的是，巴西更看重雷亚尔在一定区域内（南美洲）的主要货币地位是否稳固，与周边国家通过多种方式进行贸易结算，减少美元的使用。巴西除了通过货币互换来减小汇率波动的影响，还与阿根廷、巴拉圭和乌拉圭研究统一货币的可能性。

南非并未将货币国际化作为明确目标。南非由于经济体量和外贸规模相对较小，通胀压力较大且外汇储备规模有限，其推进汇率制度改革并逐渐放开外汇管制的目标并非推动货币在更大范围内的国际化，而是希望通过区域内货币使用份额的增加来减少汇率的波动，以降低通胀压力并促进增长。

（三）新兴经济体推动货币国际化或提升货币国际影响力所采取的措施

为提高货币国际化水平或者提高其影响力，新兴经济体采取了如下相似的措施。一是通过金融和汇率制度改革提高本币的国际使用水平。不管是积极推动货币国际化的俄罗斯，还是缓慢推进货币国际化的印度，以及并未明确提出货币国际化的巴西和南非，均将货币国际化同金融自由化改革相联系，推动外汇领域的改革，逐步实现经常项目和资本项目的可兑换。二是主要新兴经济体间也通过多种形式推动货币合作。新兴经济体货币合作的方式主要有以下几种：通过货币互换等协议提升本币结算份额（主要金砖国家），在区域内增加本币结算份额（主要金砖国家），在一定区域内以固定汇率挂钩单一货币但各国有独立的货币政策（巴西），区域内所有货币均以固定汇率挂钩单一货币且跟随本币的货币政策（南非），区域内直接使用单一货币作为法定货币（印度和南非）。三是多数新兴经济体推动本币国际化意在通过本币结算降低跨境贸易中的风险。印度卢比和巴西雷亚尔国际使用份额的提高与各自不断增长的对外贸易直接相关。2019 年 6 月，俄罗斯和中国签署了一项关于增加使用卢布和人民币进行相互贸易和金融交易的协议。目前，俄罗斯和印度已经实施卢布对卢比的贸易支付机制，俄印将使用本国货币进行石油、军事装备和其他商品的贸易支付。四是以推动贸易结算为出发点的货币国际化使主要新兴经济体货币首先在一定区域内广泛流通，例如俄罗斯卢布在欧亚经济联盟（EEU）内，印度卢比在南亚区域合作联盟（SAARC）内，巴西雷亚尔在南方共同市场（MERCOSUR）内，南非兰特在东部和南部非洲共同市场（SACCU）内。具体方式多采用区域一体化协议安排，推动新兴经济体货币在一定区域中获得主要货币地位，并以此作为货币国际化的重要组成部分。

（四）新兴经济体推动货币国际化或提升货币国际影响力的障碍

从新兴经济体货币国际化进程看，虽然货币自由兑换和汇率自由浮动是基础，但提升货币国际化水平和国际影响力与很多因素相关；新兴经济体自身的问题往往是货币提升国际化水平的重要障碍。货币自由兑换和汇率自由浮动往往被认为货币国际化的先决条件，外汇和资本的放开确实在一定程度上提升了新兴经济体货币在一定区域内的使用水平。然而，从新兴经济体货币国际化进程看，在自身条件不具备的情况下，加大自由化程度并不能直接提升货币的国际化水平。例如，巴西和俄罗斯的资本项目基本实现开放，印度仍存在一定的资本管制项目，但从实际使用看，印度卢比的国际使用水平却高于俄罗斯卢布和巴西雷亚尔。各主要新兴经济体自21世纪以来在深化金融改革、开放金融市场方面取得了进展。然而，多数新兴经济体仍面临贸易产品主要以美元计价、金融市场以及离岸市场发展深度广度不够等问题。从根本上看，国内经济实力和健康程度决定了本币在国际市场的议价能力。主要新兴经济体在经济结构、开放程度和金融体系效率等方面存在不足，在货币国际化上的积极程度也不尽相同，这些均是新兴经济体在推进本币国际化中面临的障碍。

四、对我国的启示和建议

第一，根据我国国情，以适当的节奏和路径审慎推进人民币国际化。金砖国家中，俄罗斯较积极地推进货币国际化，并为其赋予更多的战略意义，汇率和资本项目改革步伐较快。印度和巴西则更关注货币国际化的直接益处，以推进对外贸易为基础，设定货币国际化的阶段性目标。南非由于经济实力有限，并未将货币国际化作为明确的战略目标。我国经济整体向好，在人民币国际化上有较好的内部条件。面对愈加复杂的外部环境，我国应继续审慎推进人民币国际化，通过扩大人民币在跨境贸易和投资中的使用份额，深化对外货币合作，稳步推进人民币资本项目可兑换。

第二，巩固人民币在一定区域内的使用，并以此为基础推动人民币国际化。主要新兴经济体均通过区域一体化协议安排，在区域内提升货币使用份额。人民币国际化可以以发展和巩固区域货币为重点。例如，加强与“一带一路”沿线、东盟等国家和地区之间的合作，培育人民币需求。

第三，重视在实际交易中使用本币结算。巴西和印度在货币国际化过程中均重视对外贸易实际交易中的本币结算。我国可在 RCEP 框架下，努力扩大区域贸易和投资，加强产业链供应链融合，推动银企合作、贸易和投融资业务协作，不断拓宽人民币使用的场景，增强人民币的需求黏性。在有条件的产业链、市场和区域培养人民币使用的路径依赖，形成稳固的人民币网络效应。

第四，要始终防控人民币国际化中的风险。应持续关注资本账户开放带来的跨境资本流动可能通过直接或间接渠道引发金融资产价格大幅波动，可能对金融市场稳定性产生负面影响。要健全跨境资金全口径监测平台和风险预警体系，增强境内外主体的人民币汇率风险管理，审慎把控资金双向流动中的风险。同时，要进一步丰富风险对冲工具，助力跨境投资者更高效地使用衍生产品以对冲风险。

第五章

主要国际货币的环流机制及其演变

货币国际化需要构建货币的国际环流机制作为其支撑。货币的国际环流既包括在岸与离岸市场间的环流，也包括离岸市场主体之间的环流。在主要国际货币中，美元离岸市场主体间的环流规模最大，其他货币的国际环流以在岸和离岸市场间的环流为主。国际货币的环流模式与发币国国际收支状况密切相关，大致可分为“进口付款流出、外来投资和借贷流入”与“出口收款流入、对外投资和借贷流出”两种类型。这两类环流机制在不同货币国际化进程的不同阶段会表现出不同的形式，例如，美元离岸与在岸环流在20世纪70年代表现为“石油美元—美债”环流，在80年代表现为“大宗商品贸易—美元—美国金融市场”环流，在90年代表现为“贸易顺差—美元外汇储备—美国金融市场”环流。

从主要国际储备货币国际环流机制及其演变历程看，在构建货币国际环流的过程中，应着力构建基于市场机制的本币输出渠道，在国际化过程中保持币值稳定，加快建立开放成熟的国内金融市场，构建与自身经济金融战略相匹配的货币环流模式。

一、主要国际货币在岸和离岸市场环流概况

货币的国际流动可分为三种类型：从在岸市场流向离岸市场、从离岸

市场流向在岸市场、在离岸市场上的流动。货币国际流动的完整数据难以获得，本章基于可获得的部分数据对货币的国际环流进行分析。BIS 提供了国际银行业对美元、欧元、日元在国际市场上的使用情况统计（见图5–1）。与我们对货币国际环流的分类相对应，BIS 将货币的国际使用市场分为三类：境内银行对境外主体的借贷、境外银行对境内主体的借贷、离岸市场上银行对离岸主体的借贷[①]，并分别统计相应的债权类资产规模（包含贷款、债券及衍生品投资）。由于银行业在货币的跨境流动中占据主导地位，我们据此可大致分析相应货币的“在岸—离岸”环流。

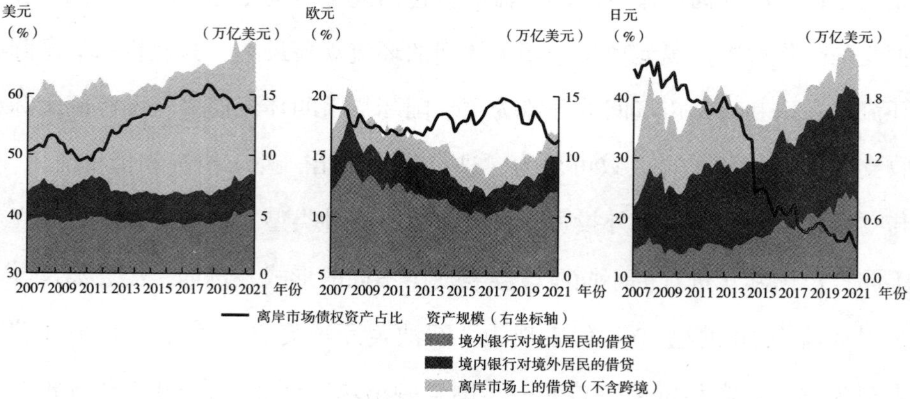

图5-1　主要国际货币离岸与在岸市场规模

数据来源：BIS,Statistical release – BIS international banking statistics and global liquidity indicators at end–June 2021, 2021.10.27。

（一）在岸美元与离岸美元环流概况

截至 2021 年年中，在 BIS 口径的统计中，包括上述三类市场的美元债权类资产总规模达 19 万亿美元，延续了 2012 年以来稳定增长的趋势。这主要由离岸市场债权类资产推动。离岸市场债权类资产在美元债券类资

① Seven decades of international banking, BIS Quarterly Review, September 2021.

产中的占比在2011—2018年快速增大至62%，随后下降至2021年年中的57%。这反映了美元存在一个规模庞大的离岸市场以及旺盛的离岸市场借贷需求。此外，境外银行对境内居民的美元借贷超过了境内银行对境外居民的美元借贷。这表明在跨境借贷中，美元呈净流入状态。这也反映了部分美元通过资本项目（信贷、债券及衍生品）实现了回流（见图5-1左图）。

（二）在岸欧元与离岸欧元环流概况

截至2021年年中，欧元债权类资产总规模达12万亿美元。2008—2016年欧元债权类资产总规模大幅下降，2017年以来转为稳步增长。但与美元不同，2017年以来欧元债权类资产规模的增长主要由欧元区内居民的跨境借贷驱动。离岸市场债权资产的占比在持续减少，从2018年年中的20%降至2021年年中的16%。与美元类似，境外银行对境内居民的欧元借贷超过了境内银行对境外居民的欧元借贷，这表明在跨境借贷中，欧元也呈净流入状态。部分欧元通过资本项目实现了回流（见图5-1中图）。

（三）在岸日元与离岸日元环流概况

截至2021年年中，日元债权类资产总规模超过2万亿美元，延续了2015年以来快速增长的势头。日元债权类资产规模的增长主要由日本境内银行对境外居民的跨境借贷驱动。离岸市场的日元占比与欧元类似，也在持续减少，从2010年的40%下降至2021年年中的15%。与美元和欧元不同，日元境外银行对境内居民的日元借贷小于境内银行对境外居民的日元借贷，这表明在跨境借贷中，日元呈净流出状态。部分日元通过资本项目实现了流出（见图5-1右图）。

二、美元的国际环流机制及演变

（一）20世纪初至60年代初：贸易项下流入、对外金融投资流出

在第一次世界大战前，美元就形成了“出口收款流入、对外投资和借贷流出”的环流机制，布雷顿森林体系初期这一环流模式进一步强化。

“一战”期间，欧洲主要国家的生产能力受战争破坏严重，但美国本土未受战争影响，产品出口旺盛，贸易项下顺差大幅增加。1900—1914 年，美国年均经常项目顺差达 2.8 亿美元；1915—1921 年，年均经常项目顺差大幅提升至 30.4 亿美元（见图 5-2）。由于美元币值稳定，美国企业出口时优先接受美元，由此形成了贸易项下的美元回流渠道。除美元外，大量黄金也流入美国。1913—1921 年，美国净流入黄金约合 18.4 亿美元，成为这一时期最大的黄金净流入国。同期欧洲大陆交战国（法国、意大利、比利时、德国、奥匈帝国）黄金净流出约合 3.2 亿美元；英国黄金净流入约合 14.8 亿美元；中立国及日本黄金净流入约合 1.8 亿美元。

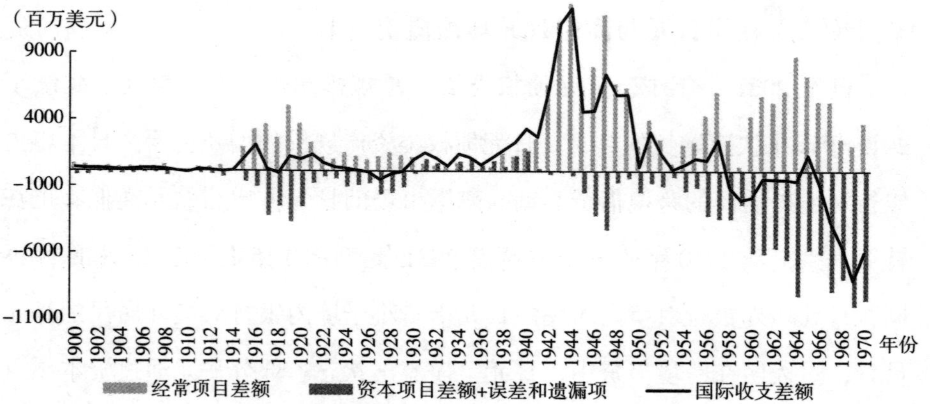

图5-2　美国国际收支状况（1900—1970年）

数据来源：Saving, Investment, and Gold: A Reassessment of Historical Current Account Data（1850–1945) by Matthew T. Jones and Maurice Obstfeld, NBER Working Paper 6103, 1997。

根据“物价—现金流动”模型，这些变化会导致美国商品的价格和成本相对其他国家上升。在金本位制下，黄金的流入意味着货币发行量的增加。但现实中这样的变化并没有发生，主要是因为美国转而将大部分盈余资本借给欧洲和世界其他国家。只要美国继续输出资本，欧洲经常项目赤字就能够得以弥补，就不再需要进行相对价格的实质性调整。美国向其他国家提供的贷款到20世纪20年代后期达到很高水平。美国从国际债务国变成世界最大的债权国。欧洲市场因资本匮乏，持续吸引美国资本输入。除1923年“鲁尔危机”[①]影响外，美国在1919—1929年每年均向海外贷出巨额资金。外国借款人在美国境内发行的美元债券在1928年达到峰值，为外国政府和企业发行美元计价债券成为美国投资银行的新业务。这也带来美国债券市场规模的扩大。1914年，投资债券的美国人不足20万人，而1929年这一人数达到1914年的5倍。通过海外贷款、直接投资以及认购境外借款人债券等形式，美国形成了对外金融投资的美元输出。

布雷顿森林体系初期，美国虽然成为国际货币和贸易体系的主导国，但因为其他国家普遍缺乏美元，美元国际环流难以形成。1948—1957年，美国政府通过“美元赤字”政策，增加对他国商品进口、对外投资和贷款、对外援助、军事开支等，将美元输出至其他国家，实现对其他国家的储备再分配。输出的这些美元则被各国政府或央行囤积起来作为外汇储备，用来购买美国商品或偿还美元债务。以1948—1952年的马歇尔计划为例，美国共为16个欧洲国家提供了约136亿美元的援助，相当于1947年美国GDP的5.4%左右。

---

① 1923年1月11日，法国联合比利时，以德国不履行赔款义务为借口，出动10万军队占领德国的鲁尔工业区，酿成“鲁尔危机”。此后，美国为德国提供贷款支持，保障德国履行赔款义务。

（二）20世纪60年代：贸易项下流出、央行间合作流入

1958 年后，布雷顿森林体系进入失衡期。美国经常项目盈余不断减少，无法弥补资本项目流出，国际收支逐步进入逆差状态。在美国政府推动下，美元环流进入调适期，形成了“贸易项下流出、央行间合作流入”的新模式。央行间合作的模式包括央行贷款协议、货币互换、非流通政府债券认购等。这一时期，以美国政府信用为支撑的美国国债逐步成为黄金储备的“替代物”。用来执行国际收支清算的不再是黄金，而变成了美国国债，由此变相化解了信用货币美元作为国际主导货币的“特里芬难题”。

1960 年后，美国国际收支进一步恶化，呈经常项目、资本项目（不含储备资产）“双逆差”。20 世纪 60 年代，美国大型跨国公司对西欧的大规模投资甚至引发了欧洲人对美国在经济上要入侵西欧的担忧[①]。自 1960 年起，美国政府开始通过政府间合作构建美元环流机制。1961 年 10 月，美国向外国央行开放以外币计价偿付但以美元投资认购的鲁萨债券（非流通国债），实际上是以附息金融工具替代黄金，实现境外美元回流。1962—1963 年，美联储签署了一系列货币互换协议，约定外国央行向美联储提供本币贷款，美联储用其干预即期和远期市场，从而支撑美元。

（三）20世纪70年代初至80年代初：“石油美元—美债”环流

美国以构建“石油美元—美债”环流模式为契机，形成了美元市场化的回流机制。1974 年美国与沙特阿拉伯秘密签订石油贸易“不可动摇协议”，并与欧佩克其他成员国逐一达成协议，明确将美元作为欧佩克国家出口石油时的唯一计价和结算货币，维持并强化了美元的国际主导货币地位。这些国家将积累的大量美元外汇投资于美国国债及其他美元计价的金

① 周弘等：《德国马克与经济增长》，社会科学文献出版社，2014。

融资产，形成了“石油美元—美债”环流。原油期货进一步支撑了石油美元的垄断地位。原油、金属等工业品商品贸易的货币兑换与商品期货市场的定价交易、企业风险管理以及美元融资、美债、美股等投融资需求深度绑定，“石油美元—美债”环流逐步发展并最终形成“大宗商品贸易—美元—美国金融市场”环流。

美国 1970—2020 年的国际收支情况见图 5-3。

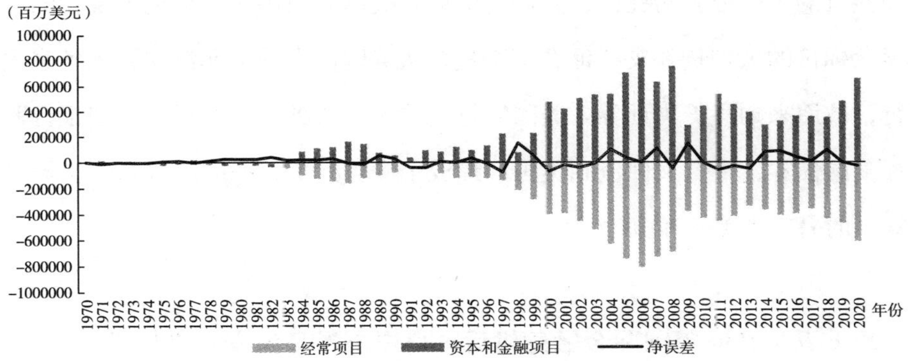

图5-3　美国国际收支状况（1970—2020年）

数据来源：Saving, Investment, and Gold: A Reassessment of Historical Current Account Data (1850–1945) by Matthew T. Jones and Maurice Obstfeld, NBER Working Paper 6103, 1997。

（四）20世纪80年代初至2008年国际金融危机前：“贸易顺差—美元外汇储备—美国金融市场”环流

20 世纪 80 年代后，中国等新兴市场国家通过贸易顺差积累起大量的美元外汇，并将其投资于美国国债、股票及其他美元计价金融资产，逐步形成了“贸易顺差—外汇储备积累—美债等核心资产”环流。“中心国家”美国提供美元等储备货币和相应的计价债券等资产，“外围国家”提供产能和资源并将大量盈余美元回流至美债、美股等核心资产。以金砖五国为例，2000 年至 2013 年其外汇储备规模增长了 23 倍多。这一情况与 20 世纪五六十年代类似，被 Dooley et al.（2003）[①] 称作布雷顿森林体系Ⅱ。美国位于循环体系的中心，通过赤字为世界其他国家提供流动性。经济快速增长的“外围国家”将产品出口到高收入的“中心国家”，实现贸易顺差并积累更多储备以适应经济增长的需要。

2008 年国际金融危机前还形成了由投机驱动的美元环流。部分欧洲银行将银行间市场借款用于发放高风险贷款，投资次贷市场。多数借款由欧洲银行的美国分公司提供，然后这些借款被母公司用于购买美国发行的以美元标价的抵押贷款支持证券。于是，从美国借出的美元流向欧洲各家银行，被用来购买美国证券。美国银行贷款资金流到欧洲银行，欧洲银行购买美国债券，资金又回流到美国，形成了“美元贷款—欧洲银行—美国债券”的另一支美元环流[②]。

（五）2008年国际金融危机后：离岸市场环流安全性提升

2007—2008 年，为应对国际金融危机造成的美元流动性短缺，美联储与 14 家外国央行达成临时美元流动性互换安排，维护全球的美元流动性。2013 年 10 月，美联储联合欧洲、英国、日本、加拿大和瑞士的央行，组成“C6”，把临时双边流动性互换协议转换成长期货币互换协议，美联储成为欧洲美元市场“最后贷款人”。

2020 年 3 月，为应对新冠疫情冲击，美联储联合上述五大央行，宣布采取协调行动，将利用现有货币互换额度为美元流动性提供支持，各央行一致同意将货币互换协议价格下调 25 个基点。随后美联储与另外 9 家中央银行创建了临时性美元流动性互换安排：与澳大利亚、巴西、韩国、墨

① Dooley, Michael P., David Folkerts-Landau and Peter Garber. The Revived Bretton Woods System. International Journal of Finance and Economics 9 (4): 307-313, October 2004.

② Shin, Song H. Global Banking Glut and Loan Risk Premium. IMF Economic Review, 2012, 60 (2): 155-192.

西哥、新加坡和瑞典各自达成不超过600亿美元的新互换安排，与丹麦、挪威和新西兰各自达成300亿美元的安排，美元货币互换联盟“C6”扩展为“C15”。目前美联储主导的双边美元互换体系已经覆盖了绝大多数大型发达经济体以及一些重要的新兴经济体，有力支撑了美元国际货币地位。

美元国际环流的演变历程可见表5-1。

表5-1 美元国际环流的演变历程

时间段	国际收支格局	环流模式	核心驱动
20世纪初至60年代初	经常项目顺差、资本项目逆差，国际收支盈余	经常项目流入、资本项目流出	美国产品的国际竞争力
20世纪60年代初至70年代初	经常项目顺差、资本项目逆差，国际收支赤字	经常项目流入、资本项目流出+央行间流入	美国政府的政治影响力
20世纪70年代初至80年代初	经常项目顺差、资本项目逆差，国际收支赤字	经常项目流入、资本项目流出+石油美元回流	美国政府的政治影响力
20世纪80年代初至2008年国际金融危机前	经常项目逆差、资本项目逆差，国际收支基本平衡	经常项目流出、资本项目流入+离岸市场环流	美国金融市场的吸引力
2008年至今	经常项目逆差、资本项目顺差，国际收支基本平衡	经常项目流出、资本项目流入+离岸市场环流+美联储充当离岸市场“最后贷款人”	美国金融市场的吸引力及全球美元安全网络

资料来源：笔者整理。

（六）欧洲美元市场

美元国际环流与其他主要国际货币的一个不同之处是美元拥有一个规模庞大的离岸美元市场，即欧洲美元市场。

20世纪20年代曾出现欧洲美元存款，随后在30年代因各国加强外汇管制而陷入停滞[①]。1950年朝鲜战争爆发后，美国冻结了中国政府存放在美

① Letter from HB Mynors to Sir Charles J. Hambro.Drafted and vetted by Governor Cobbold. 29 January 1963. Bank of England Archives (hereafter BE) EID 10/22.

国银行的资金[①]。苏联和东欧各国为防止其在美国的美元存款也被冻结，将存款转存于苏联设在巴黎和伦敦的银行以及其他国际商业银行，推动了欧洲美元市场的形成。欧洲美元市场的快速发展是在1956年英镑危机爆发后。1956年10月，英法联军入侵埃及，引起美国不满，于是美国采取报复性措施——纽约联储银行大量抛售英镑，引发英镑汇率危机。英格兰银行为了维护英镑汇率，以消耗大量外汇储备为代价进行干预。同时，英国政府还加强外汇管制，禁止英国的商业银行对非英镑区发放英镑贷款。而当时伦敦的一些商业银行为了维持客户关系，同时也看到市场对美元需求旺盛，放贷利润可观，便将自己吸收的境外美元存款放贷出去，形成欧洲美元信贷。在20世纪70年代石油危机后，市场对石油美元的需求大幅增加，欧洲各国积极利用欧洲美元市场进行美元融资，促进了欧洲美元市场的快速发展。20世纪80年代后，影子银行系统开始在欧洲美元市场出现，推动了这一市场的进一步发展。2007—2008年，为应对国际金融危机造成的美元流动性短缺，美联储与14家外国央行达成临时美元流动性互换安排，成为欧洲美元市场的"最后贷款人"，欧洲美元市场进入新的发展阶段。

三、其他主要国际储备货币的环流机制

（一）英镑的国际环流

19世纪中期至20世纪20年代，英国经常项目大量盈余，通过借贷给英国产出品的进口国，形成"对外投资和借贷输出、出口收款回流"的英镑国际环流。20世纪20年代，英国对拉美的出口份额被美国、日本抢占，同时为工业国经常项目赤字提供资金的稳定资本流动也不再发挥作用，导致英

① FRUS , 1950, Vol. 6, pp. 672–673, p674, pp.682– 683.

镑循环的衰竭。如图 5–4 所示，2000 年以来，英国国际收支维持经常项目逆差、资本和金融项目顺差格局，大致对应英镑“进口付款输出，外来投资和借贷回流”的环流格局。2020 年，英国经常项目顺差规模达 937.6 亿美元，资本和金融项目逆差规模达 725.8 亿美元，净误差和遗漏项逆差规模达 254.1 亿美元。

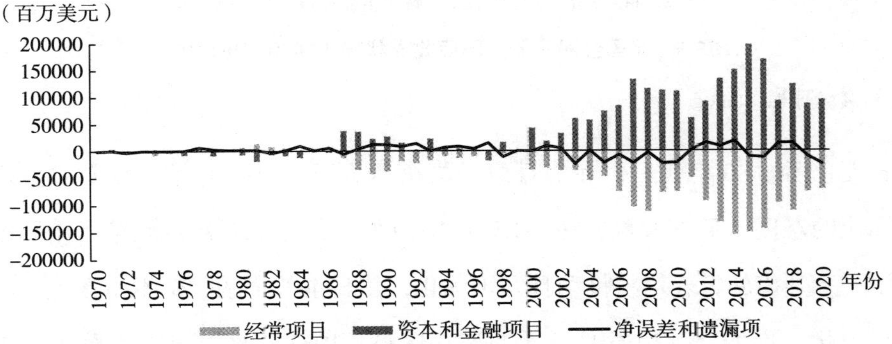

图5-4　英国国际收支状况（1970—2020年）

数据来源：IMF。

从英国金融账户各子账户情况看，证券投资项目是资金回流的主要通道，除 2001 年、2006 年、2012 年和 2019 年外，其余年份均为净流入。在 2008 年国际金融危机期间，证券投资项目出现大规模净流入，表明英国证券市场避险资产属性较强，是英镑回流的主要渠道（见图 5–5）。直接投资、其他投资和衍生品投资呈逆差、顺差周期性交替变化。

（二）日元的国际环流

20 世纪 80 年代前，日本对日元的国际使用采取抑制政策。70 年代初日本 GDP 已位居全球第二，并成为第二大商品和服务出口国。但相对于日本的经济地位，日元在国际上并没有发挥相应作用。直到 1970 年，国际贸易中都没有以日元作为计价货币的商品，也没有外国政府或公司发行

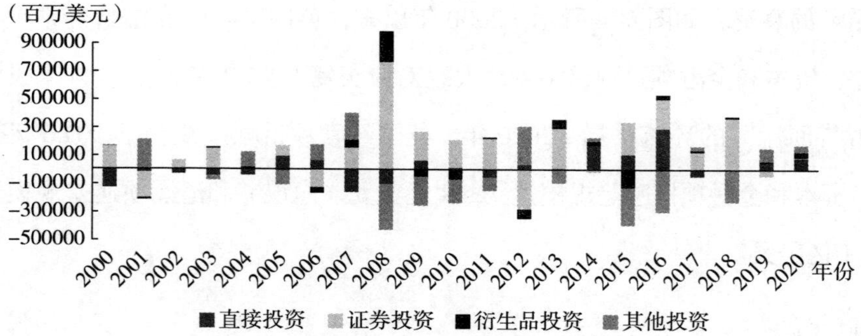

图5-5 英国金融子账户国际收支状况（2000—2020年）

数据来源：IMF。

日元债券。80年代后，在美日贸易失衡压力下，日本开始改变对日元国际化的态度。日本大藏省在1983年10月发布的《综合经济政策》中列举了一系列措施，表示将推动日元国际化，使日本的金融、资本市场进一步自由化，更加充分地发挥日元的潜在优势。1983年底，日本大藏省和美国财政部成立了日元美元委员会，讨论日本金融开放和日元国际化问题。1984年5月，日元美元委员会和日本大藏省分别发布《日元美元委员会报告书》《金融自由化与日元国际化的现状和展望》，日元国际化历程正式开启。

1980年以来[①]，日本国际收支总体呈现经常项目顺差、资本项目逆差格局，在此基础上形成了“出口收款回流、对外投资和借贷输出”的日元国际环流。2020年，经常项目顺差1639.1亿美元，资本和金融项目逆差1343.5亿美元（见图5-6）。

在经常项目方面，1980年后，日本经常项目顺差持续增加，在1986年达到832亿美元峰值后，到1990年曾短暂减少，之后虽然有波动，但始终维持顺差状态，规模大致维持在1000亿至2000亿美元。

① 2003年、2011年和2013年除外。

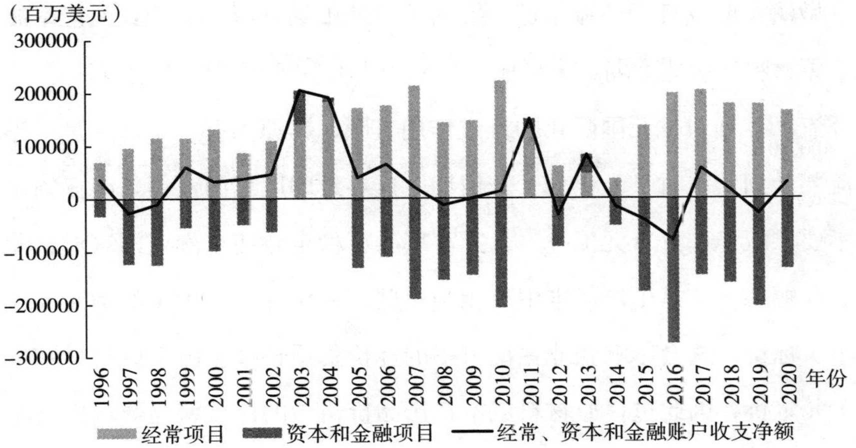

图5-6　日本国际收支状况（1996—2020年）

数据来源：IMF。

在资本和金融账户方面，对外直接投资是日元稳定的输出渠道，对外证券投资和其他投资易受经济波动的影响。日本直接投资的净流出额在1988—1990年大幅增长，之后则保持稳定，1999年开启上升趋势①，在2019年达到2580.8亿美元。证券投资的净流出自1984年开始显著增长，除部分年份②受内外部冲击转为净流入外，大部分年份均为净流出。其他投资项目包括银行融资及金融衍生品等，净变动额在大部分年份与证券投资项目净变动额相反，两者呈现较强的互补性，日本境内部门在抛售（增持）境外证券时，往往会增加（减少）其他投资。

1986年，日本为削减国际收支顺差、增加日元的流出，推出了“黑字环流”计划，并在1987—1991年分三期实施。“黑字环流”计划在推动日元境外使用、削减日本巨额贸易顺差、缓解资源匮乏难题、促进资金流出与回流的有效循环、改善对外关系等方面起到了一定作用。尤其是日本向发展中国家提供日元贷款，再由受援国以出口方式获得日元收入偿还贷款

① 国际金融危机、欧债危机、新冠疫情冲击等期间出现回落。

② 具体为1990—1991年、1997年、2004年、2006—2007年、2011年、2013年、2017年。

这一做法，形成日元环流渠道，推动了境外市场发展。由于日元汇率波动大、原材料计价能力弱、未形成以日元为中心的汇率风险管理体系等，“黑字环流”计划对日元国际化的推进作用有限，其原因有三个。一是“黑字环流”计划实施时日元仍处于升值期，这导致印度尼西亚等东南亚国家不得不要求减免部分日元债务，日元汇率的不稳定致使东南亚国家对日元债务心存顾虑。二是生产成本中有相当一部分使用外国货币（如美元等工具货币）标价，这会影响企业在出口中的标价货币选择。由于原材料基本上以美元定价，因此进口原材料成本在产品价格中的比重将会影响出口企业采用何种货币来定价。进口原材料成本在价格中的比重越高，企业出口中越可能采用美元定价，以日元定价的可能性就越低。日本是资源匮乏型国家，很多原材料需要进口且大部分以美元计价，这导致很大比例的日本出口商也使用美元计价。三是日本企业在亚洲地区使用的汇率风险管理工具主要以美元计价，一定程度上也阻碍了日元的境外使用。

（三）欧元的国际环流

1999 年 1 月，欧元作为记账和转账货币在金融市场推出。2002 年 1 月 1 日，法国、德国、意大利、西班牙等 12 个国家正式推出欧元，替代本国货币。此后，塞浦路斯等多个国家加入欧元区。欧元成为主要国际货币之一。2012 年以来，欧元区呈经常项目顺差、资本项目逆差状态，大致对应欧元“贸易项下流入、对外金融投资流出”的环流格局。2020 年，欧元区经常项目顺差 2606.6 亿美元，资本和金融项目逆差 2714.4 亿美元（见图 5–7）。

从欧元区金融项目各子项目情况看，1999 年以来（2020 年除外），直接投资是欧元较为稳定的货币流出渠道（见图 5–8）。2020 年受新冠疫情影响，欧元成为全球 FDI 的“避风港”，在直接投资项下呈净流入。衍生品投资虽然规模较小，但大部分时间内呈净流入状态。证券投资和其他投资呈现逆差、顺差周期性变化。2016 年以来，总体来看，债券市场是欧元回归的主要渠道。

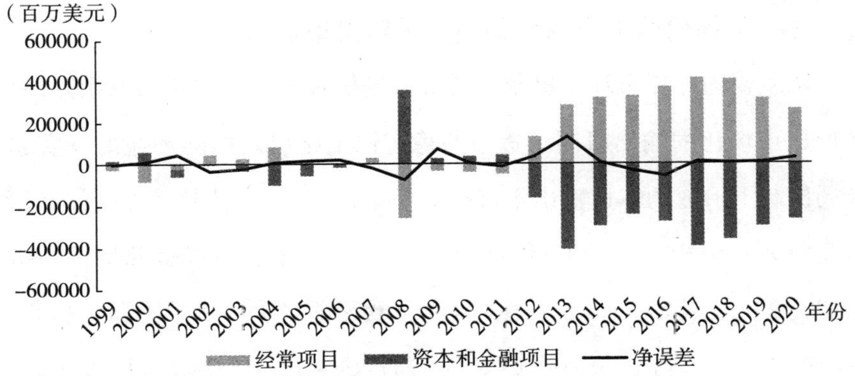

图5-7 欧元区国际收支状况（1999—2020年）

数据来源：IMF。

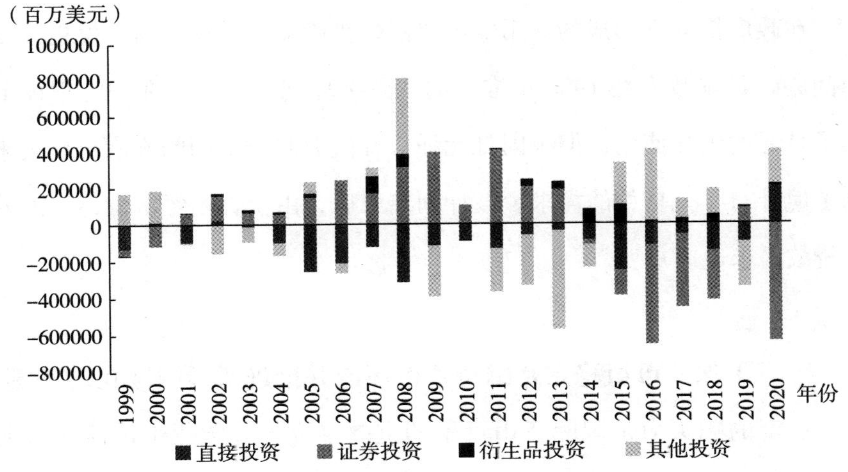

图5-8 欧元区金融子项目国际收支状况（1999—2020年）

数据来源：IMF。

四、构建货币国际环流的启示和对人民币国际环流模式的政策建议

（一）构建基于市场机制的本币输出渠道

从主要国际货币环流机制发展及演进历程看，推动本币的国际使用需要形成市场化的输出机制。货币的稳定输出是启动国际环流的现实起点。市场机制下形成的本币输出不仅更加稳定，而且与一国经济发展阶段和国际竞争力密切相关，既不易出现反复变化，也不会造成资源配置的扭曲。例如，美元、英镑、日元、德国马克（欧元前身）等货币国际化初期，在本国产品较强国际竞争力的支撑下，通过经常项目顺差实现资本积累，再通过资本项目对外输出本币，形成“贸易项下流入，对外金融投资流出”的环流模式。接收前述货币的国家往往为其初级产品供应国和最终产品需求国，货币的循环过程也是生产链联系更趋紧密的过程。

在政府推动下形成的本币输出机制较为脆弱，且往往易引发更为复杂的问题。日本政府在1986年推出的“黑字环流”计划，在一定程度上推动了日元的国际使用，但也因日元强势升值引起贷款国的不满，反过来抑制了境外对日元贷款的需求。该计划结束后，由于日本经济低迷，海外日元贷款需求迅速减少。

（二）保持币值稳定是维持货币环流并推进货币国际化的关键

稳定的购买力是国际货币竞争的重要维度。一国货币币值在长期内保持稳定有利于增强各经济主体对该货币购买力的信心，能够推动其国际使用。币值稳定也是依靠市场机制自发实现货币国际化的关键因素。我们

若以一国通胀率衡量该国货币币值的稳定程度①，便会发现，在美元、德国马克和日元国际环流形成的关键时期，相应国家的通胀率均维持在较低水平。

20 世纪五六十年代，美国成功地将通胀率控制在 2% 左右的低水平，美元在这一时期形成了“经常项目流入、资本项目流出”的环流机制。70 年代美国在石油危机冲击下陷入高通胀，平均通胀率达 7.1%。这一时期的美元频频被国际外汇市场抛售，美元的国际环流必须求助于国际合作才能维持。到了八九十年代，美国通胀率持续下降至 3.5% 左右的水平，美元资产的全球吸引力不断提升，支撑美元形成了“经常项目流出、资本项目流入”的国际环流模式。

1980—1995 年，日本在 23 个主要工业国②中保持了最低的平均通货膨胀率，这一时期也是日元国际地位提升最快以及日元国际环流成形的时期。1970—1989 年，德国通胀率始终维持在较低水平，在 23 个主要工业国中对通胀率的控制始终处于前三位，支撑了马克国际地位的提升；马克在“蛇形浮动”汇率机制、欧洲货币体系（EMS）实施期间成为事实上的锚定货币，在此基础上形成了“马克区”。

（三）加快建立开放成熟的国内金融市场

在金本位时期，黄金是国际收支的清偿手段。货币的国际环流实际上是黄金的国际环流，因为各国货币可视为黄金的兑换凭证。自布雷顿森林体系解体后，国际货币体系进入主权信用货币时期。以美国为代表的发达经济体开始以国债及本国金融产品替代黄金作为国际收支清偿手段，即国际收支顺差国虽然积累起大量储备资产，但储备资产的形态主要是发达经

---

① Kenen, Role of the Dollar；Tavalas, International Use.

② 周弘等：《德国马克与经济增长（修补增订版）》，社会科学文献出版社，2014。

济体的国债及金融市场产品。对国际货币本位国来讲，通过以国债等金融产品作为清偿手段，消除了国际收支逆差难题，并构建起便捷的赤字融资模式；对国际收支顺差国来讲，国际货币本位国的国债及金融产品属于高信用等级的安全资产，不仅具有稳定收益，而且流动性较好，是理想的储备资产类型。

这要求国内金融市场能够为境外投资者提供投资便捷、收益稳定的高信用等级安全资产。首先，要逐步放开针对金融活动和金融产品的限制以及被除进入国内金融市场的各种公开和隐蔽的壁垒。其中，包括政府对国外企业在国内市场上的金融创新采取保守态度。出于类似考虑，计入交易成本的不再仅仅是税费（如印花税、增值税以及由银行最低准备金要求而产生的交易成本等）、股票及定息债券的发行成本和经销商提成，还应包括支持交易的基础设施的质量（如支付和结算系统、资产组合管理和央行为国外央行的储备管理提供的服务）。其次，要提升金融市场的深度和广度，包括提供高流动性的政府债券（最受央行青睐的储备资产形式）、良好的套期保值手段、活跃且可普遍自由进入的债券回购交易市场，以及资本雄厚、跨国经营且能够提供丰富多样、个性化金融服务的大型金融机构。

以日本为例，1985 年日本政府建立银行承兑汇票市场，为商品进出口融资提供了进一步支撑；1986 年建立短期债券市场，其中的短期国债成为各国央行外汇储备青睐的标的；随后采取了提高短期金融工具新市场流动性的系列措施，有力推动了日元国际化。如，允许美国证券公司加入东京证券交易所，并放宽对日本保险和信托公司持有外国证券的比例限制；1988 年，日本中央银行将市场干预转向短期债券，提高了该市场的规模和流动性。

（四）后发货币国需慎重选择与自身匹配的货币环流模式

后发货币与在位货币的国际货币环流存在本质不同。2008 年雷曼兄弟公司倒闭后，投资者纷纷抢购美元资产以寻求安全性和流动性；新冠疫情全球蔓延初期，再度出现抢购美元资产现象，这表明美元仍具有国际货币体系本位货币地位。与之对比，2009 年欧元区主权债务危机爆发后，欧元的国际地位出现大幅下滑，欧洲金融市场的流动性受到质疑。2014 年欧元对美元贬值，其在全球外汇交易中的份额和已确认外汇储备中的份额均有所减少。另外，虽然欧元问题重重，但仍领先于后发的人民币。这表明，后发货币与在位货币的国际地位存在本质不同，相应的国际环流的稳定性也存在较大差异。

对于后发货币而言，在追赶阶段应致力于构建稳定性更高的货币环流模式，即“经常项目流入、资本项目流出”的环流模式。因为经常项目顺差与本国产品的国际竞争力密切相关，这由自身经济“硬”实力决定，不易受市场波动的影响。与之相反，“经常项目流出，资本项目流入”的环流模式更适合在位货币。尤其是在国际金融市场大幅动荡时期，在位货币国的金融资产往往才是被认可的安全资产，资本项目的流入机制更为稳定。对于后发货币国而言，如果较快转向后一种环流模式，很容易在遭受外部冲击时出现经常项目和资本项目的“双逆差”，大幅消耗本国外汇储备，甚至可能引发货币危机。

（五）我国应加快构建与现阶段国际收支特征相匹配的人民币国际环流模式

近年来，人民币在市场需求推动下形成了“进口付款输出，外来投资和借贷回流”的国际环流模式，与国际主要储备货币国际环流初期模式并不相同。我国在贸易顺差的情况下实现了人民币的贸易项下输出，这主要是因为我国进口付款中以人民币计价的比重高于出口收款，经常项目本外币收支总额虽然呈顺差，但人民币收支呈逆差。从国际经验看，随着货币国际化程度的提高，出口收款中的本币计价比重往往会超过进口付款。这表明，随着人民币国际化程度的提升，人民币国际环流模式未来有可能转向与日元、欧元类似的“出口收款回流，对外投资和借贷输出”环流模式。

短期内，应立足当前人民币国际收支特征，增强现有人民币环流模式的稳定性。以贸易金融为抓手，进一步巩固“进口付款输出，外来投资和借贷回流”的环流模式。加快推进金融开放，构建人民币跨境投融资体系，增大人民币在国际投融资市场的吸引力。充分运用政府信用，构建“离岸人民币存款—高信用等级人民币债券”子循环。长期内，应以市场需求为导向，政府积极推动，根据我国国际收支变化情况及时调整人民币环流策略，构建与国际收支格局相匹配的、稳定的人民币国际环流模式。

第六章

平衡利率、汇率市场化和资本项目开放的国际经验

利率和汇率分别反映了资金的对内价格和对外价格，其变化与跨境资本流动密切相关。利率和汇率的市场化程度越高，越能及时根据市场条件变化灵活调整，对冲资本大规模无序跨境流动带来的风险。从国际经验看，利率市场化有助于增强货币政策灵活性，但利率市场化之后也容易出现银行过度竞争的现象，引发金融危机。汇率市场化后汇率水平能够得到及时调整，固定汇率引发的大规模跨境资本流动通常会有所减少。资本项目开放有助于完善货币环流机制，但也可能增加宏观调控的掣肘因素。利率、汇率市场化和资本项目开放的推进顺序在不同国家没有固定模式，大多是渐进式交错进行，取决于战略目标和国内国际环境。利率、汇率市场化和资本项目开放是影响货币国际化的重要制度性因素，虽然它们不是货币国际化的必要条件，但总体上有助于提高货币的国际接受度。

一、美元国际化早于利率、汇率市场化，为维持固定汇率美国曾强化资本管制

（一）美元国际化早于利率、汇率市场化，美国曾加强资本管制以稳定汇率

第二次世界大战后，美国的经济体量在全球占据绝对优势，这为美元国际化奠定了基础。布雷顿森林体系建立后，美元成为国际主导货币，与黄金挂钩，其他发达国家货币锚定美元，主要发达国家之间形成了固定汇率体系。

20 世纪 60 年代初，美国国际贸易逆差扩大，维持固定汇率难度加大。美国经济增速由 1959 年的 8.4% 降至 1961 年的 3.7%，国际上对美元信心下降。与此同时，美国存款利率尚未市场化，显著低于欧洲美元存款利率，资本大规模流出。根据圣路易斯联储统计数据，1960 年至 1962 年美国资本项目逆差达 69 亿美元（见图 6–1），黄金流出 1500 余吨。

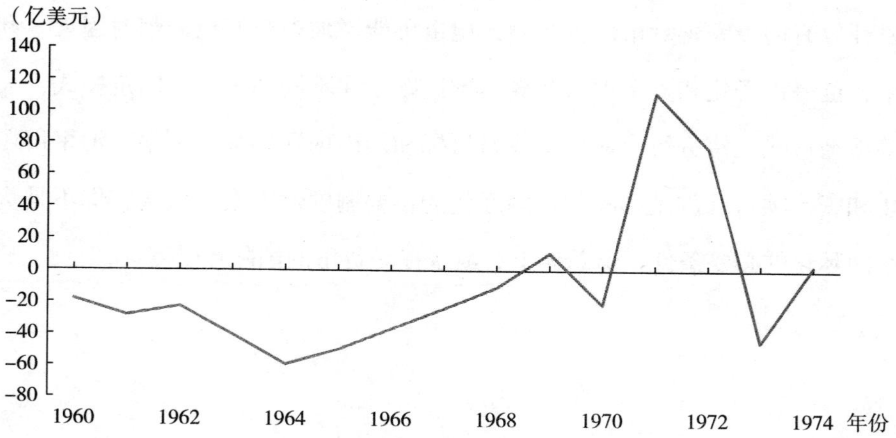

图6-1　美国资本项目情况

资料来源：圣路易斯联储。

美国曾加强资本管制以稳定汇率。在资本大规模外流形势下，美国面临的黄金兑换压力增大，这给布雷顿森林体系带来挑战。为此，美国通过资本管制（见表 6–1）和加税抑制资本外流。1963 年，美国对本国居民购买外国证券征收 1% 的利息平衡税，以降低美国国内美元市场与欧洲美元市场利差。1964 年美国强化资本管制，限制企业对外投资，限制美国银行向国外发放贷款。资本管制初步遏制了资本外流趋势，美国资本账户由净流出转为净流入。但长期来看，由于美国国际经济贸易相对优势弱化，“特里芬难题”日益凸显，资本外流压力难以从根本上解决。总体来看，1963 年至 1974 年美国存在资本管制，除个别年份外，美国资本账户逆差平均为 228 亿美元。布雷顿森林体系解体后，美国稳定美元汇率的动机减弱，此后逐步放松资本管制。

表6-1　美国加强资本管制的主要做法

时间	举措
1963年	对美国居民购买外国证券征税
1964年	商务部限制对外直接投资
	美联储限制银行向国外放贷（分别在1965年、1968年强化）
1965年	对美国银行离岸贷款征税
1968年	中央银行停止在公开市场上买卖黄金。只有外国中央银行才能向美国财政部索要黄金
1971年	关闭外国央行的黄金窗口，并对进口征税
1974年	从放松到放弃资本管制

资料来源：笔者整理。

（二）布雷顿森林体系解体后，美国推行利率市场化

美国曾长期对银行存款利率实施管制，这客观上限制了银行过度竞争，降低了资金成本，但也难以适应经济形势的快速变化。20 世纪 70 年代，货币市场快速发展，大量资金绕开利率管制投向货币基金。与此同

时，受石油危机影响，美国经济面临滞胀困境，需要提高利率以遏制通胀。存款利率管制产生多方面不良影响：一是扭曲居民投资渠道；二是资金大量流出银行体系，加大银行业风险；三是限制货币政策空间，通货膨胀难以遏制；四是压低美元收益率，加剧资本外流，弱化美元国际地位。为解决上述问题，1980 年美国开始推动利率市场化。

美国的利率管制始于大萧条时期。1933 年，美联储为避免大萧条重演，依字母顺序颁布了一系列金融条例。其中“Q 条例”内容是管制银行利率，防止银行高息揽储，限制银行间竞争。“Q 条例”规定银行不得向活期存款支付利息，且定期存款利率上限为 2.5%。“Q 条例”颁布后，美国受利率管制的银行存款和不受利率管制的货币市场基金并存。美联储推行扩张性货币政策，维持低利率，降低融资成本。在此背景下，美国利率长期在低位运行，多数年份在 2% 以下，未触及 2.5% 的利率上限（见图 6–2）。

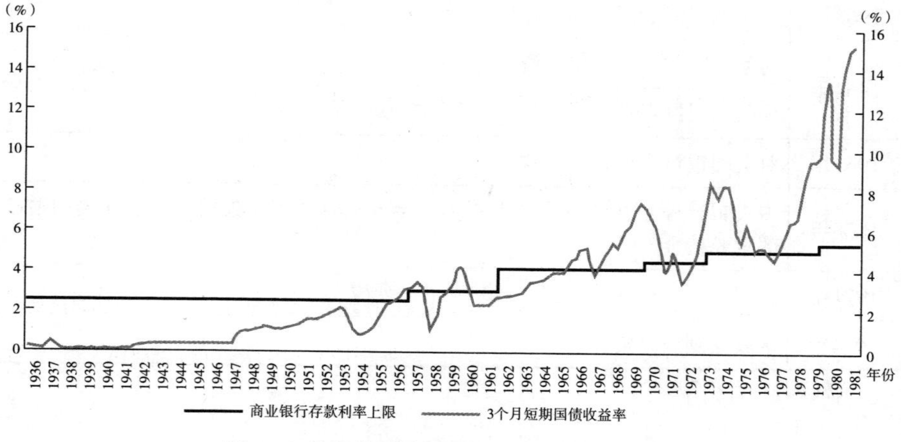

图6-2　美国货币市场利率与利率管制对照

资料来源：Gilbert, R. Alton. Will the removal of Regulation Q raise mortgage interest rates?. Federal Reserve Bank of St. Louis Review 63 1981 (12): 3–12。

20 世纪 60 年代后，美国通货膨胀压力扩大（见图 6–3）。美联储采取加息措施来抑制通胀，银行存款利率触及 2.5% 利率上限。特别是两次石油危机期间，美国出现滞胀，1974 年通胀率达 11.05%，实际 GDP 增长 –0.5%，1980 年通胀率达到 13.55%，实际 GDP 增长 –0.3%。面对通胀高企的局面，美联储选择加息解决通胀问题。受此影响，未受管制的货币市场利率迅速上升，突破了"Q 条例"规定的利率上限。1980 年，受管制的银行存款利率达到利率上限，货币市场利率已接近 14%。大量资金流出银行，转向货币市场，带来银行业危机。资本外流也在加剧，1978 年至 1980 年，美国资本项目逆差超过 500 亿美元。利率管制难以为继，美联储开始探索利率市场化，率先放开大额长期存款利率上限，但资本外流问题尚未得到根本解决。

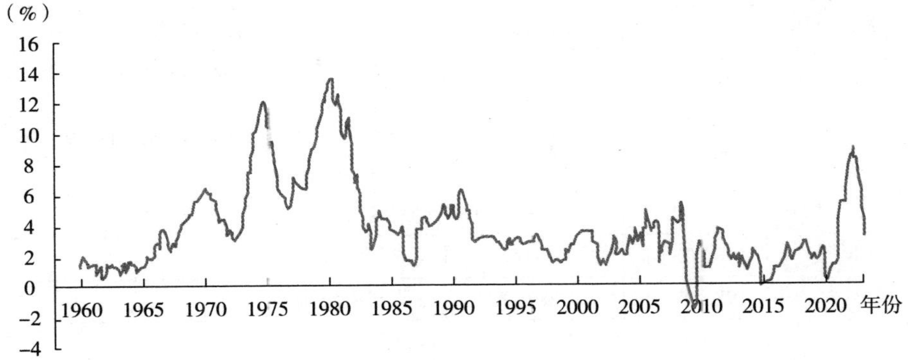

图6-3　美国通胀率走势

资料来源：圣路易斯联储。

1980 年，美国颁布《存款机构放松管制和货币控制法》[①]，计划用 6 年时间完成利率市场化，同时完善存款准备金制度[②]和存款保险制度[③]。美国的利率市场化按照"先大额后小额，先长期后短期"的顺序，从大额长期

① 关于《存款机构放松管制和货币控制法》颁布的目的的表述，参考美联储董事会和美国圣路易斯联储对美联储历史的回顾。

② 1980年之前，仅部分存款机构需要向美联储缴纳存款保证金。1980年《存款机构放松管制和货币控制法》规定，所有的存款机构均需向美联储缴纳存款保证金。

③ 1980年之前，美国为40000美元以下存款提供存款保险。1980年《存款机构放松管制和货币控制法》将此额度提升至100000美元。

存款开始，逐步进行利率市场化（见表 6–2），大致可分为三个步骤：首先允许利率上限可浮动，其次扩大利率上限浮动范围，最后取消利率上限。例如，对于最先进行利率市场化的大额长期存款，1978 年允许其利率上限浮动，1980 年增大其上限浮动范围，1982 年取消利率限制。利率市场化扩大了美联储的政策空间，但也加剧了银行竞争，是 20 世纪 80 年代后期美国银行业危机的重要原因。在这场危机期间，美国 1617 家银行关闭，经济损失约 1600 亿美元。

表6-2　　　美国利率市场化历程

阶段	时间	类别	市场化措施
利率市场化准备阶段	1978.06.01	大额长期存款	利率上限浮动，其设定参考国债利率
	1979.07.01	小额存款	利率上限浮动，其设定参考国债利率
利率市场化进行阶段	1980.06.02	小额存款	利率上限浮动，其设定参考国债利率并可上浮50个BP
	1980.06.05	大额长期存款	设定存款上限的下限，且在国债利率较高时进一步上浮
	1980.12.31	活期账户	允许发放利息，利率上限5.25%
	1982.05.01	长期存款	取消利率限制
	1982.09.01	大额存款	取消利率限制
	1983.04.01	小额存款	取消利率限制
	1986.03.31	绝大多数账户	取消利率限制

资料来源：笔者整理。

二、日本资本项目开放与利率、汇率市场化交错进行

第二次世界大战后，日本出口快速增长，外汇储备逐渐积累，面临着日元升值、资本流入、通货膨胀三重压力。在此背景下，日本在 20 世纪 60 年代开始逐步推动放开资本项目，鼓励资本流出，限制资本流入，对于缓解三重压力发挥了积极作用。日本利率市场化是在 1985 年“广场协议”之后推行的，晚于放松资本项目管制的时间（见表 6–3）。由于日本资本管

制少，利率市场化后银行竞争程度提高，资本流入增加，这是日本资产泡沫形成的重要背景。

表6-3　　日本资本项目开放与利率市场化的情况

<table>
<tr><th>时间</th><th>改革</th><th>特征</th><th>原因</th></tr>
<tr><td>1964—1980年</td><td>资本项目第一阶段开放</td><td rowspan="2">重流出，轻流入</td><td>通胀、日元升值</td></tr>
<tr><td>1980—1984年</td><td>资本项目第二阶段开放</td><td>通胀、日元升值</td></tr>
<tr><td>1985年</td><td colspan="3">“广场协议”</td></tr>
<tr><td>1985—1992年</td><td colspan="3">利率市场化</td></tr>
<tr><td>1996年至今</td><td colspan="2">资本项目第三阶段开放</td><td>“金融大爆炸”</td></tr>
</table>

资料来源：笔者整理。

（一）为缓解日元升值压力，推动资本项目第一阶段开放（1964—1979年）

第二次世界大战后日本外汇稀缺，对资本项目实施严格管制。随着日本经济复苏和出口增长，国际收支状况改善，放松外汇管制的要求增加。1956–1961 年，日本平均经济增长率达到 15.1%，1958 年经常项目顺差达到 1612 亿日元。1960 年，日本开始推动资本项目开放。1962 年，日本颁布《贸易外汇自由化计划大纲》，承诺短期内取消经常项目管制，放松资本项目管制。1964 年，日本承诺接受《国际货币基金组织协定》第八条款，正式开放资本项目。日本的资本项目开放主要包括两个方面。

一是在资本流入上，主要放开国外居民投资和外商直接投资。1960 年，日本允许非居民自由开立日元账户。当时日本尚未实行利率市场化，存款利率受管制，由非居民开立日元账户带来的资本流入相对有限。1967 年至 1976 年，日本逐步取消了外商直接投资的行业限制，绝大多数行业实现了对外资开放。

二是在资本流出上，日本同时放宽资本市场和对外投资限制。1970 年，日本允许非居民发行以日元计价的外国债券（“武士债”），并允许国内基金购买外国债券。1971 年，日本允许金融机构和居民购买外国债券。日本在放宽资本项目限制的同时，仍预留了一定的政策空间。为维持日元低汇率，促进出口，日本政府经常加强对资本流入的管制，如 1977 年对非居民日元账户的新增存款要求缴纳 50% 的存款准备金，1978 年提升至 100%。

（二）配合日元国际化需要，推动资本项目第二阶段开放（1980—1984年），并实施汇率市场化

1980 年后，日本逐步走出石油危机的影响，出口快速增长，外汇储备大量积累。1983 年，日本经常项目余额已基本恢复至石油危机前的水平，外汇储备居于世界首位（见图 6-4）。日元升值压力再次加大，为缓解升值压力，日本开始推动新一轮资本项目开放。1980 年，日本颁布《外汇及外国贸易管理法》，取消机构投资者对外投资限制，外汇管理原则由“原则禁止，例外许可”变为“原则自由，例外控制”。1984 年，日美两国建立的“日元美元汇率问题特别工作小组”发表《日元美元委员会报告》后，日元升值压力进一步增大。为抓住日元升值有利时机推进日元国际

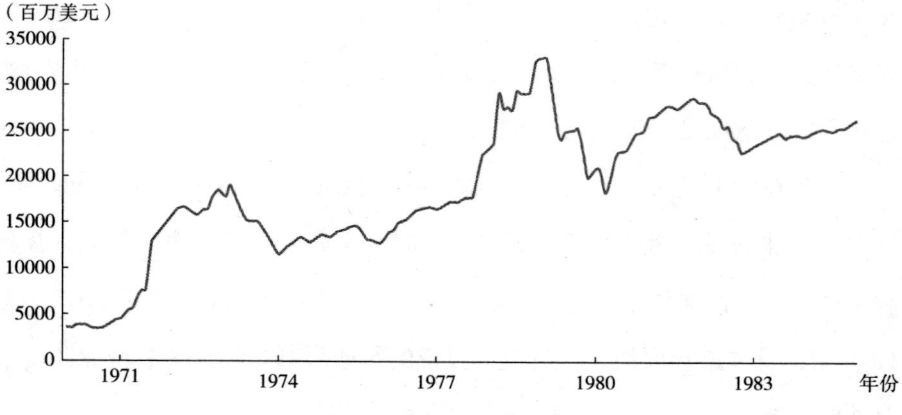

图6-4　日本外汇储备情况

资料来源：TRADINGECONOMICS.COM，日本金融厅。

化，日本加快资本项目开放，拓展资本流出渠道，简化对外直接投资审批程序，增大居民和金融机构对外投资限额，开放金融机构对海外贷款。

（三）“广场协议”后推动利率市场化（1985—1992年）

20 世纪 80 年代，日本和美国的经贸摩擦增加。1984 年美国为缓解贸易逆差，敦促日元升值，要求日本废除利率管制和资本管制等抑制日元升值的措施，推行金融自由化。1985 年“广场协议”签署，美、英、德、法、日达成共识，对经常项目进行干预，日本开始推动利率市场化改革。日本利率市场化参考美国的做法，采取“先大额后小额，先长期后短期”的策略。1985 年，日本率先放开 10 亿日元以上且期限为 3 个月 ~ 2 年的大额中长期存款利率，然后逐步减少额度限制和期限限制；1992 年，日本取消所有存款利率限制，利率市场化正式完成（见表 6–4）。

表6-4　　日本利率市场化进程

		大额存款		小额存款	
年份	月份	最小金额限制	期限限制	最小金额限制	期限限制
1985	1	10亿	3个月 ~ 2年		
1986	4	5亿			
	9	3亿			
1987	4	1亿			
1988	1		1个月 ~ 2年		
	4	5000万			
	11	3000万			
1989	4	2000万			
	6			300万	6个月、1年
	10	1000万			3个月、6个月，1年、2年、3年
1990	4			100万	
	11				3个月 ~ 3年

续表

年份	月份	大额存款		小额存款	
		最小金额限制	期限限制	最小金额限制	期限限制
1991	4			50万	
	11	300万	3个月～3年		
1992	6	利率完全市场化			

资料来源：笔者整理。

“广场协议”签署时，日本资本项目开放程度已经较高。利率市场化后，日本银行业竞争加剧，国际资本流入规模增大，大量资金涌入房地产市场和资本市场，形成资产泡沫。20世纪90年代初，日本央行收紧货币政策，资产泡沫破灭，日本经济陷入低迷状态。1993年，日本央行转向宽松货币政策，银行竞争加剧，高息揽储趋势增强，但忽视对贷款人的监管，由此形成大量不良贷款，1995年日本爆发银行业危机[①]，直接损失超过750亿美元。

（四）实施金融体制全面改革，实现资本项目完全开放

20世纪90年代经济泡沫破灭后，为刺激经济增长，1996年日本宣布推动“金融大爆炸”，即全面改革金融体制，实现自由化和国际化。1997年《外汇及外国贸易管理法》通过后，日本全面放开金融行业投资限制，实现了资本项目完全开放。

① 《日本的银行危机：谁受影响最大？》，Hideaki Miyajima and Yishay Yafeh。

三、英国利率市场化早于资本项目开放

1971 年，为缓解通胀压力，提高货币政策有效性，英国推行利率市场化。英国对资本项目开放较为谨慎，主要原因是英镑持续贬值，处于国际地位下降期。英国担心资本项目放开后，资本大量流出，进一步影响英镑国际地位。1978 年，英国已完成利率市场化，国内利率较高，且此时国际油价处于高位，英国利用北海油田投产、资本外流压力相对不大的有利时机，快速推动资本项目放开。

（一）20世纪70年代初快速推动利率市场化

英国利率市场化历程与其他国家有较大不同，采取了“一步到位”式的改革。20 世纪 70 年代前，英国银行存款利率由伦敦银行市场协会（London Discount Market Association）负责。英国央行对货币、银行的影响力较弱。为应对通胀，1971 年英国颁布《竞争和信贷控制法》，打破行业协会对利率的控制，快速实现了利率市场化。英国利率市场化后，银行竞争日趋激烈，利差从 3.4% 迅速降至 1974 年的 –0.5%（见图 6–5）。银行过度竞争叠加对贷款者监督不够，大量资金涌入房地产领域，形成资产泡沫。1974 年，房地产泡沫破灭，大量银行倒闭，发生银行业危机，直接损失超过一亿英镑[①]。

① Margret Reid. The Secondary Banking Crisis, 1973 – 75: Its Causes and Course. Macmillan, London (1982) / 2nd ed, Hindsight, London (2003).

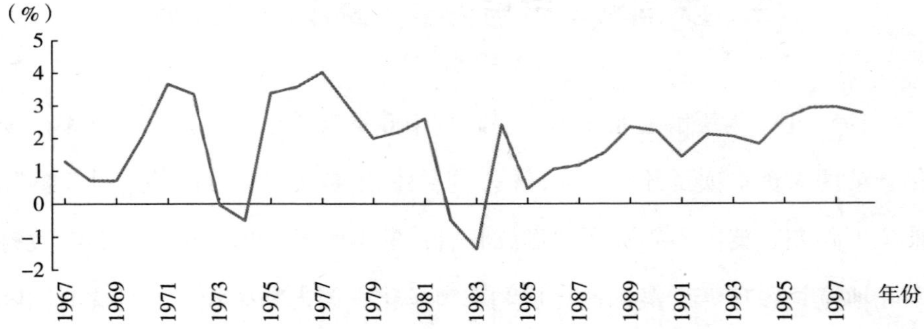

图6-5　英国利差变化趋势

资料来源：世界银行。

（二）抓住英镑升值机遇期，推动资本项目开放

20世纪以来，英镑相对美元从长期看呈现贬值趋势。但20世纪70年代初英国北海油田投产，英镑出现阶段性升值趋势，英镑对美元汇率从1977年的1∶1.75升至1980年的1∶2.33（见图6–6）。在英镑这一升值期内，英国抓住机遇迅速放开资本管制。英国资本管制放开遵循“先流入，后流出”的步骤，1977年放开外商直接投资，1978年放开对外直接投资和对欧共体成员国的证券投资，1979年放开全部证券投资，由此完成了资本项目开放。

图6-6　1英镑兑换美元数量变化（1864—2014年）

资料来源：圣路易斯联储。

四、德国资本项目开放与利率市场化协调推进

“二战”后德国出口高速增长，资本流入和马克升值压力较大。受历史上恶性通胀教训的影响，德国央行始终将控制通胀作为首要政策目标，注重防范资本流入导致的通货膨胀，因此对资本流出较为宽松，对资本流入管制较多。20 世纪 50 年代，德国央行开始放宽资本流出限制，并推动利率市场化改革，资本项目开放和利率市场化总体呈现协调推进的态势（见表 6–5）。

表6-5　　德国资本项目开放与利率市场化协同推进

<table>
<tr><td></td><td colspan="2">资本项目开放</td><td colspan="2">利率市场化</td></tr>
<tr><td>时间</td><td>方向</td><td>性质</td><td>时间</td><td>政策</td></tr>
<tr><td>1952—1967年</td><td>资本流出</td><td>开放</td><td>1953年</td><td>货币市场利率市场化</td></tr>
<tr><td rowspan="4">1960—1968年</td><td rowspan="4">资本流入</td><td rowspan="4">管制</td><td>1965年</td><td>长期存款利率半市场化</td></tr>
<tr><td>1966年</td><td>大额存款利率半市场化</td></tr>
<tr><td>1967年</td><td>全部利率半市场化</td></tr>
<tr><td>1967年</td><td>长期存款利率完全市场化</td></tr>
<tr><td>1969年</td><td>资本流入</td><td>开放</td><td></td><td></td></tr>
<tr><td>1971—1973年</td><td>资本流入</td><td>管制</td><td>1973年</td><td>全部利率完全市场化</td></tr>
<tr><td>1981年</td><td>资本流入</td><td>开放</td><td>—</td><td>—</td></tr>
<tr><td>1989年</td><td colspan="2">资本项目全面开放</td><td>—</td><td>—</td></tr>
</table>

资料来源：笔者整理。

（一）20世纪50年代，放宽资本流出，推动货币市场利率市场化改革

20 世纪 50 年代，德国央行放松对资本流出的管制，以减小通胀压力。1952 年德国批准对外直接投资，1956 年批准对外证券投资，1957 年取消

居民对外投资限制。此后，德国对资本流出的限制基本取消。在此时期，为防止资本过度外流，依托较大的政府债券市场，德国于1953年取消了对货币市场的利率管制。

（二）20世纪60年代，限制资本流入，利率市场化初步完成

1955年至1965年，德国GDP年均增速达6.49%。高增长带来高通胀压力，德国通货膨胀率从1961年的2.29%升至1965年的3.24%，远高于德国央行2%的通胀目标。为此，德国央行严格限制资本流入，1960年限制本国银行向外国存款支付利息，1965年对外国投资者投资德国债券的收入征税，1968年限制金融机构对外发行马克债券。1965年，德国央行颁布《利率调整法令》，开始推行存款利率市场化。在此阶段，德国严格管制资本流入，缓解了利率市场化带来的资本流入压力。

德国的利率市场化分为"半市场化"和"完全市场化"两个阶段（见表6-5）。在"半市场化"阶段，利率市场化遵循"先长期，后短期；先大额，后小额"的顺序。1965年德国取消长期存款利率管制，1966年取消金额100万马克以上的大额存款利率管制。但在此阶段，德国仍保留行业协会对利率的影响力。1967年后，德国进入长期存款利率完全市场化阶段，消除行业协会对利率的影响，利率基本由市场决定。

（三）20世纪70年代，再次限制资本流入，全面实现利率市场化

20世纪60年代末，德国资本流入压力减小，德国央行一度放松资本流入管制。布雷顿森林体系解体后，资本流入压力再次增大，1971年德国重新限制外国投资者购买银行存款和证券。在资本流入严格限制情况下，德国央行深化利率市场化改革，1973年取消行业协会对全部存款利率的影响，实现了利率完全市场化。

德国的利率市场化与美国、日本的共同点在于，按照先放开长期、大

额存款利率，然后放开短期、小额存款利率的次序。但德国利率市场化具有一定独特性，即在利率市场化初期保留了行业自律组织的作用，以限制银行业过度竞争，在市场条件成熟后逐步弱化行业自律组织作用，最终实现完全的利率市场化。因此，德国在利率市场化后并未出现大规模的银行业危机。

（四）20世纪80年代末，资本项目全面开放

德国依托贸易优势，积极推动贸易本币结算。1980 年，德国进出口贸易中以马克结算的比例分别为 43% 和 82.3%，仅次于美国（见表 6–6）。贸易以本币结算，以及鼓励资本流出的政策取向，推动了德国马克的国际地位的提升，1973 年马克已超过英镑，成为第二大国际储备货币。在此背景下，20 世纪 80 年代，德国为进一步促进马克国际使用，全面放松资本项目管制，允许外国投资者购买德国债券和货币市场票据，1989 年，德国全面取消资本流入限制，资本项目由此实现全面开放。

表6-6 主要国家进出口贸易中以本币、外币结算的比例（1980年、1988年）

国家	出口（%）				进口（%）			
	1980年		1988年		1980年		1988年	
	本币结算	外币结算	本币结算	外币结算	本币结算	外币结算	本币结算	外币结算
法国	62.5	37.5	58.5	41.5	33.1	66.9	48.9	51.1
德国	82.3	17.7	81.5	18.5	43	57	52.6	47.4
意大利	36	64	38	62	18	82	27	73
日本	29.4	70.6	34.3	65.7	2.4	97.6	13.3	86.7
英国	76	24	57	43	38	62	40	60
美国	97	3	96	4	85	15	85	15

资料来源：Ozeki, Yusuru, and George S. Tavlas. The internationalization of currencies: an appraisal of the Japanese yen. International Monetary Fund, 1992。

五、主要启示

（一）利率市场化和资本项目开放的相对顺序会对资本流动造成较大影响

美国、日本的经验表明，在先放开资本项目、后推动利率市场化的情况下，容易出现资本外流。因为资本项目开放时利率尚未实现市场化，管制下的低利率将加剧资本外流。由于日本希望维持低汇率以促进出口，所以对资本外流有较高容忍度。美国需要维持美元汇率稳定，因此在面对资本大量外流时选择加大资本管制力度。美国、日本对利率市场化较为谨慎，均用时约 8 年。日本利率市场化曾滞后于资本项目开放，面对资本大量流入，央行货币政策有效性不足，这是日本资产泡沫产生的重要原因。

英国采用了先利率市场化后资本项目开放的次序，德国则利率市场化与资本项目开放协调推进。利率市场化时，尚未开放的资本项目能够限制国际资金大进大出，这样在利率市场化时减少了掣肘。资本项目开放时，较高的市场化利率吸引资本大量流入，英国资本流入延缓了英镑贬值趋势，德国则通过资本流入管制抑制马克的升值趋势。

（二）资本项目开放与利率市场化应协同推进，可保留必要的资本管制措施

合理可控的资本项目开放能提升金融市场活跃度，增强国内外金融体系关联性，进而为利率市场化创造积极条件。但在极端情况下，发达国家仍会实施必要的资本管制措施，以实现维持汇率稳定等政策目标。利率市场化程度会影响资本项目开放后的资本流动方向，并可能形成金融风险。从国际经验看，资本项目开放和利率市场化协同推进，有助于减少金融开放和金融

自由化过程中的负面影响。例如，德国在20世纪50年代允许资本流出，同时推动货币市场利率市场化，以调节资本流出速度，在20世纪70年代实施利率市场化改革时，通过加强资本流入管制来避免马克大幅升值。

（三）利率、汇率市场化和资本项目开放有助于提升货币国际地位，但不是货币国际化的必要条件

利率市场化不是货币国际化的必要条件。美、英、日、德的货币国际化均发生在利率市场化完成之前。美元在“二战”后就已居于国际主导货币地位，但直到20世纪80年代才完成利率市场化。在布雷顿森林体系下，美元是国际主导货币，但主要货币之间维持固定汇率关系。美、日、德等国均曾根据形势需要加强对资本流动的管制。货币国际地位的提升，根本上来自国家经济实力的提升。经济体量大、贸易竞争力强是美元、德国马克、日元国际化程度快速提升的重要基础。在此基础上，资本项目开放有助于畅通货币的国际环流机制，利率、汇率市场化有助于提升货币对国内外环境变化的适应性，进而对货币国际化起到积极支撑作用。

第七章

国际货币体系调整的新契机：数字货币

在经济数字化程度不断加深的背景下，货币形态正在发生革命性的变化，随着区块链等技术的进步，央行数字货币（CBDC）和私人数字货币快速发展，给国际货币体系带来技术冲击和制度调整的新空间。作为现代金融和国际货币体系的后来者，包括中国在内的多个新兴经济体积极布局，试验和发行央行数字货币。在竞争压力下，主要发达经济体对 CBDC 的态度由观望转为积极探索，全球 CBDC 发展进入快车道。CBDC 正处于发展初期，还难以系统评估其对国际货币体系的影响。然而，可以预见的是，CBDC 的发展有助于打破传统的主导性国际货币和跨境金融基础设施拥有的控制权，有利于后发货币在国际货币体系中确立自己的地位，为区域货币合作开辟新的形式。CBDC 的发展也可能给部分经济体的法定货币带来替代压力，进而也给国际政策协调带来新挑战。

比 CBDC 发展更为迅猛的是私人数字货币。实际上 CBDC 是在私人数字货币的启发和技术基础上成长起来的。随着数字世界对现实世界的“入侵”，私人数字货币在货币功能上对法币和 CBDC 的部分替代将是历史性的过程，必然会对投资者的资产配置和支付行为产生影响，并给金融稳定和金融消费者保护带来新挑战。

受益于移动互联领域的雄厚基础和主管部门的前瞻性谋划，中国在数字人民币的技术研发和应用推广方面走在了国际前列。在谨慎而积极地学习国际先进金融理念和规则40余年后，中国在CBDC这一关系未来的金融领域，终于能和发达经济体站在同一起跑线的位置。前瞻性的谋划和布局只是竞争成功的门票，推动数字人民币的发展，使其在国内和国际发挥应有的作用，我们需要广泛调动社会资源，加强政府与市场的互动；特别需要加强国际合作，在技术标准设立、监管规则制定等领域发挥积极作用。

一、央行数字货币发展或将促进国际货币体系调整

（一）全球积极探索CBDC

根据国际清算银行（BIS）的调查数据[①]，在2021年被调查的81家央行中，近九成正在积极研发CBDC，较2020年上升10个百分点。已发行CBDC或启动CBDC试点的央行占比为26%，明显高于2020年的14%，约六成央行处于试验或概念验证阶段。积极研发和推动CBDC试点，逐步成为全球央行的主流趋势。

1. 新兴和发展中经济体推进速度快，多个国家和地区已发行CBDC

新兴和发展中经济体（以下简称“新兴经济体”）金融体系复杂程度相对不高，采用和推广新技术的影响较为可控，有通过CBDC跨越式提高经济运行效率的意愿。截至2022年底，巴哈马、牙买加、尼日利亚及东加勒比地区已经发行CBDC。2020年，巴哈马率先发行零售型

① Kosse, A. and Mattei, I. Gaining momentum - Results of the 2021 BIS survey on central bank digital currencies. 2022.

CBDC “Sand Dollar”[①]，成为全球首个发行 CBDC 的国家，旨在通过 CBDC 提升金融普惠性、打击洗钱和非法经济活动。尼日利亚参与储蓄的居民约占总人口的 65%。为提升金融普惠覆盖率，尼日利亚在 2021 年 10 月发行 CBDC “eNaira”，成为首个发行 CBDC 的非洲国家，截至 2022 年 10 月，累计交易量接近 1800 万美元、涉及 70 万笔交易。为降低现金的交易量和减少其使用成本，牙买加于 2022 年 5 月发行 CBDC “JAM-DEX”。东加勒比中央银行（ECCB）是东加勒比地区 8 个岛国的货币管理机构，其于 2021 年 3 月发行 CBDC “DCash”，旨在提升金融基础设施的数字化水平。“DCash” 首先在圣卢西亚等 4 个成员国流通，后被逐步推广至 8 个成员国。

2. 主要发达经济体对 CBDC 的态度由观望转向积极探索

主要发达经济体在国际货币体系中处于主导地位，其金融体系复杂且内部关联度高，曾对发展 CBDC 持谨慎观望态度。例如，2019 年美国时任财政部部长姆努钦和美联储主席鲍威尔公开表示，美联储在未来 5 年中无须发行数字货币。新冠疫情暴发后，在实施对中小微企业和居民部门的直接救助政策过程中，主要发达经济体金融基础设施效率不足的问题凸显。新冠疫情助推数字经济快速发展，也对金融基础设施效率变革提出更高要求。与此同时，国际主导货币也面临着全球央行数字货币和私人数字货币快速发展的外部压力。Facebook（脸谱）在 2019 年发布加密货币 Libra，利用庞大的社交媒体网络创造无国界数字货币，受到美国和欧盟多国政府的反对。数字人民币等新兴经济体 CBDC 的发展，进一步给国际主导货币带来了压力。

在多重因素推动下，主要发达经济体对 CBDC 的态度从观望转向积极探索。美国内部对推进数字美元的议程尚未达成一致意见，但已开始探索技术路径和考量政策影响。2022 年初，美联储发布首份数字美元白皮书

① 零售型CBDC面向社会公众，与之对应的是批发型CBDC，主要面向金融机构。

《货币与支付：数字化转型时代的美元》，标志着其 CBDC 战略迈出关键一步。2022 年 11 月，纽约联储银行与花旗集团、汇丰控股、万事达卡等金融机构合作，在测试环境下开展为期 12 周的数字货币概念验证试点项目。欧元区虽然货币统一，但支持整个区域欧元支付的金融基础设施还不统一，目前也在加快数字欧元的探索。2021 年欧元区启动数字欧元项目并开展为期两年的相关调查研究，旨在确定数字欧元的核心特征，并于 2022 年 9 月至 2023 年 4 月发布了 3 份进展报告。欧洲央行行长拉加德曾表示，数字欧元可能在 2025 年前后推出。

（二）当前国际货币体系面临的四项批评

1. 跨境支付成本高、效率低，跨境支付基础设施垄断性较强

20 世纪 80 年代以来，经济金融全球化推动商品、服务、资本和人员广泛跨境流动，跨境支付的规模持续上升。有关机构预测，2027 年全球跨境支付预计可达到 250 万亿美元[①]，相当于全球 GDP 的 3 倍。国际汇款对低收入和中等收入国家（LMICs）的经济起着重要作用，部分 LMICs 的国际汇款额达到其 GDP 的 30%。然而，跨境支付持续面临成本高、效率低和准入受限等问题。特别是，跨境支付的准入门槛高、成本高，LMICs 获得跨境支付的难度更大。美国跨境汇款平均费用约占交易名义价值的 5%，而在极端情况下部分非洲国家这一比例接近 20%。跨境支付由美元、欧元等主要国际货币主导，一般需借助多重代理行关系接入货币清算系统。跨国金融信息传递基本都通过 SWIFT。在信息和数字技术得到快速发展的今天，跨境支付体系正面临革命性变革。

① 该数据由波士顿咨询（BCG）预测，见https://www.bcg.com/industries/financial-institutions/transaction-banking。

2. 主权货币承担国际主导货币职能，带来政策影响外溢

国际主导货币发行国更多立足于自身利益进行政策调整，势必影响全球经济金融稳定。当前在美元占主导地位的国际货币体系下，美国货币政策调整将带动全球金融周期转变，引导跨境资本流向，挤压其他国家和地区（特别是新兴经济体）的政策自主性，并给全球金融稳定带来冲击。历史上，美国货币政策调整曾诱发拉美债务危机和 1997 年亚洲金融危机。新冠疫情发生后，美国货币政策对全球的负面溢出效应更为明显。美联储应对新冠疫情的超宽松货币政策，导致全球流动性过度宽松，催生全球高通胀，加大了各国输入性通胀压力。2022 年以来，美联储快速、大幅加息并缩减资产负债表，导致全球融资环境明显收紧，新兴经济体债务违约压力上升。

3. 国际主导货币地位可能被滥用于金融制裁

国际主导货币在境外广泛流通增加了其支配全球资源的能力，获得额外的货币金融权力。这种权力可能会被国际主导货币的发行国滥用，特别是用于为实现其政治和经济目标而实施的金融制裁。近年来，美国频繁滥用美元霸权地位对外实施金融制裁，2012 年、2017 年相继将伊朗和朝鲜的银行剔出 SWIFT，并冻结古巴、伊朗、阿富汗等十余国的外汇储备。根据美国财政部海外资产控制办公室（OFAC）的数据，截至 2022 年 8 月，全球至少有 419 家银行及其分支机构被美国切断美元支付，其中 407 家发生在 2015 年之后，被制裁最多的国家为俄罗斯，随后是伊朗。乌克兰危机爆发后，美国联合主要发达经济体，将俄罗斯多家主要银行剔出 SWIFT，共同冻结其约 3000 亿美元的外汇储备，打破了国际惯例和金融秩序的约束。俄罗斯、伊朗等多个国家推动“去美元化”，印度、巴西等国也开始在国际贸易和外汇储备中降低对美元的依赖。实际上，除新兴经济体外，有的发达经济体也在寻求应对美元霸权的策略，CBDC 成为潜在选项。

2022 年 11 月，欧洲央行行长拉加德曾表示，数字欧元是欧洲的一个共同项目，将服务于更广泛的公共政策目标，例如加强欧洲的战略自主性。

4. 网络效应和路径依赖制约国际货币体系变革

当前的国际货币体系脱胎于 1944 年成立的布雷顿森林体系。虽然在近 80 年中，该体系出现多次调整，但美元主导的格局未发生根本性改变，多元化程度有限。这与国际货币的形成过程有关，货币使用惯性和金融连接性是一国货币成为国际货币的核心要素[①]。美国的经济金融实力使美元在国际贸易和金融市场中的支配地位得以强化，特别是 2008 年国际金融危机以来，国际金融市场对美元国际流通的支撑作用更强。围绕以美元为主导的国际货币体系形成的金融基础设施和制度安排，使美元的网络效应和使用惯性得以增强，导致后发货币追赶美元的难度进一步加大。

（三）CBDC对国际货币体系可能带来的影响

1. 可能促进跨境支付体系重构

CBDC 既是货币形态和发行方式的改变，也是对金融基础设施的变革，可能重构跨境支付体系。利用区块链等技术，CBDC 可采取点对点传输方式，降低对代理行、SWIFT 等金融中介的依赖，降低交易成本并节省时间，使交易更加便捷和透明。根据摩根大通和奥纬咨询的研究[②]，建立 CBDC 跨境支付网络可降低 80% 的交易成本，每年节约近 1000 亿美元（不含外汇支出）。作为央行的负债，CBDC 还能大幅降低跨境交易的流动性风险和交易对手方风险。与此同时，通过一定的制度安排和技术设计，CBDC 也可用于跨境证券结算，便利金融资产的全球流通。2021 年 12 月，BIS、法

① Iancu, A., Anderson, G., Ando, S., Boswell, E., Gamba, A., Hakobyan, S., Lusinyan, L., Meads, N., Wu, Y., 2020, Reserve Currencies in an Evolving International Monetary System, IMF Departmental Paper 2020/002, 17 November.

② Ekberg J., Chia T., Ho M. and Liu L. Unlocking $120 billion value in cross-border payments, 2021.

兰西银行和瑞士国家银行完成以欧元和瑞士法郎 CBDC 进行外汇交易结算、商业票据流转的试验。根据美国智库大西洋理事会（Atlantic Council）的跟踪统计，全球共有 12 项关于 CBDC 跨境使用的国际合作项目，例如 BIS 联合中国人民银行、泰国央行等发起多边央行数字货币桥研究项目（m-CBDC Bridge），澳大利亚、新加坡、马来西亚和南非共同发起 Dunbar 项目。通过降低对传统跨境支付基础设施的依赖，CBDC 有助于打破国际主导货币使用惯性的约束，为后发货币的国际使用提供便利。

2. 有助于推动区域货币合作

近年来，为维护金融安全和降低海外政策溢出效应，独联体、东南亚、阿拉伯和非洲等地区的国家持续加强区域本币结算合作，区域内部的本币结算比重有所上升，如独联体国家的卢布结算比重由四成上升至六成。CBDC 为区域内各国货币跨境流通与交易提供新的合作方式，通过提高各国 CBDC 系统兼容性、建立连接机制，能够明显降低跨境货币合作的成本和难度，也有利于区域货币结算网络的逐步形成。例如，中东两大经济体阿联酋和沙特阿拉伯于 2019 年联合发布 CBDC 项目 Aber 试验报告，该项目会评估使用数字货币减少银行转账时间和成本的可行性。

3. 可能加大货币替代压力

对本国货币的长期价值信任度不够可能会引发货币替代，历史上通胀率越高的国家，美元化程度越高[①]。CBDC 降低持有和使用外国货币的难度与成本，加大外币与本国货币的竞争。如果美元、欧元等主要国际货币推出 CBDC，部分国家将面临更大的货币替代压力，特别是经济社会不稳定、通胀率高的国家。

---

① BIS. CBDCs: An opportunity for the monetary system. BIS Annual Economic Report 2021.

4. CBDC 在跨境流通政策协调方面面临严峻挑战

CBDC 跨境流通既涉及金融基础设施的重构，也面临跨境资本流动和数据管理的问题，跨国政策协调面临挑战。一是各国 CBDC 的互通性不强。各国发行 CBDC 的目标和侧重点并不一致，有的侧重于提升国内金融体系的数字化程度，有的则为了改进跨境支付系统。采用的技术手段和标准可能不统一，包括对 CBDC 的定位（零售型或批发型）、验证方式（基于账户或令牌）、运营方式（由央行直接向消费者提供服务的单层结构或借助中介部门间接提供服务的双层结构）等。这都要求各国在设计、规则制定和基础设施建设等领域强化协调。二是全球支付体系的碎片化。CBDC 能够以较低成本建立国家间的支付网络，如果不能在全球范围内制定更具包容性的方案，全球将出现大量双边或多边支付系统，加剧摩擦。三是数据隐私保护和网络安全需加强。CBDC 大幅增强发行国央行的信息（包括用户信息、资金流向等）获取能力，这不仅涉及用户隐私保护问题，也关系到数据安全和金融安全。CBDC 使用规模大、接入点广泛，操作风险和网络攻击等威胁大，对金融基础设施的稳健性和安全性要求高。四是跨境资本流动管理难度加大。为稳定汇率和维护金融稳定，不少国家对资本流动进行管理或限制其他资本账户。CBDC 跨境流通会进一步加快国际资本流动，增加资本项目管理和稳定汇率的难度。如不能达成有效跨境协调，各国将缺少管理外国 CBDC 的有效手段，传统资本管制措施对外国 CBDC 的效力会被大大削弱。

二、私人数字货币可能会对国际货币体系产生影响

（一）私人数字货币及其监管体系快速发展

1. 私人数字货币快速发展

私人数字货币（或称为加密资产 Cryptoasset）是一种主要依靠密码学

和分布式账本技术进行记录的私人数字资产（或称为代币 Token），包括价值的数字表示，以及能够以电子形式存储和交易的合同权利[①]。私人数字货币总体上可分为两类：一类是非稳定私人数字货币，以自己的记账单位计值[②]，不依赖于底层资产价值支撑，以比特币、以太坊为代表；另一类是稳定币，旨在通过与指定资产或资产池锚定的方式来稳定价值，与法币挂钩的稳定币可被视作货币电子化的一种特殊形式，以与美元 1∶1 兑换的泰达币（USDT）为代表。

近年来，全球私人数字货币种类超 18000 种，规模快速扩大。新冠疫情对数字经济的助推作用以及宽松的流动性环境，推动私人数字货币总市值从 2020 年初不到 2000 亿美元发展到 2021 年 11 月最高突破 3 万亿美元（见图 7–1）。受主要经济体收紧货币政策，以及一些私人数字货币爆雷等因素的影响，私人数字货币市值大幅下降，2022 年后回落至约 1.3 万亿美元。

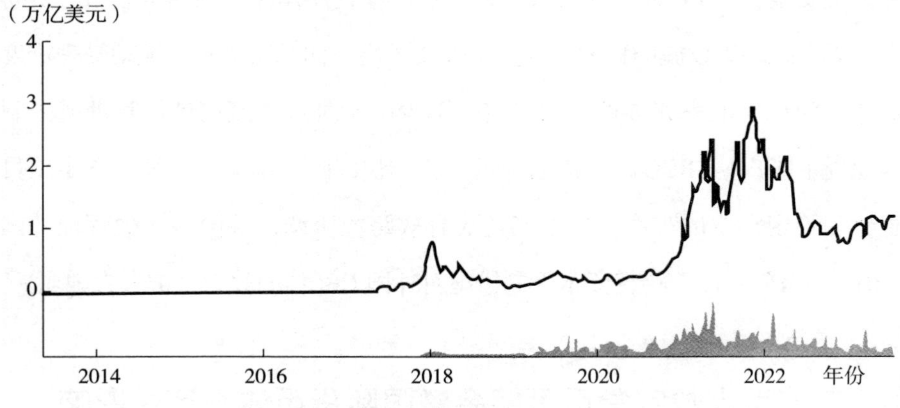

图7-1　私人数字货币市值变动

数据来源：CoinGecko。

① IMF. The Crypto Ecosystem and Financial Stability Challenges. Global Financial Stability Report Oct. 2021.

② 如比特币最小单位为一亿分之一，即“1聪”。

2. 各国加快完善私人数字货币的监管机制

私人数字货币发展带来多重风险。由于内在价值不明确，以及未被完全纳入监管体系，私人数字货币的快速发展推高金融风险。一是投资者缺乏有效保护。比特币、以太坊等私人数字货币价格大幅波动，信息披露与监管工作有限或不充分，还面临较高的欺诈和黑客攻击风险[①]。稳定币的底层资产不透明、未受严格监管，多次出现挤兑风险。二是匿名性高。私人数字货币可能被用于洗钱、恐怖主义融资等非法交易，其匿名性特点加大了执法难度。三是私人数字货币与传统金融市场的关联性快速上升，系统性影响在增大。在新冠疫情发生后的宽松流动性环境下，私人数字货币被更多机构投资者纳入投资组合，其与主要股票指数的价格相关性明显上升[②]。稳定币的底层资产多投向美元短期国债，与货币市场的关联度在上升。2023 年 3 月，美国银门银行、签字银行先后破产倒闭，这两家银行的私人数字货币业务较多，加密市场波动是其倒闭的原因之一。四是削弱宏观政策效果。私人数字货币相关税收政策还不完备，匿名性助长逃税行为，降低财政收入。私人数字货币持有及使用比重上升还会增大资本外流压力，降低货币政策执行效率。

各国明显强化对私人数字货币的监管。近年来，私人数字货币市场多次爆发流动性危机，多家交易平台破产，投资者利益受损，影响金融体系稳定，促使各国强化监管。根据美国国会法律图书馆的统计，除 51 个国家和地区（如中国、埃及、阿尔及利亚）禁止私人数字货币外，103 个国家和地区将其纳入监管，纳入监管国家的数量较 2018 年增加 2 倍。美欧不断强化对私人数字货币的监管，以逐步纳入金融监管体系的方式推

---

① 根据私人数字货币安全公司Ledger统计，近年来黑客的攻击造成约20亿美元的损失。

② Iyer T. Cryptic connections: spillovers between crypto and equity markets. International Monetary Fund; 2022.

动其有序发展。依据功能属性，美国将私人数字货币纳入现有监管体系，形成联合监管格局。美国证券交易委员会（SEC）监管具有证券属性的私人数字货币、相关投资基金和信托、交易所，美国货币监理署（OCC）负责对稳定币进行发行、托管和支付方面的监管，美国商品期货交易委员会（CFTC）监管私人数字货币期货合约交易，美国金融犯罪执法局（FinCEN）和司法部等打击洗钱、欺诈勒索等违法犯罪行为。欧盟一方面将现有金融监管规则拓展到私人数字货币，另一方面构建完整的私人数字货币监管框架。2020 年 9 月，欧盟委员会公布关于建立欧盟层面私人数字货币制度的提案（MiCA），2023 年这一提案分别获得欧洲议会和欧盟理事会通过，最早将于 2024 年在欧盟成员国中统一实施。MiCA 明确了私人数字货币的分类、监管主体、信息报告制度、行为监管制度等，对私人数字货币服务商制定监管要求，使监管政策分割的欧盟各国形成统一的私人数字货币监管体系，推动私人数字货币的合规发展。这也是全球首个针对私人数字货币的全面监管法案，对全球相关法律制定有重要示范意义。

私人数字货币的监管需要全球协调。私人数字货币匿名性较强，可在全球流动，随着大型银行和投资基金参与投资，将对全球金融体系产生影响。然而，各国监管理念与力度存在较大差异，缺乏全球性的统一标准，跨境监管套利风险较高。国际金融组织正加快协调全球私人数字货币监管。二十国集团（G20）的风险监督机构——金融稳定理事会（FSB）表示，将在设计全球监管框架方面发挥主导作用，并牵头制定涵盖私人数字货币的全球法规。BIS 为商业银行评估私人数字货币风险等级并提供政策建议。私人数字货币交易匿名性引发非法融资和转移资金风险，促使相关部门增强反洗钱监管力度。反洗钱金融行动工作组（FATF）对交易所、钱包提供商和托管平台等服务商进行监管，要求其共享发送方与接收方的相关交易数据，严厉打击利用私人数字货币洗钱等行为。

（二）私人数字货币的货币职能表现及其局限性

从历史看，政府并不是唯一允许发行货币的实体，私人企业甚至个人都曾发行过货币。以美国为例，在20世纪初美联储成立前，大部分货币由私人银行发行，运河、铁路等运输供应商，煤炭开采和木材公司，以及商人等团体也发行过货币，发行币种近8000个。这些私人货币既直接与法币竞争，也满足实体经济的需要，在法币服务不足的领域发挥重要作用（如边远地区交易、需要小面额货币的日常使用场景等）。私人数字货币类似于一种以算法模型和加密技术手段为支撑的私人货币，具有一定的货币职能属性，也与法定货币形成一定的竞争关系。

1. 私人数字货币在货币职能方面的表现

关于私人数字货币能否被称为“货币”存在较大争议。下文从货币分类要素、货币职能领域的实际表现来反映私人数字货币的特性。

从货币分类的要素看，私人数字货币具有三个关键特征①。一是形式上是数字化的，能够充当支付手段，并通过加密技术防止伪造和欺诈。二是由私人创设，且持有者和发行方的债权债务关系不明确。私人数字货币的价值来自自身可提供的服务以及被其他人接受的预期（如可用于跨境支付）。比特币、以太坊等非稳定私人数字货币与商品货币类似，但内在价值不明确。稳定币的内在价值与底层资产以及维持同底层资产锚定关系的可信度有关，与“狭义银行”有相似之处（接受存款并将存款全部投向无风险资产），但也未明确建立发行方与持有人的债权债务关系。这与法币体系下“货币是对中央银行或商业银行的负债”存在明显不同。三是允许数字化点对点交易，原则上可在去中心化场景下进行（利用区块链技术），不依赖于中央对手方。

从货币基本职能看，私人数字货币的应用场景持续增多，范围正不断

---

① BIS. Cryptocurrencies: looking beyond the hype. BIS Annual Economic Report 2018.

拓展。

价值储藏。私人数字货币被视为一种新兴资产。根据 Feyen 等人[①]的估计，拥有或使用过私人数字货币的用户数在 2021 年 6 月接近 2 亿人。全球通胀预期、流动性环境是影响交易量的重要因素，且国家层面的交易量与黄金价格走势呈负相关关系。这表明私人数字货币被视作一种风险资产和通胀对冲工具，与黄金存在一定的替代关系。私人数字货币以机构投资者为主导，超 99% 的交易为大额交易（金额超过 1 万美元）。近年来，多家国际大型金融机构在投资组合中纳入私人数字货币，如全球知名的资管公司贝莱德集团、太平洋投资管理公司（PIMCO）。随着私人数字货币投资兴起，对冲避险等需求增加，以其为底层资产的金融产品随之增多。芝加哥商品交易所（CME）推出比特币期货合约，美国、加拿大等国批准设立以比特币或比特币期货为底层资产的交易所交易基金（ETF）。

交易媒介。私人数字货币可提供点对点的交易，对金融中介的依赖程度低，具有大幅提高支付效率、降低成本的潜力。以 Bitpay、Strip 为代表的区块链技术公司面向商户和消费者提供私人数字货币支付解决方案，发挥类似于贝宝（Paypal）、支付宝等支付服务商的作用，大幅简化支付流程并提高效率。Visa、MasterCard 等大型银行卡支付网络公司与多家私人数字货币公司达成支付合作，提供银行卡网络的支付服务，比特币、以太坊和莱特币的使用频率最高。当前全球超过 15000 家企业接受私人数字货币支付，既包括微软和特斯拉等大型科技公司，也包括星巴克、可口可乐、AMC 娱乐等消费娱乐类公司。基于互联网的特征，私人数字货币的跨境交易与境内交易差别并不明显，大多可直接用于跨境交易，为改进跨境支付提供了新的技术路径。例如，Circle 将比特币作为价值载体，通过比特

① Feyen, E. H., Kawashima, Y., & Mittal, R. Crypto-Assets Activity around the World, 2022.

币与法币的相互兑换，利用区块链网络支持低成本货币兑换和跨境支付。Ripple 构建货币汇兑网络和实时结算系统，利用瑞波币（XRP）提高跨境支付效率。私人数字货币也可用于金融资产交易，摩根大通 2019 年创建与美元挂钩的稳定币摩根币（JPM Coin），用于该公司即时结算客户的支付交易，并测试其跨境支付功能。

计价单位。若干经济体开始赋予私人数字货币法币地位，允许其承担计价单位职能。2021 年 6 月，中美洲国家萨尔瓦多成为全球首个将比特币作为法定货币的国家，允许其国内的商品和服务以比特币定价，公民可使用比特币缴税。2022 年 4 月，非洲国家中非共和国也将比特币作为法定货币。

2. 私人数字货币承担货币职能存在局限性

法定货币是经济活动的重要协调工具，具有很强的网络外部性，能够大规模降低交易成本，加快经济金融循环。与法定货币相比，私人数字货币存在三方面的局限性，限制其承担货币职能。

可扩张性。货币的使用率越高，成本相应越低，人们的使用意愿越强，但私人数字货币难以像法币一样大规模扩张。为实现去中心化信任，私人数字货币的区块链网络需要大多数参与者同步并验证历史交易信息，这导致网络规模会随着使用范围的扩大而不断扩张，例如比特币区块链总规模约 300 GB，每年增长近 50 GB。随着交易网络规模的不断扩大，验证时长与交易成本会上升，出现交易拥堵的可能性变大。

币值稳定性。货币需求总是动态变化的，中央银行通过匹配货币需求和调节货币流通量来稳定币值，并在市场流动性可能不足时，作为“最后贷款人”及时注入流动性，保证交易的有序进行。由于缺少中央银行的角色，私人数字货币的供应缺乏弹性，需求变动会较快地引起价格变化。与此同时，内在价值不明确和缺少稳定机制，也会导致私人数字货币价格出现巨大波动，难以保证交易活动稳定进行。稳定币通过锚定底层资产的方式稳定价值，但缺少有效监督机制，近年来出现多起稳定币挤兑崩盘的案例。

对支付完结性的信任。在法币体系中，交易一旦在国家支付系统发起并由中央银行准备金结算就不可撤销，从而确保支付完结性。私人数字货币的支付完结性由区块链上大多数参与者的共识决定。通过控制具有大量数据和超强计算能力的节点，可以更快传播错误或虚假的交易信息，从而操纵交易。账本规模越大、诚实节点越多，被操纵风险就越低，但无法100% 保证不被操纵。

（三）私人数字货币对国际货币体系的影响

1. 推动 CBDC 的发展并为其提供技术参考

私人数字货币规模快速增长，在支付、加密等技术领域不断创新，给法币带来竞争压力，近年来各国纷纷加快对 CBDC 的研究。Facebook 曾试图推出以美元等国际货币为支撑的全球稳定币 Libra（后改名 Diem），国际影响较大。该平台活跃用户接近 28 亿，庞大的潜在用户群体使 Libra 对国际和金融体系的可能冲击远超其他私人数字货币。该项目受到全球多国的关注和反对，Facebook 最终放弃该项目。

数字货币的发展离不开技术，特别是区块链、加密和认证等底层技术的进步。区块链技术能够构建去中心化、不可篡改、安全可验证的分布式数据管理系统，有助于构建数字经济领域的信任机制。通过内嵌的智能合约技术，区块链技术还能直接执行规定和共识，将需要依靠第三方监督或背书的合约（如贷款偿付、保险赔付）自动执行。加密技术是保护用户身份和交易数据隐私的核心技术，由加密算法、协议、产品和应用构成的加密标准体系是信息时代安全体系的重要一环。明确权利归属才能体现资产属性并实现资产交易和流转，认证技术通过识别、认证和授权确保真实主体真实意愿的实施。认证技术是联通数字世界与现实社会的关键纽带，能够在监管、保护用户权益、打击违法犯罪等方面发挥重要作用。私人数字货币是这三项技术的集成载体，可推动相关技术的快速发展，为各国 CBDC 原型设计、技术路径选择提供现实参考。

2. 促进广泛的金融创新

私人数字货币的应用场景丰富，有助于促进金融创新。私人数字货币可为跨境支付提供新的路径，并能够通过区块链共享企业付款和财务历史记录，从而为企业融资提供信用信息[①]。2022 年私人数字货币平台 Bitso 共处理从美国到墨西哥的 33 亿美元汇款，约占整个市场的 6%，与此同时，以私人数字货币为底层资产的交易，以及不同种类私人数字货币通过跨链交易进行的转换，为证券交割、外汇交易等提供新的金融基础设施改进思路，有助于提高交易效率并促进业务创新。去中心化金融衍生品项目在期权、利率衍生品等方面都有创新。

3. 对货币主权形成一定竞争

私人数字货币在特定领域（如价值储藏、交易媒介）能够更好满足持有人的需要，对法定货币形成一定竞争。值得注意的是，这种竞争关系在主导和非主导货币之间是不均衡的。根据 Chainalysis 制作的 2021 年全球私人数字货币采用指数，中低收入国家采用率相对高（见图 7–2）。特别是在高通胀率、金融基础设施不完善、社会治理不佳的非洲和拉丁美洲国家，私人数字货币业务发展迅速，成为居民抗通胀和跨境支付的重要选择。对国际主导货币，私人数字货币更可能发挥补充功能。私人数字货币并未完全脱离法币体系，在经济活动的最终环节还需要兑换为法币（如投资获利了结），多以美元进行计价交易。全球主要稳定币都锚定美元，前三大稳定币 USDT、USDC、BUSD 的总市值约为 1400 亿美元，相当于稳

① World Economic Forum. 3 ways digital currencies could change global trade, 2022.

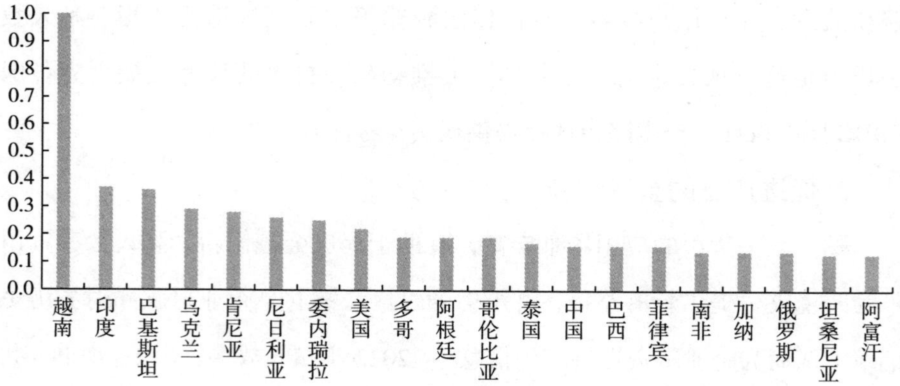

图7-2　2021年全球私人数字货币采用指数

数据来源：Statista、Chainalysis。

定币总市值的九成，与货币市场基金类似，更可能巩固美元地位。但如果大型金融科技公司利用庞大的用户基数和平台生态开发稳定币，在未建立有效监管安排的情况下，会对主导货币形成较大冲击。这也是美欧对 Facebook 全球稳定币项目持反对意见的重要原因。

三、发展数字货币助力人民币国际化

我国数字人民币发展起步早、推进较快，在技术研发和试点应用方面走在国际前列。在国际数字货币竞争趋于激烈、金融安全风险明显上升的新形势下，为巩固数字人民币先发优势、推动人民币国际化，需要着重考虑以下问题。

（一）拓展数字人民币定位，考虑拓宽至大额批发和跨境支付领域

目前，数字人民币定位于 M0，相当于现金的数字化。我国 M0 规模占广义货币（M2）的 4%，M0 定位会限制数字人民币在债券和股票投资等金融交易中的运用，会约束数字人民币在货币体系中的占比，不利于推动金

融创新。CBDC 将是改进跨境支付、减小对 SWIFT 等传统金融基础设施依赖的重要工具。由于跨境支付中大额交易超九成[①]，M0 定位注重于零售端使用，这不利于发挥数字人民币改进跨境支付的潜力。

（二）跟踪研判数字货币对金融体系的影响

随着数字人民币应用范围的扩大和未来定位的调整，要提前对其宏观影响进行深入研究。一是对金融稳定的影响。数字人民币可能削弱中小金融机构的竞争优势，并加大金融波动时的挤兑风险。我国资本市场个人投资者比重高，更需重视潜在挤兑风险。二是对支付体系的影响。要平衡好数字人民币与第三方支付平台的竞争和协同合作关系。三是对货币政策传导的影响。数字人民币可能因削弱银行等金融中介而降低货币政策传导效率，但也可为疏通传导“梗阻”创造新的工具，如针对特定群体、行业和区域的定向金融支持。未来的政策调整要兼顾两方面的影响。四是数字人民币跨境使用对资本流动和人民币汇率稳定性的影响。五是数字人民币在应对极端风险方面更有优势，如可妥善应对洪水等自然灾害导致的互联网中断。

（三）广泛调动社会资源，加强政府与市场互动，推动数字人民币快速发展

CBDC 对支付体系和金融体系产生重大影响，须通过大规模开放性试验加以检验，研究资源需求大，可调动商业机构、高校和科研院所等力量。为保持市场竞争力、适应技术变革，商业机构也需要积极参与。除美国外，欧洲国家、新加坡等的相关试验都利用了市场主体的技术力量[②]。数

---

① 2021年全球跨境支付总规模达148万亿美元，大额交易（单笔超5万美元）比重约占97%。

② 例如，法国与瑞士央行的跨境支付数字货币试验参与者包括法国外贸银行、瑞银、瑞信等金融机构，新加坡相关试验引入JP Morgan旗下的区块链公司Quorum。

字人民币通过地区试点、课题招标等方式引入一些产学研优势力量，未来可在应用场景设计、技术创新等领域引入更多市场机构。在保证金融安全的前提下，跨境支付领域的相关试验可适当引入国际金融机构参与。

（四）在保持严格监管的同时，有序拓展私人数字货币的探索空间

在私人数字货币领域，我国应用场景和人才资源相对丰富，但曾出现资产泡沫、恶意炒作、欺诈等乱象，已采取强力监管措施对其进行有效治理。私人数字货币在催生风险的同时，也推动了区块链、加密和认证等领域的技术创新和数字货币在跨境支付等领域应用的探索，对CBDC发展与金融创新有一定的参考价值。在继续保持严格监管的前提下，通过降低金融属性、划定应用范围、强化内生稳定机制等方式，可对有明确应用场景和技术创新潜力的私人数字货币给予一定的探索空间。为增强风险隔离，可推动相关试点在中国香港等地有序开展。

（五）加强国际合作，提高在国际标准和规则制定方面的影响力

CBDC是全球数字经济竞争的重要领域，技术标准、监管规则等将成为竞争焦点。虽然美国并不急于正式推出数字美元，但通过与BIS、欧洲央行、日本央行等合作成立CBDC工作组，不断发挥着国际影响力。数字人民币研发设计和实践走在全球前列，我国更有条件在CBDC国际协调方面发挥积极作用。为此，我国应积极落实G20关于改善跨境支付的最新倡议，参与CBDC跨境支付合作研究；继续强化与IMF、BIS等国际组织的合作，积极开展央行间合作，特别是加强与同我国经贸往来密切、CBDC技术缺口相对较大的东南亚和非洲等地区的合作；加强市场层面合作，鼓励我国商业机构直接或间接参与其他央行的数字货币试验项目。

第八章

后布雷顿森林体系典型货币危机的形成及启示

布雷顿森林体系彻底瓦解后，经过国际货币基金组织（IMF）成员国的协商谈判，国际货币体系在1976年进入以固定汇率和浮动汇率并存为主要特征的牙买加货币体系，并延续至今。在后布雷顿森林体系下，国际资本流动性增加，国际金融协调性弱化，国际金融危机频发。2008年国际金融危机之后，逆全球化回潮，孤立主义和贸易保护主义影响加深，加之主要发达经济体长期实施宽松货币政策，再次爆发国际金融危机的概率在增大。

“二战”后的国际经验显示，在货币国际化进程中，伴随国内金融市场改革和跨境资本流动增加，一国发生货币危机的概率会上升。然而，只要本国货币确立了国际货币地位，即便发生货币危机，其影响也会大幅降低。我国正处于增长阶段转换的关键时期，国内经济增速下行、结构调整、动力转换，经济金融潜在风险增多。国际上发达经济体进入新一轮加息周期，很有可能引发脆弱型新兴经济体的金融危机并向全球蔓延。在推进人民币国际化、金融市场双向开放和资本项目开放的进程中，我国面临的经济金融风险特别是货币风险不容忽视。研究后布雷顿森林体系典型货币危机形成的机制，对于我国控制人民币国际化过程中的风险具有重要意义。

一、后布雷顿森林体系典型货币危机的形成及特点

布雷顿森林体系彻底解体后，国际货币体系从固定汇率转向固定汇率与浮动汇率并存，国际资本流动性明显增强，国际金融协调力量不足，货币危机爆发频率显著增加。

（一）频发的货币危机推动形成四代危机理论

1. 货币危机的定义和统计

不同国际组织和经济学家对货币危机的定义存在差异，但总体上可分为定性和定量两大类。1998 年，国际货币基金组织发布的报告[①]从定性的角度描述了货币危机：货币危机是指货币因被投机性攻击而持续贬值，货币当局往往不得不动用大量国际储备或大幅提高利率来维持汇率。货币危机可能单独形成，也可能由更大范围的系统性金融危机引发。

通过定量方式来界定货币危机，又分为狭义方式和广义方式两类。狭义方式将货币危机定义为受到内外冲击下汇率在一定时期[②]内贬值达到一定阈值。其中，Frankel 和 Rose 的定义应用得较为广泛（见表 8-1）。广义方式则将货币危机的认定指标从汇率拓展到外汇储备、利率等，并通过加权方式计算危机爆发的阈值。

---

① https://www.imf.org/en/Publications/WEO/Issues/2016/12/31/Financial-Crises-Causes-and-Indicators.

② 由于存在货币连续多次贬值的情况，因此对于连续几年符合货币危机标准的国家，一般将5年作为一个时间窗口，即5年之中不管几次达到阈值，都视为一次危机，并将5年中的第一年作为此次危机的发生时间。

表8-1　　货币危机的几种典型定义

作者	年份	对货币危机的定义
狭义方式		
Frankel和Rose	1996	12个月内货币对美元名义上至少贬值25%。本阶段贬值幅度与上年贬值幅度相比提高10个百分点。由于可能连续多年出现符合阈值的贬值事件，将第一次符合阈值后5年内再次达到阈值的贬值视为一次货币危机
Milesi-Ferretti和Razin	1998	12个月内货币对美元名义上至少贬值25%。上阶段通胀率小于40%，且本阶段通胀率较上阶段至少翻一番。如果通胀率多年较平缓，则阈值为上阶段通胀率低于10%，本阶段通胀率高于15%，本年通胀率较上年提高10个百分点
Reinhart和Rogoff	2009	12个月内货币对美元贬值超过15%，现阶段通胀率在20%以上
广义方式		
Eichengreen、Rose和Wyplosz	1995	汇率市场压力指数（汇率、外汇储备和利率变化的加权平均数）大幅变化，超过一个半标准差
Glick和Hutchison	2006	汇率市场压力指数（汇率、外汇储备和利率变化的加权平均数）大幅变化，超过两个标准差
Kaminsk、Reinhart和Kaminsky	1999	汇率市场压力指数（汇率、外汇储备和利率变化的加权平均数）大幅变化，超过三个标准差

资料来源：笔者整理。

世界银行专家 Laeven 和 Valencia 在 2008 年国际金融危机后开始统计自 1970 年以来全球主要金融危机的发生情况，其对货币危机的计算和统计借鉴了 Frankel 和 Rose 的定义[①]。根据其 2018 年的报告[②]，从 1970 年到 2017 年，全球货币危机共爆发 239 次（包括银行危机和债务危机共同爆发的情况），银行危机共爆发 151 次，债务危机共爆发 75 次。其中，同时爆发货币危机和银行危机 42 次，同时爆发货币危机和债务危机 31 次，同时

① 修改了关于“12个月内货币对美元名义上至少贬值25%”中25%的阈值，将阈值定为12个月内货币对美元的名义汇率至少贬值30%。

② https://www.imf.org/en/publications/wp/issues/2018/09/14/systemic-banking-crises-revisited-46232.

爆发银行危机和债务危机 13 次，同时爆发三种危机 11 次（见图 8–1）。货币危机平均每年发生 5 次以上，频率高于银行危机的年均 3 次和债务危机的年均 1.6 次。

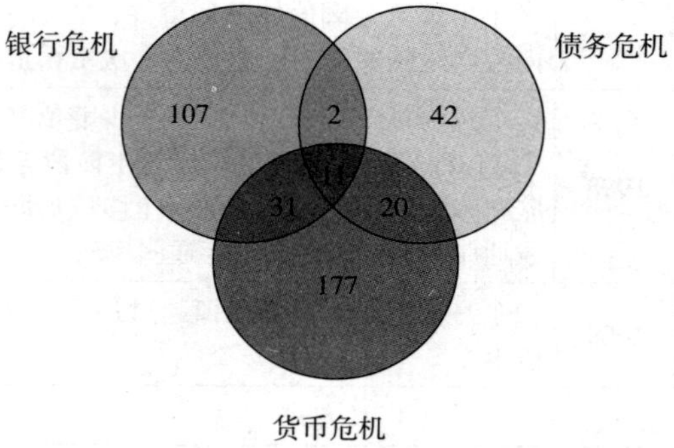

图8-1　1970—2017年全球主要金融危机发生次数

资料来源：https://www.imf.org/en/publications/wp/issues/2018/09/14/systemic-banking-crises-revisited-46232。

2. 货币危机的四代理论

频繁爆发的货币危机引起经济学家的广泛关注，并发展出了四代货币危机理论模型。第一代货币危机理论的研究对象是 20 世纪 70 年代布雷顿森林体系解体后，拉丁美洲和其他地区发展中国家出现的相对美元贬值的一系列货币危机。这一理论认为，固定或波幅极小的浮动汇率制度下，政府采取宽松的财政政策和货币政策令本币出现贬值压力，但汇率未能及时调整而被高估，在面临冲击时就容易爆发货币危机。

第二代货币危机理论的研究对象是 20 世纪 90 年代初的欧洲货币危机，主要考虑了政府调节和市场力量之间的相互作用。当市场投机者对政府维持固定汇率或与其他货币挂钩的汇率的能力产生怀疑，相信其他投机者将攻击某货币时会加入攻击。即使政府预判到投机者对汇率的攻击行为并作出与经济基本面相适应的宏观政策调整，也可能由于市场对未来汇率的一致预期而引发货币危机。

第三代货币危机理论源自对20世纪90年代末亚洲金融危机的分析，认为企业和金融机构过度背负外债是亚洲部分国家发生货币危机的根本原因。

第四代货币危机理论则源自21世纪以来，众多经济学家对布雷顿森林体系解体后货币危机频发的思考，认为货币危机是更广泛危机的一部分，相关研究应从金融领域向实体经济和更大范围领域延伸。预防货币危机的政策也应放在更大范围内考虑。

从四代货币危机理论的演进可看出，其研究范围从宏观金融领域扩展至投资心理预期、实体部门资产负债表和非金融因素（包括政治生态、社会因素和治理模式等），并逐渐从分析单一因素影响演变为分析系统性因素，大大拓展了研究的宽度（见表8–2）。

表8-2　　四代货币危机理论的要点

	提出者	背景	主要内容	政策含义
第一代货币危机理论	Krugman（1979）；Flood,Garber（1984）	布雷顿森林体系解体后，拉丁美洲和其他地区发展中国家出现一系列相对美元贬值的货币危机	在固定汇率或波幅较小的浮动汇率制度下，政府若采取宽松货币政策（以解决财政赤字问题），本币未能及时贬值导致高于潜在汇率水平。若市场预期本币汇率制度保持不变，即本币继续高估，市场投机者会继续大幅持有本币，导致本币被进一步高估。若市场预期固定汇率制度已无法维持，则会抛售本币，引发本币的大幅贬值和外汇储备过快降低，并进一步导致本币汇率下跌，出现货币危机	第一代货币危机理论认为，货币危机发生的主要原因是在固定汇率或波幅较小的浮动汇率制度下，政府采取的不恰当的宽松财政政策和货币政策导致货币危机出现

续表

	提出者	背景	主要内容	政策含义
第二代货币危机理论	Obstfeld（1994）；Krugman（1996）	20世纪90年代初欧洲货币危机。危机前欧洲主要国家并未出现货币超发情况	主要考虑政府调节和市场力量的相互作用。当市场怀疑政府是否愿意维持固定或钉住汇率时，可能是预期自我实现而导致多重均衡和货币危机。投机者在相信其他投机者攻击某货币时同样会参与攻击	第二代货币危机理论认为，货币危机本质上是自我实现的信心危机。政府预期到市场的攻击行为而作出政策调整（可能与经济基本面相适应），反而可能触发市场对未来一致的贬值预期，引发货币危机
第三代货币危机理论	Chang，Velasco（2000）；McKinnon，Pill（1996）；Krugman（1998）；Radelet，Sachs（1998）	20世纪90年代末亚洲金融危机。除泰国和印度尼西亚等国，其他多数亚洲国家在危机前宏观经济失衡不严重，财政有盈余，经常账户赤字并不显著	包括三个方面的内容。1.金融脆弱性：企业部门和银行资产负债表错配，大量的未偿外债会导致银行危机和货币危机。2.过度借贷：银行由于潜在的政府补贴（或即使倒闭也有政府救助的预期）而过度借债。3.在前两个问题存在时，对财政和汇率变动的担忧，可能导致“危机自我实现”	第三代货币危机理论将研究范围拓展至实体经济，认为企业和金融机构过量背负外债是亚洲部分国家发生货币危机的根本原因。因此，危机期间需要进行紧急授信以防止债务危机
第四代货币危机理论	Krugman（2003）	布雷顿森林体系解体后货币危机频发	前三代理论模型多基于固定汇率或波幅较小的浮动汇率制度，局限于金融领域或虚拟领域。第四代货币危机理论则扩展至制度研究领域，认为货币危机是更广泛危机的一部分，研究应从金融领域向实体经济和更大范围延伸	多重均衡的存在，提醒政府应更加重视对投资者预期的引导。预防货币危机的政策应放在更大范围内考虑

资料来源：IMF报告，各经济学家论文，笔者整理。

（二）20世纪80年代拉美国家的债务和货币危机

1. 危机的爆发和应对

1982 年 8 月，墨西哥财长宣布外债违约引爆拉美国家债务和货币危机。由于许多欧美商业银行在拉美外债敞口较大，债务违约令这些银行迅速停止了对墨西哥以及其他拉美国家的新增贷款，并试图提前收回和重组存量贷款。债务违约和银行融资中断令许多拉美国家陷入深度衰退，拉美国家货币出现大幅贬值。墨西哥比索对美元汇率从 1982 年 3 月的 1∶22 左右贬值至当年的 1∶6 左右（见图 8–2）。阿根廷当时的货币 Pesos Ley 相对黄金创下单季贬值 208% 的最大值（见图 8–3）。

美国主导发达经济体和国际组织进行救助，随后美国提出贝克计划，但未能有效解决拉美和其他发展中国家的债务危机。危机爆发后，由于 G10 国家大多在拉美持有大规模的债权敞口（见图 8–4），美国等发达经济体牵头组织了由商业银行、部分国家央行和 IMF 组成的“国际最后贷款人”，对包括墨西哥在内的拉美债务危机国家进行救助。救助措施包括以

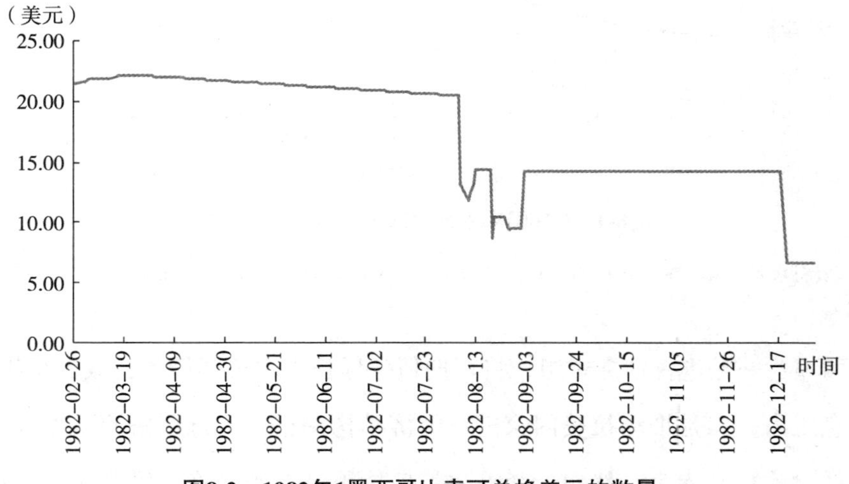

图8-2　1982年1墨西哥比索可兑换美元的数量

资料来源：Wind。

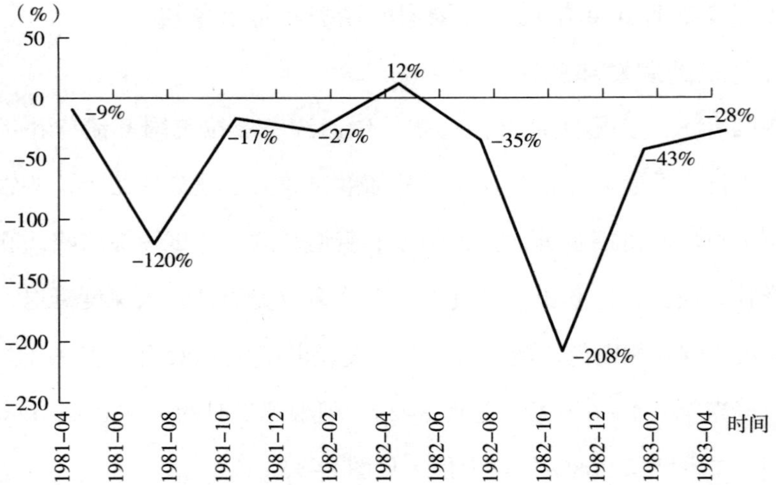

图8-3　阿根廷货币（Pesos Ley）黄金价值季度变化比率（1982年）

资料来源：阿根廷央行，笔者计算。

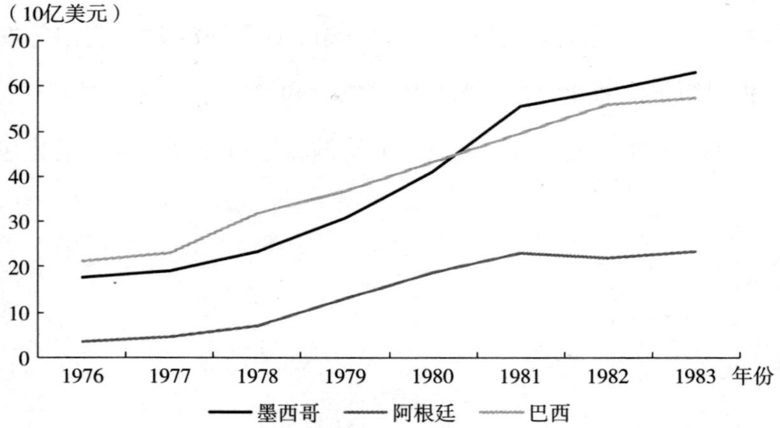

图8-4　G10国家银行对部分拉美国家的债权

资料来源：BIS. The BIS and the Latin American debt crisis of the 1980s. Working paper No.247, Dec 2013。

下两项：一是进行债务重组，将短期债务延长为中长期债务，减少每年的付息压力；二是推动拉美国家进行经济结构调整，实行严格的紧缩政策，降低财政预算赤字。然而，紧缩政策使拉美经济普遍陷入停滞或负增长，债务危机并未有效解决。随后，美国于 1985 年 10 月提出贝克计划。贝克计划继续坚持债务国实行紧缩政策和减少国家干预，协调世界银行等多边开发银行3年内向重债务国提供约90亿美元的新贷款，国际商业银行在3年内建立200亿美元规模的信贷基金。虽然贝克计划对债务国紧缩的要求低于前轮救助，但把解决债务问题的责任推给了发展中国家、世界银行和国际商业银行。美国作为主要债权人并未承担主要义务，因此同样未能解决拉美国家的债务危机。

美国在贝克计划的基础上提出了布雷迪计划，取得了一定成效。1989年，由于贝克计划未达到预期效果，美国提出了布雷迪计划，将债务危机解决的关键从财政紧缩转向经济增长，并确定永久性减少债务国的贷款本金和现有偿债义务。这说明以美国为首的西方国家实际上已承认债务国不可能完全付清债款的客观事实。从布雷迪计划提出至1993年，拉美债务危机发生的主要国家——墨西哥、哥斯达黎加、委内瑞拉和阿根廷等，和其他地区的发展中国家均根据布雷迪计划同债权银行达成了减债协议，有效缓解了债务压力。

2. 拉美债务和货币危机产生的原因和影响

（1）拉美国家普遍采用债务拉动增长的发展模式，外债规模大幅增加。20世纪60年代后，拉美国家普遍长期实行赤字财政和扩张性货币政策，并通过大举借债来实现高投资。由于本国储蓄率普遍较低，外债成为拉美国家发展经济的主要依靠。为吸引外债，拉美国家逐渐放开了对外资的限制，并部分开放了本国的金融市场。20世纪70年代，美联储货币政策整体宽松，除石油危机期间，联邦基金利率一直维持在较低水平。同时，两次石油危机的冲击扩大了许多拉美国家的经常账户赤字，其从欧美商业银行和其他境外金融机构的贷款规模大幅增长。根据美国联邦存款保险公司（FDIC）1997年发布的报告，1970年底，拉美国家所有未偿外债总额仅为290亿美元；但到1978年底，这一数字已升至1590亿美元；到1982年，这一数字甚至达到3270亿美元，墨西哥、阿根廷和巴西等国的外债与GDP之比均超过50%（见表8-3）。同时，20世纪80年代初，拉美国家债务结构也发生变化，相对短期的商业银行贷款规模增加，短期偿债压力加大。

表8-3　部分拉美国家浮动汇率债务与总债务规模的比率（%）

国家	1970—1972年	1980—1982年	1984年
阿根廷	13.9	53.7	37.5
巴西	43.5	66	79.1
墨西哥	46.9	74.3	83
智利	7.6	58.1	81.2

资料来源：https://www.docin.com/p-842280426.html。

（2）美联储连续加息和国际贸易环境恶化加重了拉美国家外债负担，引爆债务危机。随着美联储1980年开启新一轮加息周期，国际资本回流美国，拉美国家的国际借贷成本骤升。同时，为应对第二次石油危机带来的周期性衰退，20世纪70年代末，欧美等发达经济体贸易保护主义加强，采取提高关税、设置进口限额等关税和非关税壁垒，向发展中国家转嫁经济压力，沉重打击了以出口贸易为主要外汇收入来源的拉美国家。在收入下降和债务负担加重的双重压力下，拉美国家爆发了严重的债务危机。

（3）债务危机后国际资金加速流出，而僵化的汇率制度加重了货币的贬值预期，拉美国家货币被迫贬值。受美元利率上行影响，拉美地区资金流出加剧。由于拉美多数国家采取钉住美元的汇率制度，汇率调整未能反映拉美国家经济的基本面，货币贬值的市场压力不断增加，拉美各国只能动用外汇储备来维持其汇率稳定。1980—1982年，墨西哥、阿根廷、巴西三国的外汇储备均出现大幅下降，其中墨西哥和阿根廷下降了近一半。最终，拉美国家放弃了相对固定的汇率制度，各国普遍高估的本币汇率大幅下挫，最终货币危机爆发。

（4）拉美债务和货币危机严重影响了拉美国家的经济发展。墨西哥、阿根廷、巴西和智利等主要拉美国家在金融危机后一度陷入负增长，通胀率持续位于高位，1990年阿根廷和巴西的CPI月度涨幅一度超过2000%。同时，失业率大幅升高，实际工资水平普遍下降，社会矛盾进一步激化。20世纪80年代，智利、巴西等拉美国家都曾发生人民抗议物价上涨、抗议失业的游行示威和罢工。

总体上看，拉美国家的货币危机是由债务危机引起的。这与拉美国家普遍采取的经济发展模式（外债拉动增长、国际收支失衡）和宏观政策（过度宽松的财政政策和货币政策）相关。同时，美联储加息带来的国际资本流动变化也是危机发生的原因之一。僵化的汇率制度则进一步增加了汇率快速贬值的风险。

（三）1995—1998年的日元快速贬值和日元危机

1985年9月“广场协议”签订后，日元经历了长达10年的升值。1995年至1998年，日元相对美元出现持续3年的贬值。按照前文货币危机的定义（12个月内货币对美元的名义汇率至少贬值25%，本阶段贬值幅度与上年贬值幅度相比提高10个百分点），1995年4月至1996年4月和1997年6月至1998年6月，日元贬值幅度达到了货币危机的标准。

1. 危机的酝酿和爆发

（1）“广场协议”引发日元对美元短期大幅升值。1985年9月，美、英、法、德、日五国财长在美国纽约的广场饭店，围绕美国巨额贸易赤字问题达成“广场协议”。协议各方同意通过美元相对于日元和德国马克的贬值来纠正美、德及美、日间的贸易逆差。“广场协议”签订后，前述五国开始联合干预外汇市场，在国际外汇市场大量抛售美元，继而引发市场投资者的抛售狂潮，美元持续大幅度贬值。到1986年9月，日元对美元的汇率由“广场协议”签署时的 237∶1 迅速上升到 155∶1，在短短一年的时间内大幅升值。日元相对美元的快速升值导致日本出口增速放缓。1986 年 9 月，日本出口月度同比增速跌至历史最低值 -20.9%。

（2）扩张性的财政政策和货币政策帮助日本经济短暂恢复增长，也令日元一度相对美元贬值。为了应对经济下行压力，日本政府采取旨在扩大内需的货币政策和财政政策[①]。1986 年 1 月日本开启了签署“广场协议”后的首次降息，此后又在短短一年左右的时间降息 4 次，1987 年 2 月降至 2.5% 的阶段性低点。1986 年 9 月，日本政府决定采取支出总额达 3.6 万亿日元的综合经济政策；1987 年 5 月，又制定了总额为 6 万亿日元的紧急经济对策。日本经济在逐渐步入周期回升轨道的同时，扩张性政策使日元从 1988 年年中至 1990 年初相对美元贬值，从 1 美元兑 130 日元贬至 1 美元兑 150 日元左右。

（3）1990 年日本经济危机爆发，仍未改变日元整体相对美元升值的局面。1990 年日本爆发经济危机后，GDP 增速逐年下跌，从 1990 年的 5% 左右跌至 1993 年的负增长区间，且再也没有回到“二战”之后经济的高速增长水平。与此同时，据估算，1990 年以后的 5 年间日本全国资产损失达 800 万亿日元，其中土地等不可再生的有形资产减少了 379 万亿日元，股票减少了 420 万亿日元，两者之和相当于日本两年的国内生产总值[②]。然而，经济危机时期日元仍违背规律地相对美元升值。其原因主要有三个：一是美国仍希望弱势美元改善其贸易逆差和财政赤字处境；二是日本经常项目在危机期间仍保持顺差[③]，从国际收支角度看，日元存在升值压力；三

---

① 冯昭奎：“泡沫崩溃十年萧条”，《世界经济》，2000年第3期，第23页。

② 馆龙一郎、石弘光、周学：“日本‘泡沫经济’的成因及影响”，《经济学动态》，1993年第9期，第63页。

③ 受国内经济不景气的影响，内需下降，产品积压，加之市场较为封闭，日本贸易顺差、经常项目顺差很难降下来。

是日本金融机构增持大量东南亚国家债权，推动其成为日本第二大直接投资地区。对外投资的扩张，使国际市场对日元的需求也随即增加。

（4）1995—1998 年日元快速贬值，形成货币危机（见图 8-5）。1995 年后，美国因国内经济增长势头明显，采取了强势美元政策来维护美元国际地位。同时，日元在长期升值后也存在贬值压力。1995 年下半年，在国际环境和日本国内经济形势的双重变化影响下，日元近 10 年的升值趋势逆转，开始贬值。1997 年亚洲金融危机的爆发进一步加大了日元的贬值速度和程度。从 1995 年下半年到 1998 年下半年的 3 年，1 美元兑换日元数额翻倍，从 80 日元左右最高到接近 150 日元。为应对亚洲金融危机，日、美两国政府协商，干预外汇市场，同时日本也通过了旨在稳定金融体系的一揽子法案，并多次追加相关政策。1998 年下半年，日元汇率开始稳定，日元开始升值。

图8-5 1990—2000年日元对美元汇率

资料来源：Wind。

2. 1995—1998 年日元危机的内外因素

（1）长期持续升值，累积了日元汇率贬值的压力。1985—1995 年，日元总体升值。即便是 1990 年日本爆发经济危机后，股市、房市价格出现大幅下跌，经济内生增长动力不足，日元也继续维持升值趋势。日元汇率的变化脱离了日本经济的基本面，贬值压力持续累积。

（2）美元进入升值周期。1994 年，美国经济呈现出强劲复苏势头，GDP 同比增速达到 4%。虽然 1995 年美国 GDP 增速短暂回落，但到 2000 年，其 GDP 年增速多在 4% 以上。美国经济在周期性因素和政府相关经济政策的双重作用下，进入新一轮增长期。经济强势增长为美元升值奠定了基础。1995 年 1 月，美国财政部部长向市场传递出“强势美元符合美国利益”的声音，主张通过强势美元压制通胀，维护美元国际货币的地位。美元开始进入新一轮升值周期，这成为日元贬值的重要外部原因。

（3）日本宏观经济政策助推日元贬值。为了从 20 世纪 90 年代初经济泡沫破灭的影响中恢复，日本实施了扩张性货币政策。1990—1995 年，日本政策利率从 6% 下降到 1%。虽然受当期美元弱势和日元需求增加的国际环境影响，日元并未贬值，但宽松政策存在滞后效应。同时，为了缓解长期升值的压力，保持出口增长，日本政府对 1995 年开始的日元贬值也乐见其成，并未采取积极的手段去干预。

（4）危机前日本政府未将日元国际化作为明确战略，日元国际化没有达到能抵御货币危机的水平。1998 年以前，出口依赖型经济的特点让日本政府始终将促进出口作为优先事项。日本政府担心强劲的日元会对出口造成影响，因此并未将其作为一种战略积极推动，日元国际化更多的是资本账户开放的“自然”结果。日元国际化在当时仍处于较低水平，没有达到可以抵御货币危机的程度。

（5）亚洲金融危机推动日元继续贬值。东南亚地区是日本在海外的第二大直接投资地区，日本金融机构持有大量东南亚国家的债权。亚洲金融危机导致在东南亚投资的日本企业蒙受损失，也令在东南亚有债权敞口的金融机构资产不良率升高。同时，日本在亚洲金融危机爆发后仍延续了之前的汇率政策，没有积极干预外汇市场，致使日元对美元汇率进一步走低。

总体看，日本1995—1998年货币危机与内外环境相关，也与政府对日元贬值的放任态度有关。日元1985年升值和1995年贬值均与美元周期一致，美元和日元的相对强弱地位是引爆货币危机的重要外部原因。同时，日本宏观政策也存在不当之处。经济危机前的紧缩政策过于激进，资产泡沫破灭严重损耗了日本的经济增长潜力。此外，日本政府始终期望日元贬值以促进出口，于是从1991年开始转向实施宽松的货币政策，并因此对1995年开始的日元贬值乐见其成。1997年亚洲金融危机爆发后，日本政府仍延续早前的外汇政策，大幅干预外汇市场，导致日元受金融危机影响进一步贬值。

（四）20世纪90年代后期亚洲金融危机

1. 危机的爆发和影响

1997年亚洲金融危机前，东南亚各国采取了大幅“引进外资”的发展策略。20世纪80年代末90年代初，泰国、马来西亚、印度尼西亚、菲律宾、韩国和新加坡等国的GDP都出现了8%至12%的高速增长，被称为“亚洲经济奇迹”。然而，部分东南亚国家宏观经济政策调控机制却未能跟上经济发展的速度。为了维持高增长，东南亚各国普遍采取了大幅“引进外资”的策略，泰国等国外债与GDP之比较高（见图8-6）。然而，泰国和印度尼西亚外汇储备仅为其外债水平的20%至30%。

危机爆发前，部分国家汇率调整机制僵化。泰国和马来西亚实行钉住“一篮子货币”的汇率制度；印度尼西亚、韩国、新加坡和菲律宾实行的是有管理的浮动汇率制度。然而，在实际执行中，东南亚货币相对美元的名义汇率和实际汇率波动幅度均不大，各国实质上采取的是主要钉住美元

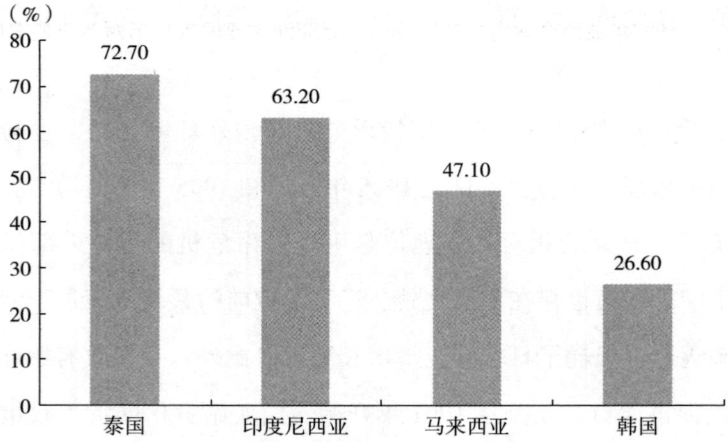

图8-6　1997年亚洲金融危机前亚洲部分国家外债与GDP之比

资料来源：The PIGS' external debt problem, Ricardo Cabral, May 2010。

的汇率政策。

货币危机始于泰国，随后向东南亚其他国家蔓延，并影响到俄罗斯、巴西等新兴经济体。1997 年初，以索罗斯为代表的国际资本连续多次卖空泰铢，泰国央行不断动用外汇储备进行干预，并提高了利率。然而，在使用了超过 300 亿美元外汇储备后，市场恐慌仍未停止。由于剩余外汇储备已无法维持与美元的汇率，1997 年 7 月初，泰国政府被迫宣布放弃持续 14 年的泰铢实际挂钩美元的汇率制度，实行浮动制。国际市场上泰铢汇率立即崩溃。受泰国货币危机影响，菲律宾比索、马来西亚林吉特和印度尼西亚卢比也随即大幅贬值（见表 8–4），危机在东南亚国家开始第一轮蔓延，并影响了金融市场。1997 年 10 月，韩元、新加坡元和港币受到波及，危机出现第二轮蔓延，各国政府不得不通过出售外汇储备、提高利率来应对。1998 年初，亚洲金融危机的影响扩大到俄罗斯和巴西等新兴经济体，多国货币出现大幅贬值。

表8-4　1997年亚洲金融危机期间及两年后亚洲主要国家货币对美元汇率情况

国家	货币	1997年3月1日汇率	危机中最低汇率	最大贬值幅度（%）	1999年底汇率	1997—1999年汇率变化（%）
中国	人民币	8.30	8.30	0.00	8.28	0.20
印度尼西亚	卢比	2398.00	16475.00	85.40	7150.00	-66.50
日本	日元	120.40	147.26	18.20	102.23	17.80
韩国	韩元	864.40	1967.00	56.10	1142.50	-24.30
菲律宾	比索	26.34	46.10	42.90	40.40	-34.80
新加坡	新加坡元	1.43	1.79	20.50	1.67	-14.60
泰国	泰铢	25.90	55.80	53.60	37.60	-31.10
马来西亚	林吉特	2.48	4.66	-46.70	3.80	-34.60

资料来源：Wind，笔者计算。

亚洲金融危机对区域经济增长和政治稳定造成严重影响。受危机影响最严重的国家包括印度尼西亚、泰国、马来西亚、韩国和菲律宾，这些国家 1998 年 GDP 同比分别下滑 13.13%、7.63%、7.36%、5.13% 和 0.58%。除经济影响外，亚洲金融危机还造成了政治影响。泰国时任总理和印度尼西亚时任总统辞职，一度加剧了政治不确定性，导致资本持续外逃，经济环境恶化，各国企业和金融部门受到较大冲击①。

2. 多重因素引发亚洲金融危机

（1）东南亚国家的“引进外资”策略，吸引了大量“热钱”流入。“引进外资”策略在助推形成“亚洲经济奇迹”的同时，促使许多短期资金流入东南亚国家房地产市场和股市，逐步形成资产价格泡沫。由于各国经济保持了高速增长，汇率也相对稳定，各国政府并未意识到这些投机行为的风险②。在政策的疏忽下，越来越多的短期资金流入已被高估的行业，

① BIS. Currency internationalisation: lessons from the global financial crisis and prospects for the future in Asia and the Pacific. BIS Papers No 61, 2011.

② Eichengreen, B., Rose, A. and Wyplosz, C. Exchange market mayhem: The antecedents and aftermath of speculative attacks. Economic Policy 21, 1995, pp.249–312.

泡沫持续累积。

（2）部分国家金融过快开放但监管体制不完善。为了吸引更多外资，部分东南亚国家快速推进金融自由化和资本账户开放，但金融体系仍存在政府干预过度和监管体制不完善的问题。例如，泰国在本国金融体系改革并未到位、监管体制上仍存在诸多缺陷的情况下，于 1992 年取消了对资本市场的管制，为短期资金的大幅流入提供了便利。

（3）企业部门普遍存在过度借贷情况。在"引进外资"策略下，部分东南亚国家企业部门出现过度借贷行为。国际清算银行（BIS）定期发布"信贷比率缺口"[①]数据衡量各国非金融部门债务水平。BIS 认定该指标的正常范围为 2% ~ 10%。危机爆发时，泰国、马来西亚和印度尼西亚等国该指标普遍超标（见表 8–5）。

表8-5　亚洲金融危机前后部分亚洲国家信贷比率缺口（%）

	1996年底	1997年3月	1997年6月	1997年9月	1997年底	1998年3月
泰国	24.8	23.4	21.1	27.9	35.6	19.6
印度尼西亚	2.6	2.3	3.7	10.8	14.4	33.2
马来西亚	18.4	23.0	26.9	30.0	27.8	22.2
新加坡	10.5	11.8	10.8	13.9	12.8	8.3
韩国	4.7	8.4	7.8	8.0	13.2	10.1

资料来源：BIS数据库。

（4）美元 1995 年开始进入升值通道。美元的升值一方面增加了东南亚国家的外债负担，特别是短期偿债压力；另一方面影响了东南亚国家的出口。东南亚国家多数为出口导向型国家且汇率钉住美元，美元的升值降低了其出口竞争力。

总体看，亚洲金融危机前，东南亚各国在政策上存在实行实质的固定汇

① 该指标将非金融部门与GDP之比同它的常态趋势值相比，认为2% ~ 10%为正常范围，超出则为私人部门信贷过度。

率制度、为吸引外资而过快开放资本账户的问题。东南亚国家在“吸引外资”策略下过快放开资本账户，但缺乏相匹配的监管能力，导致“热钱”流入，形成泡沫。企业部门过度借贷，债务太重。而在美元升值的背景下，各国仍然沿用僵化的汇率制度，进一步加重了经济泡沫的发展趋势。在国际资本的冲击下，亚洲货币危机和金融危机最终爆发。

（五）2014年俄罗斯卢布危机

1. 危机爆发和应对

在美国经济金融制裁和油价下跌等因素的影响下，2014 年上半年开始，俄罗斯卢布相对美元和欧元持续贬值，造成俄罗斯金融市场动荡（见表 8–6），俄罗斯 RTS 股票价格指数屡创 2008 年金融危机以来最大单日跌幅新纪录。面对卢布的贬值，俄罗斯民众大量采购耐用品，并将其存款从卢布换成美元或欧元。部分外国公司和国际金融机构停止了在俄罗斯的业务或削减其向俄罗斯企业的支付交易。这些都进一步增加了俄罗斯金融系统的压力。

表8-6　　2014年卢布对美元和英镑贬值情况

卢布	2013年底汇率	2014年最大贬值汇率	最大贬值幅度（%）	2014年底汇率	2014年贬值幅度（%）	2015年5月汇率
对美元	32.7292	67.7851	52	56.2584	42	52.9716
对英镑	44.9699	84.5890	47	68.3427	34	57.1433

资料来源：Wind，笔者计算。

俄罗斯为捍卫卢布汇率，稳定国内金融市场，采取了调整利率、干预外汇市场和加大贷款与存款利率浮动范围等措施。危机爆发后，俄罗斯央行多次上调基准利率，从 9.5% 调至 17%。仅 2014 年 12 月的上半月就使用了 80 多亿美元实行外汇干预。同时，政府也向大企业施压，要求其出售持有的部分外汇。此外，为了稳定国内金融市场，预防银行危机的发生，防止国内市场和外汇市场联动而陷入恶性循环，俄罗斯也调整了对银行的监管政策，包括加大贷款和存款利率浮动范围，降低法定准备金率，并将个人存款保险保护额度增加一倍。俄罗斯通过一套措施逐渐缓解了卢布贬值压力。

2. 2014 年俄罗斯货币危机爆发的主要原因

（1）俄罗斯外债规模在 2014 年达到顶点。受益于能源价格上涨和出口增加，21 世纪以来俄罗斯经济出现了一波增长。2013 年俄罗斯名义 GDP 排名世界第八。2008 年以来，主要发达经济体的低利率和量化宽松政策使投资者寻求更高的收益率，国际资本流入新兴市场，俄罗斯的外债规模也在 2014 年达到了 2000 年以来的顶点，较 2003 年几乎翻了四倍。此次危机后俄罗斯开始逐步减小外债规模，2020 年其外债规模较 2014 年减小了大约 1/3（见图 8–7）。

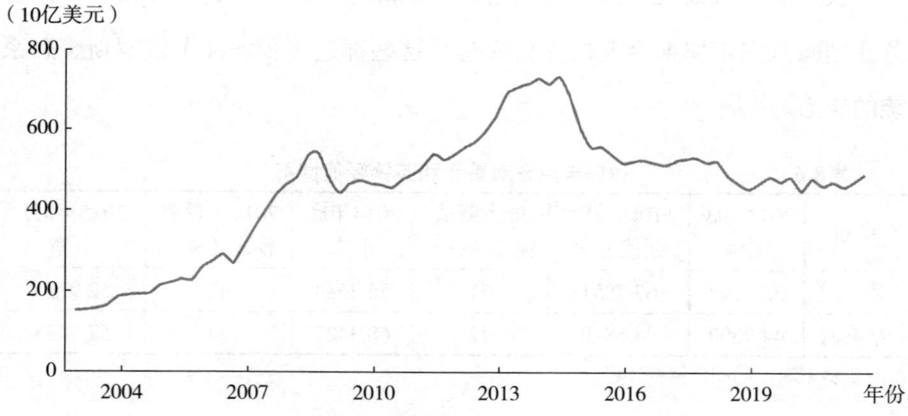

图8-7　俄罗斯近年来外债规模

资料来源：TRADINGECONOMICS.COM。

（2）国际油价于 2014 年开始大幅下挫，严重影响了俄罗斯的收入。过度依赖能源行业，致使俄罗斯的经济金融体系抗冲击能力下降。从 2014 年年中到 2015 年底，国际原油价格从每桶 110 美元左右跌至每桶 40 美元以下（见图 8-8）。欧佩克为了应对美国页岩油的竞争，2014 年底拒绝减产提价。原油价格的低迷令俄罗斯收入锐减，市场信心受挫。

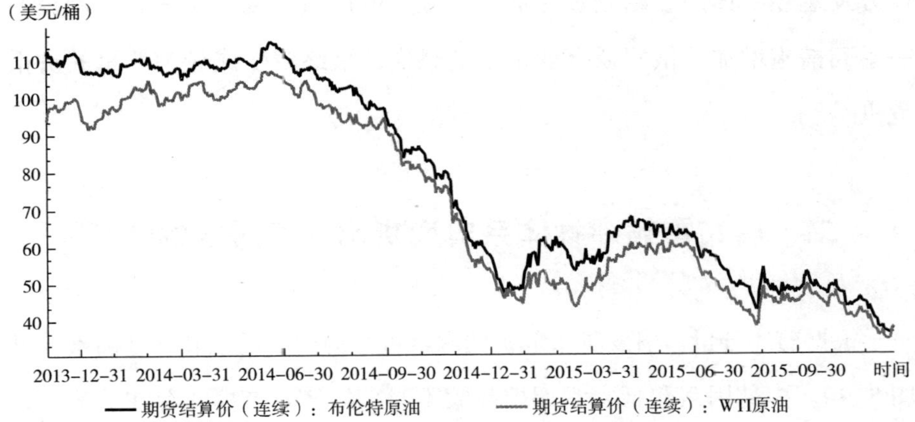

图8-8　2014—2015年布伦特和WTI原油期货价格走势

资料来源：Wind。

（3）“金融制裁战”冲击金融体系。从 2014 年 3 月至 12 月，美国宣布的对俄主要制裁措施包括：冻结相关责任人和国防企业在美国的资产，禁止俄罗斯银行和石油天然气企业在美国的长期融资，限制对俄罗斯部分公司和高科技石油项目的投资等。制裁措施较为严厉，严重影响了国际市场对俄罗斯的信心，资本大量流出俄罗斯。制裁也令俄罗斯许多关键银行和公司在国际融资上面临限制。2013 年，欧洲银行为俄罗斯银行业提供了约 75% 的外部融资，欧洲投资占俄罗斯总外资的 80%。同时，俄罗斯企业在 2014 年底有大量外债到期。为了偿还外债以获取再融资，许多俄罗斯公司被迫将卢布兑换为美元或其他货币。此外，俄罗斯在 2014 年 8 月采取了报复性措施，禁止从最初实施制裁的国家进口农产品和食品，造成俄罗斯国内市场出现商品短缺。由于国内生产不足和从替代来源地区进口粮食的成本过高，俄罗斯通胀率上涨，2014 年食品价格上涨幅度几乎是 2013 年的两倍。这些因素令俄罗斯金融市场恐慌，卢布持续贬值，并造成一定损失。

总体上看，经济脆弱性虽是2014年俄罗斯货币危机的内部原因，但西方发达经济体的金融制裁则加深了危机的严重程度。制裁和反制裁的一系列措施增加了俄罗斯金融市场的恐慌，最终演变成较为严重的货币危机。

二、后布雷顿森林体系典型货币危机爆发的特征

根据前述分析，引发货币危机的因素可分为内部因素和外部因素（见图8–9）。内部因素包括宏观调控政策不当、经济发展模式存在缺陷、金融市场改革过快、汇率制度僵化等，代表了一国经济金融发展的健康程度和相关政策的适当性。外部因素主要指美元周期下国际资本流动变化和金融制裁，是一国货币汇率变化面临的外部环境。多数爆发危机的国家存在上述多项问题，货币存在贬值预期。当国际资本冲击或其他风险发生导致国际资本大量撤出，货币因此快速贬值并最终形成货币危机。从整体上看，内部因素是引发货币危机的主要原因，但外部因素对危机的影响程度也不容忽视，且影响程度在不断加深。

（一）危机爆发的根本原因在于内部因素，即经济金融体系的不健康和政策措施不得当

一国的实体经济实力是其货币币值稳定的基础。有效且节奏适当的宏观调控政策和金融改革政策，以及汇率制度的灵活性均能帮助本国防范货币危机；反之，各领域风险不断累积，便会为货币危机爆发埋下隐患。

一是存在缺陷的经济发展模式本身就潜藏风险。不管是拉美、东南亚和俄罗斯等新兴经济体还是日本等发达经济体，其经济发展模式在一定历

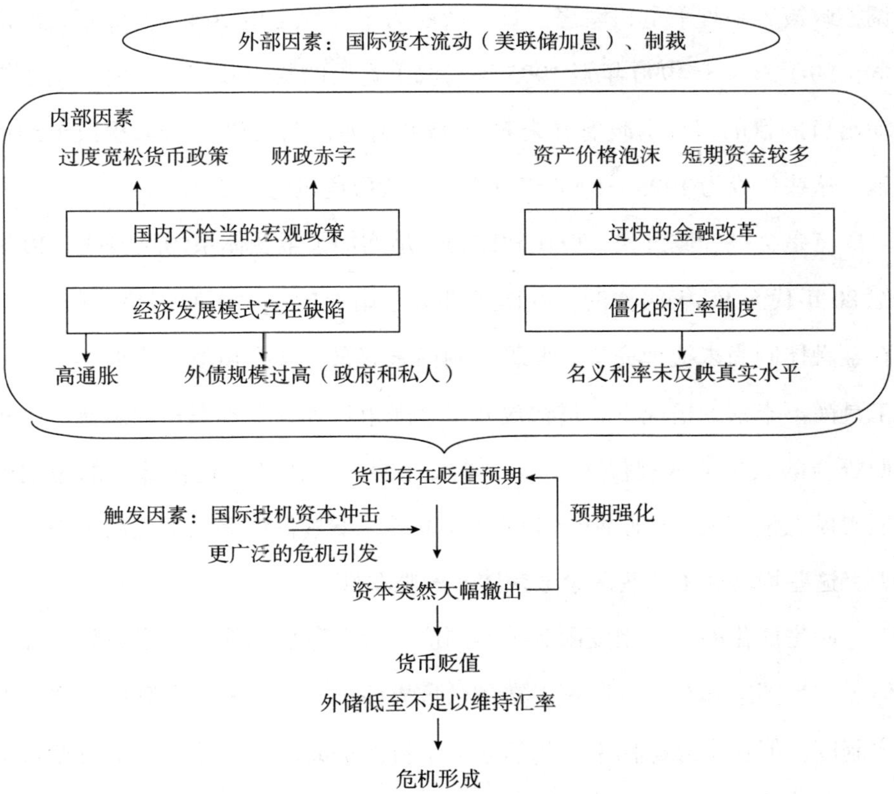

图8-9 货币危机影响因素和形成过程

资料来源：笔者绘制。

史阶段均存在缺陷。日本出口导向型的经济模式令政府更加关注日元升值的负面影响，政府在日元贬值时大力干预外汇市场从而维护币值稳定的动力不足。拉美国家和东南亚国家普遍存在过度利用外资促进本国经济发展的问题，造成外债规模特别是短期债务规模过大。俄罗斯和拉美国家则长期依靠资源出口拉动经济，其收入容易受到国际市场价格波动的影响。从总体上看，经济发展模式存在的固有问题从根本上推高了经济金融运行风险。

二是不恰当的宏观调控政策容易埋下危机隐患。在经济健康稳健运行的基础上，合理有效的宏观调控政策能够支持币值稳定，而不恰当的宏观调控政策容易埋下危机隐患。日本政府为了尽快走出20世纪90年代经济危机的阴影，于1990年至1995年采取了宽松的货币政策。同时，出于推动出口的目的，日本政府并未对1995年开始的日元贬值采取积极干预措施。这些均成为1995—1998年日本爆发货币危机的主要内因。

三是金融领域过快自由化和监管不足增加了金融体系的脆弱性。20世纪80年代至90年代初期，泰国等部分东南亚国家为了吸引更多的外资，在金融体制尚未梳理完毕、监管体制尚未完善、金融市场尚未成熟和金融工具尚不丰富的情况下，过快放开了金融市场和对资本账户的限制，为短期资金的大幅流入提供了便利，导致外债规模特别是企业部门的短期外债规模大幅扩大。而刚刚开放的金融市场并不具备化解汇率波动风险的能力。这些均增大了这些国家金融体系的脆弱性。

四是僵化的汇率制度限制了本国应对货币危机的能力。多数新兴经济体（拉美国家和东南亚国家）在货币危机前虽然宣称采取有管理的浮动汇率制度，但在实际操作中，仍然采取了钉住美元的汇率政策，本币相对美元的波动范围较小，汇率制度实质上极为僵化。这种不够灵活的汇率制度会限制本国货币政策的有效性，削弱政府应对危机的能力。

（二）外部因素对货币危机的影响越来越大

近几年来，随着孤立主义、单边主义、逆全球化的回潮，国际经济金融协调合作不畅，摩擦和冲突加剧。同时，金融和货币优势逐渐被大国用作战略竞争或博弈的工具。外部冲击的风险水平不断升高。

一是美元周期下的国际资本流动是多国爆发货币危机的主要外部因素。不管是20世纪80年代的拉美国家货币危机、20世纪90年代的日元危机，还是1997年的亚洲货币和金融危机，均伴随着美联储加息和美元进入上升周期的过程，导致国际资本回流美国，非美元货币相对美元贬值压力不断加大。因此，美元周期是多数经济体特别是新兴经济体保持金融和货币稳定面临的主要外部挑战。

二是金融制裁频率提高。金融制裁是2014年俄罗斯爆发卢布危机的重要外部原因之一。严厉的制裁措施影响了国际市场对俄罗斯的信心，造成金融市场恐慌，资本大幅流出俄罗斯，卢布快速贬值，酿成一场严重的货币危机。美元作为当前国际主要货币，在全球金融体系中占据了核心位置。近年来，美国越来越多地凭借其美元地位和金融霸权，将金融制裁作为转嫁自身风险、打击对手的手段，并引发国际金融市场动荡[①]。

（三）货币国际化过程中把握不好内外平衡很可能引发货币危机

从过往经验看，发达经济体发生货币危机的概率更小，抵御货币冲击的能力更强。欧美部分发达经济体的货币成为国际货币后，货币信誉和国际认可度较高，同时由于货币发行国金融市场较完善，故能抵消大部分货币危机爆发的负面影响，且能较快从危机中恢复。

日本因未平衡好日元国际化过程中的内外因素而出现货币危机。在日元国际化过程中，日本受内部经济危机和外部美元周期的影响，没有把握好宏观政策节奏，导致了1995—1998年的日元危机。同时，日本政府对日元国际化持矛盾态度，其将日元国际化作为放开国内金融交易限制并发展国内金融市场的一部分，一定程度上限制了日元国际化水平的提升，削弱了日元抵御货币危机的能力。

---

① 更多资料参见郑联盛发表于2020年第3期的《国际经济评论》上的文章《美国金融制裁：框架、清单、模式与影响》。

三、防范人民币国际化过程中的货币危机风险

（一）人民币国际化过程中已出现风险事件

2015年8月11日，为了增强人民币汇率形成机制的市场化程度，我国推行了人民币对美元汇率中间价改革（“8·11”汇改）。央行宣布自当日开始，做市商在每日银行间外汇市场开盘前，参考上日银行间外汇市场收盘汇率，综合考虑外汇供求情况以及国际主要货币汇率变化，向中国外汇交易中心提供中间价报价。这一调整使人民币兑美元汇率中间价机制进一步市场化，更加真实地反映当期外汇市场的供求关系。

然而，“8·11”汇改却引发了震荡。汇改当日，人民币中间价一次性贬值接近2%。汇改后3天，人民币汇率中间价贬值接近5%。同时，离岸人民币波动幅度增大，并与在岸人民币汇率产生巨大偏离。为了稳定汇率，防止资本外流，央行在离岸市场和在岸市场上进行大规模干预，加强了资本流动管理，对远期结售汇征收20%的准备金。“8·11”汇改后，我国外汇储备规模连续下降。2015年8月汇改当月外汇储备环比下降2.57%，整体规模从2015年7月底的3.65万亿美元最低下降到2017年1月初的不到3万亿美元。

“8·11”汇改后人民币快速贬值有多方面原因。一是2015年6月底至7月初，我国股市经历了一次快速下跌，市场恐慌情绪尚未完全消散，“8·11”汇改被市场解读为人民币即将进入快速贬值区间，导致恐慌加剧。二是汇改前期由于美元走强，新兴经济体货币普遍贬值。长期经济增速下行以及短期股市下跌令人民币实际有效汇率偏强，人民币本身存在贬值预期。三是“8·11”汇改前期人民币波动幅度较小，央行就汇改与市场的沟通不足，因此市场并未对此次汇改形成正确预期，触发了人民币贬值预期的自我实现和自我强化。

（二）人民币国际化面临较多的内外风险因素

我国经济增长已从生产要素粗放驱动的阶段，迈入生产要素配置效率提高阶段和创新驱动阶段。旧的增长方式不可长期持续，金融改革开放也已经步入深水区。当前我国正在推动资本市场从局部管道式开放向全面制度型开放转变。由于我国金融改革开放时间仍不长，并未经历过一个完整的经济繁荣和衰退周期，把握改革和开放节奏的经验不足，故在金融风险的防范化解方面仍面临挑战。

我国当前面临的外部挑战更趋复杂严峻。一是金融制裁已成为美国抑制他国发展的重要手段。由于成本低、易执行、威力大、难以规避，美国近年来对他国频繁进行金融制裁，制裁手段增多。近年来，美国对我国的金融制裁次数增多，金融已经成为中美博弈的重要领域之一。二是美元开启加息周期，对我国造成了资本外流和货币贬值的外部压力。历史上每次美元启动加息周期和美元升值均吸引了国际资本回流，增加了其他国家发生货币危机的风险。美联储已于 2021 年 11 月开启缩表进程，并在 2022 年开始加息。这将给我国带来资本外流和货币贬值的压力（见表 8–7）。

（三）人民币国际化过程中的风险总体可控

虽然我国在人民币国际化过程中面临内外部诸多风险和挑战，并在“8・11”汇改中经历了一次实质上的风险事件，但我国宏观经济体量大、韧性强，基本延续了总体平稳、稳中有进的发展态势，竞争力和抗风险能力在不断增强。只要注意把握宏观政策的连续性、稳定性、可持续性，更加注重审时度势和适度微调，坚持宏观审慎管理与微观审慎监管相结合的监管理念，保持外汇储备的适度规模，适时适度推进资本市场开放，人民币国际化过程中的风险就总体可控。

表8-7　　货币危机爆发的可能风险点和我国的情况

货币危机可能的风险点	当前我国的情况	风险水平（高/中/低）
	内部因素	
货币超发	M2与GDP之比超过200%，与国际上其他国家（美国不到100%）相比较高	中低
国际收支失衡	近年来经常项目基本维持顺差，资本和金融账户逆差以FDI为主。2021年我国经常项目顺差为20445亿元，资本和金融账户逆差为9732亿元①，处于合理均衡区间	低
高通胀率	通胀水平较低，近10年来基本在4%以下	低
外债规模较大	截至2021年末，全口径（含本外币）外债余额为175112亿元人民币（等值27466亿美元）②。外债主要指标基本在国际公认的安全线以内	低
资产价格存在泡沫	主要城市房价和房价收入比均居世界前列，银行贷款中房贷占比提高较快	中高
短期投资占比高	近年来我国资本账户中FDI流入高于证券投资流入，2020年证券投资近30年以来首次超过FDI，但二者差别不大	低
汇率制度僵化，调整不及时	我国汇率制度曾多次调整，已基本退出对汇率的常态化干预	低
外汇储备不足	2017年以来维持在3万亿美元之上，是世界上最大的外汇储备国，是当前我国外币外债规模的两倍，完全覆盖外债总规模	低
	外部因素	
金融制裁	近年来美国频繁采用金融制裁以达到压制他国的目的	高
美元周期下国际资本流向发达经济体	美联储2021年11月开始启动TAPER（目的是缩减购债规模），2022年以来已加息11次，最大加息幅度为75个基点，新兴经济体面临资本大量流出问题	高

资料来源：笔者整理。

① 根据国家外汇管理局2022年3月25日公布的数据。

② 根据国家外汇管理局2022年3月25日公布的2021年12月底数据，不包括中国香港特别行政区、中国澳门特别行政区和中国台湾地区的对外负债。

四、相关启示和建议

人民币国际化是我国金融改革和开放整体框架中的重要组成部分。在中美博弈向纵深发展的背景下，人民币国际化可减少我国对美元的依赖，提升我国的金融安全水平。可从以下几方面入手，降低人民币国际化可能带来的风险，有效防范货币危机。

第一，加快形成经济新发展格局，培育创新引领的新发展动力。从历次货币危机看，一个国家实体经济的发展是金融稳定的核心。不当的经济增长模式会造成金融的扭曲。当前我国经济正处于转变发展方式、优化经济结构、转换增长动力的攻关期，面临结构性、体制性、周期性问题交织叠加的困难和挑战。我国应注重实体经济结构改革的进展，并将推进人民币国际化与实体经济的发展相配套。因此，要从培育实体经济发展动力入手，转变发展方式，通过创新激发活力，提高总体抗风险能力。

第二，持续推进外汇领域改革开放，保持人民币汇率弹性。从历次货币危机看，汇率僵化会导致汇率实际价值和名义价值的扭曲，形成贬值预期，并降低货币政策的有效性。当前，我国汇率改革稳步推进，已基本形成以市场供求为基础、参考“一篮子货币”进行调节、有管理的汇率浮动制度，基本能够充分、及时、准确地反映国际市场及外汇供求的变化。人民币汇率弹性明显增强，市场化程度进一步提高。未来我国应持续推进外汇领域改革开放，继续保持人民币汇率弹性，不断完善外汇市场“宏观审慎 + 微观监管”两位一体管理框架，同时，适时开展逆周期调节，切实维护外汇市场稳定。此外，引导企业更好应对汇率风险，降低汇率风险管理成本。

第三，资本项目开放要有序，并做好跨境资金监测。由于资本项目的过快开放和跨境资金监管不足，20 世纪 80 年代拉美债务危机和 1997 年亚洲金融危机前期，都存在大量资本无序流入的情况。因此，我国要稳妥推进资本项目开放，也要加强对跨境资金的监测。当前央行和外管局正在完善跨境资本流动的宏观审慎政策框架。未来需进一步丰富对银行等各类交易主体全覆盖的宏观审慎管理政策工具箱（强化对外汇领域重点机构的监管），加强跨境资本流动监测、预警和评估（构建前瞻性的监测预警指标体系）并开展跨境资本流动宏观审慎压力测试等。同时，建立并完善跨境资金日常监测预警指标体系，以及时采取措施防范跨境资金流动风险。

第四，通过金融改革开放拓展市场深度和广度。成熟的国际货币需要有深度的国内金融市场作为支撑。发达的金融市场也靠市场力量来分散风险。我国应进一步深化金融开放，增大内部金融体系的韧性和弹性，提高风险抵御能力。继续完善利率市场化、汇率形成机制以及国债收益率曲线建设，持续完善多层次市场体系。充分利用我国金融科技的优势，完善金融风险监管体系。同时，在金融安全和稳定的前提下，加快推进金融市场开放，提升内外市场一体化水平，构建中国与世界经济互动的开放型经济新体制。

第五，防控国际金融制裁风险。当前国际环境日益复杂多变，欧美对一些敏感国家和地区的制裁法案日渐增多，国际金融制裁名单不断更新。要以底线思维和前瞻性举措，积极防控国际金融制裁风险。

第六，加强对外部输入风险的监测和预警。从历史上看，美国货币政策转向后多伴随着国际资本回流美国，导致新兴经济体资本流出和货币贬值，货币危机发生频率增加。而美国货币政策转向会持续多年，导致外部风险上升，风险事件多发。我国应持续关注外部因素的影响，尤其是美国货币政策收紧可能产生的外溢效应，并提早做好风险的预警和应对。同时，可通过推动经济金融领域更深入、更广泛的国际合作降低潜在风险，包括扩大参与双边本币互换涉及国家的规模，以及在信息披露和处理突发事件等方面加强国际监管合作等。

第九章

人民币国际环流机制构建和离岸中心建设

经济金融实力的提升往往会推动货币的国际使用率提高，并形成境内与境外的“流出—流入”环流机制；当本币在离岸市场上逐步沉淀后，还会形成独立于境内的离岸市场主体间的循环。货币国际环流分为流出渠道、回流渠道、离岸市场环流三个部分。流出渠道会增加一国对外的本币货币债务，回流渠道会将境外本币现金、存款转变为境内的产品、服务和以境内本币计价的权益凭证，如债券、股权、债权等。流入渠道和流出渠道共同构成在岸与离岸市场间的货币环流。离岸市场环流主要依托离岸市场非居民间的本币使用，包括贸易计价结算、投融资以及储备资产等。成熟的货币环流往往需要离岸市场货币信用创造机制的持续运转，并与在岸市场形成良性互动。

货币国际化首先需要通过各种渠道在一定时期内保持本币的净输出，同时通过一定比例的回流和离岸环流来提升货币的国际使用率。主要国际货币环流的初期多是“对外投资和借贷输出、出口收款回流”模式，在成熟期转为“进口付款输出、外来投资和借贷回流”模式。近年来，人民币在市场需求推动下形成了“进口付款输出、外来投资和借贷回流”的国际环流模式，与国际主要储备货币的国际环流初期模式并不相同。我国在贸易顺差的情况下实现了人民币的贸易项目下输出，主要因为我国进口付款中以人民币计价的比重高于出口收款，经常项目本外币收支总额虽然呈顺差，但人民币收支呈逆差。未来人民币国际环流机制的构建和巩固应坚持市场需求导向、政府积极推动，离岸牵引、在岸主导，还应注重国际环流培育与国内金融改革的平衡。

一、人民币环流机制的现状

（一）人民币在岸市场与离岸市场环流机制

人民币在岸市场与离岸市场的环流通过国际收支活动实现。自 2009 年 7 月在上海、广东启动跨境人民币业务试点以来，我国跨境人民币业务快速发展。本部分从经常项目下的直接投资、资本项目下的直接投资、证券投资和其他投资分析人民币在岸市场与离岸市场的环流机制。[①]

1. 经常项目下的人民币流入与流出

经常项目下的人民币跨境流动主要通过货物贸易、服务贸易及初次收入和二次收入实现。1996 年 12 月 1 日，我国宣布接受《国际货币基金组织协定》第八条款，实现经常项目可兑换。目前经常项目下的跨境收支除需满足“真实性审核”和“三反”规定外，不存在其他管制。2009 年 7 月，我国开始跨境贸易人民币结算试点。

流出方面，近十年可分为两个阶段：2014—2017 年，经常项目付款中人民币结算金额及其占比均呈下降趋势，人民币结算比例从 19.0% 下降至 12.3%，主要是因为 2015—2016 年人民币持续贬值，境外收款方汇率损失风险加大；2018—2020 年，人民币汇率呈双向波动，经常项目付款人民币结算金额稳步增加，人民币结算占比基本保持稳定，2020 年末人民币付款结算比例为 13.1%（见图 9-1）。

---

① 本部分对各国际收支项目的分析中所称的“收款”和“付款”均指跨境资本流动金额，与国际收支统计中的“贷方”和“借方”概念不同，如FDI项下贷方资金增加代表跨境收款增加，贷方资金减少代表跨境付款增加。

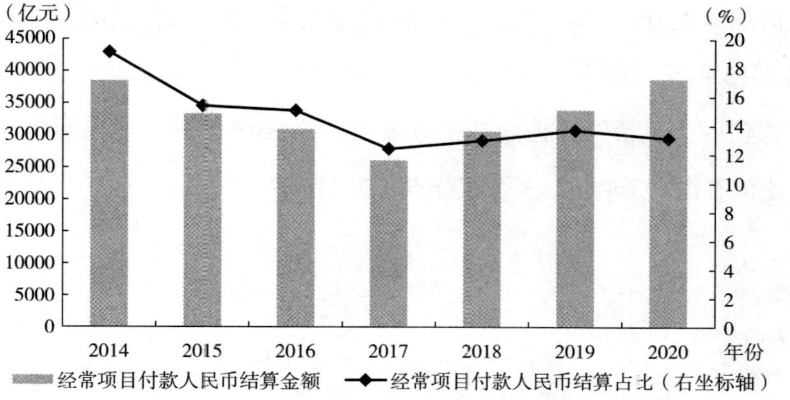

图9-1 经常项目人民币结算支出额及占比(2014—2020年)

数据来源:历年《人民币国际化报告》,国家外汇管理局。

流入方面,可分为两个阶段:2014—2017年,经常项目收款中人民币结算金额及其占比均受人民币汇率单边变动影响而出现较大波动,如2015年受人民币汇率升值影响,经常项目跨境人民币流入大幅增加,2016年人民币单边贬值时又大幅下降。2018年以来,经常项目跨境人民币流入金额稳步增加,人民币收款结算占比基本保持稳定,2020年末人民币收款结算比例为9.6%(见图9–2)。

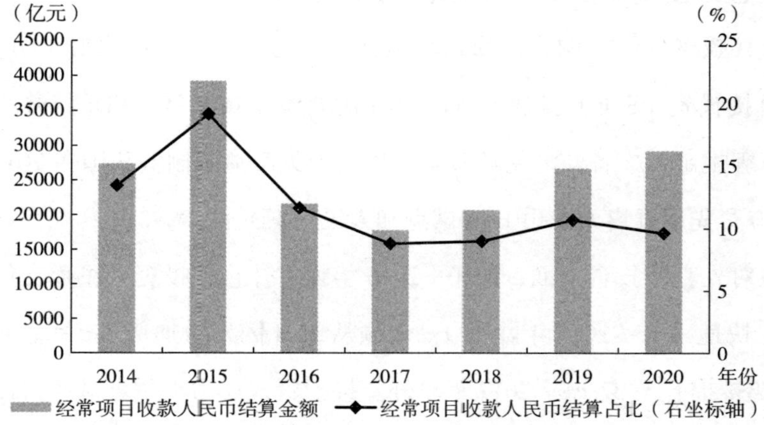

图9-2 经常项目人民币结算收入额及占比(2014—2020年)

数据来源:历年《人民币国际化报告》,国家外汇管理局。

从总体上看，2014—2020 年，经常项目下人民币跨境收支呈净流出，仅有 2015 年呈净流入。这与我国经常项目收支格局大致相反，主要是因为付款项中人民币结算占比高于收款项。除 2015 年外，支出项中人民币结算比例平均高于收入 3.8 个百分点（见图 9–3）。

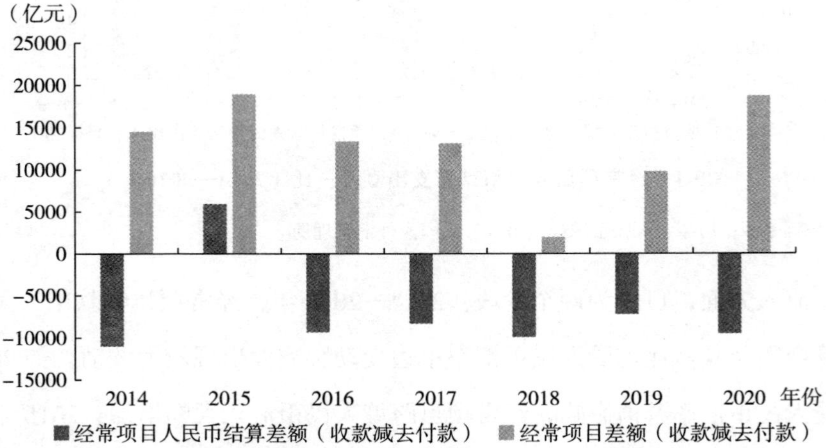

图9-3　经常项目人民币结算收付款额（2014—2020年）

数据来源：历年《人民币国际化报告》，国家外汇管理局。

2. 直接投资项目下的人民币流入与流出

直接投资项目下的人民币跨境流通主要通过对外直接投资（ODI）和外商直接投资（FDI）实现。目前 ODI 需要审批或备案，FDI 需遵守负面清单管理规定，二者在汇兑环节均需登记但无汇兑限制。我国在 2011 年 1 月和 10 月先后开启人民币 ODI 试点和人民币 FDI 试点。

在对外直接投资方面，2010—2016 年，对外直接投资人民币支付金额和占比快速上升（2012 年除外），金额从 56.8 亿元增加至 1.1 万亿元，占比从 1.3% 提升至 37.2%。2017 年对外直接投资人民币支付金额和占比均大幅下降。2018—2020 年，人民币支付金额有所增加，人民币占比相对稳定。2020 年末，对外直接投资支付中人民币的占比为 34.2%（见图 9–4）。

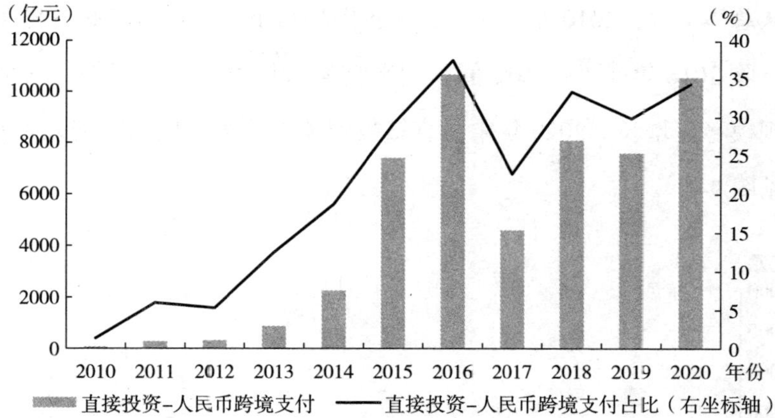

图9-4 对外直接投资项目中人民币付款金额及占比（2010—2020年）

数据来源：历年《人民币国际化报告》，国家外汇管理局。

在外商直接投资方面，2010—2015 年，外商直接投资人民币支付金额和占比快速上升，金额从 223.6 亿元增加至 1.6 万亿元，占比从 2.1% 提升至 63.2%。2016—2017 年，外商直接投资人民币支付金额连续下降，但人民币支付金额占比在 2016 年仍有小幅提升，2017 年大幅下降。2018—2020 年人民币支付金额和占比均持续提升。2020 年末，外商直接投资支付中人民币的占比为 77.3%（见图 9–5）。

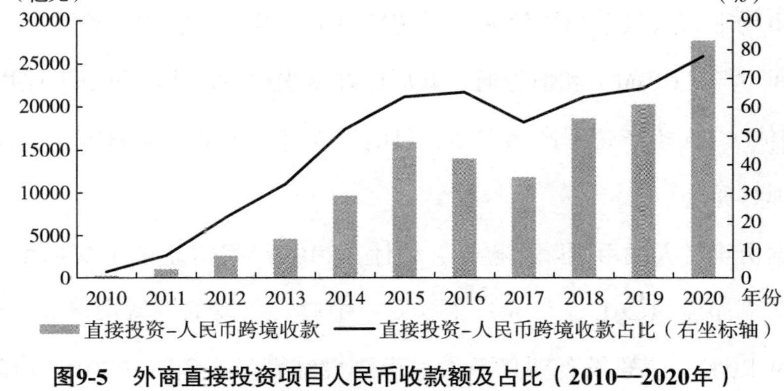

图9-5 外商直接投资项目人民币收款额及占比（2010—2020年）

数据来源：历年《人民币国际化报告》，国家外汇管理局。

从总体上看，2010 年以来，直接投资项目下人民币跨境收支呈净流入状态，除 2016 年受人民币贬值预期影响流入规模大幅下降外，其余年份流入规模稳定增长。2020 年末，直接投资项下跨境人民币净流入 1.7 万亿元（见图 9–6）。

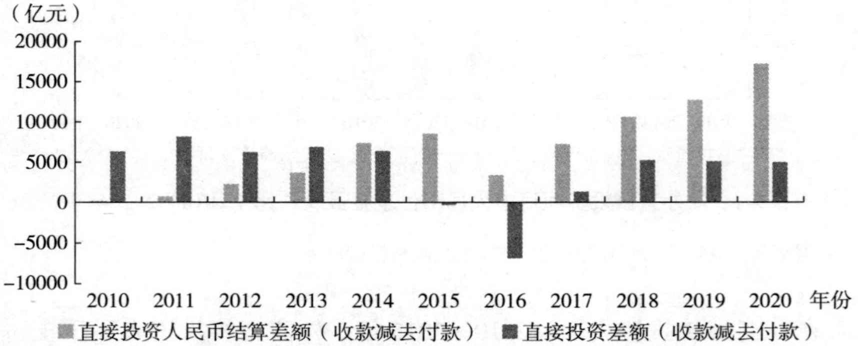

图9-6　直接投资项目人民币结算收付款额（2010—2020年）

数据来源：历年《人民币国际化报告》，国家外汇管理局。

3. 证券投资项下的人民币流入与流出

证券投资项下的人民币跨境流通主要集中于股票市场和债券市场。在股票市场上，人民币跨境流通渠道主要有人民币合格境外机构投资者（RQFII）和人民币合格境内机构投资者（RQDII）、沪港通、深港通等。在债券市场上，人民币跨境流通渠道主要有 RQFII 和 RQDII、备案直接进入银行间市场（CIBM）和债券通；非居民在境内银行间市场发行人民币债券（熊猫债）。在资产管理产品方面，目前主要有为粤港澳大湾区居民开通的跨境理财通。

据历年《人民币国际化报告》统计，2016 年我国证券投资项目人民币跨境结算净流出 2613.7 亿元，主要受年中股灾引发的金融市场波动影响。2017 年以来，证券投资项目下人民币跨境结算呈净流入，2018 年净流入达到峰值后，2019—2020 年有所回落。截至 2020 年末，证券投资项目下

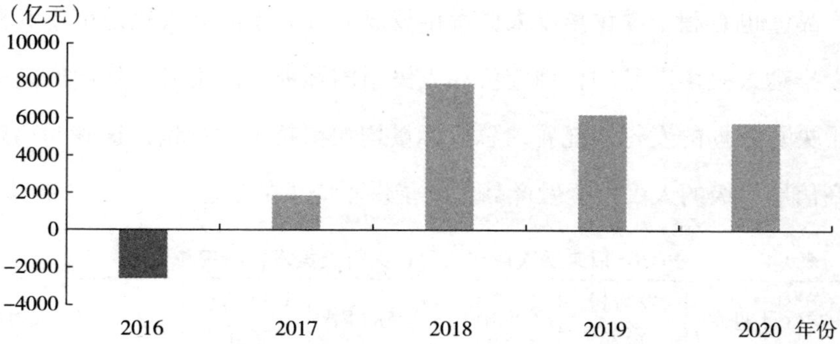

图9-7 证券投资项目下人民币付款额（2016—2020年）

注：证券投资项目下跨境收付款主要通过QFII/QDII、RQFII/RQDII、债券通等渠道，交易金额并不体现银行代客涉外收付款数据，故此处未列出证券投资项目下人民币跨境收付款在总收付款中的占比。

数据来源：历年《人民币国际化报告》。

人民币跨境净流入 5783.9 亿元。2016—2020 年，累计流入离岸人民币 1.9 万亿元。

证券投资项目下央行可以通过发行央行票据构建人民币回流机制，以实现对离岸市场的影响。2015 年 10 月，中国人民银行在伦敦首次发行离岸人民币央行票据。2019 年 8 月央行发布的《2019 年第二季度中国货币政策执行报告》，首次提出在香港建立发行中央银行票据的常态机制。截至 2021 年底，累计发行离岸人民币央行票据的金额为 3000 亿元。其中，期限为 1 个月的央行票据累计发行 200 亿元，占比为 6.7%；期限为 3 个月的累计发行 1300 亿元，占比为 43.3%；期限为 6 个月的累计发行 550 亿元，占比为 18.3%；1 年期的累计发行 950 亿元，占比为 31.7%（见表 9-1）。央行票据实质上是中央银行债券，在港发行认购主体主要为商业银行、基金、投资银行、国际金融组织等各类离岸市场投资者。发行离岸人民币央行票据构建了一个由央行掌控的离岸人民币回流通道，央行调节离岸市场基础货币的管理工具更加丰富，有利于增强对离岸人民币流动性的主动管理，稳定人民币汇率。同时为离岸市场投资人提供高信用等级的人民币金融产品，也有利于深化离岸人民币市场发展，完善离岸人民币市场利率曲线，推动人民币产品的合理定价和人民币国际地位的提升。从历次离岸人民币央行票据的发行情况看，总投标量均大幅超出发行量，这表明离岸市场高信用等级的人民币金融产品仍处于供不应求的状态。

表9-1 2015年以来历次离岸人民币央行票据发行情况统计

发行日期	发行量（亿元）	期限	中标利率	总投标量（亿元）	总投标量/发行量
2015-10-20	50	1年	3.10%	—	—
2019-05-15	100	3个月	3.00%	1000	5.0
	100	1年	3.10%		
2019-06-26	200	1个月	2.80%	850	2.8
	100	6个月	2.82%		
2019-08-14	200	3个月	2.90%	780	2.6
	100	1年	2.95%		
2019-11-07	200	3个月	2.90%	640	2.1
	100	1年	2.90%		
2019-12-20	100	6个月	2.90%	290	2.9
2020-02-13	200	3个月	2.55%	830	2.8
	100	1年	2.60%		
2020-03-26	100	6个月	2.19%	350	3.5
2020-05-14	200	3个月	1.77%	800	2.7
	100	1年	1.78%		
2020-06-23	100	6个月	2.21%	340	3.4
2020-08-13	200	3个月	2.70%	624	2.1
	100	1年	2.70%		
2020-11-12	100	3个月	2.85%	685	2.7
	150	1年	2.90%		
2020-12-23	100	6个月	2.70%	300	3
2021-08-20	100	3个月	2.60%	730	2.9
	150	1年	2.75%		
2021-12-21	50	6个月	2.50%	222	4.4

数据来源：中国人民银行官网，笔者整理。

4. 其他投资项目下的人民币流入与流出

其他投资项目下的人民币跨境流动主要包括跨境融资、项目贷款等。据历年《人民币国际化报告》统计，2018—2019 年，其他投资项目下人民币跨境净流入额分别为 1040 亿元、2146 亿元，2020 年转为净流出额为 8600 亿元。

从国际收支平衡表数据看，2020 年其他投资项目下净流出 1.7 万亿元（本外币合计），相比于 2019 年净流出额增加了 1.6 倍。其中，存款净流出 1304 亿美元，同比增长 28%，主要是在流动性宽松背景下，银行增加了对境外的拆借，以及企业存放境外的存款增加；贷款资产净增加 1282 亿美元，相比于 2019 年净减少 260 亿美元；出口增加带动出口应收等贸易信贷资产净流出 369 亿美元，2019 年净流入为 368 亿美元；其他应收资产净流出 149 亿美元，较 2019 年增长 12%。

（二）人民币离岸市场环流机制

1. 离岸市场人民币存款派生

部分海外本币存款是在离岸市场内部通过贷款等渠道派生出来的，而无须境内直接输出。这部分派生存款既可能回流至境内，也有可能在离岸市场形成体外循环。根据 BIS 的研究，欧洲美元市场的货币乘数在 20 世纪 70 年代平均达到五倍左右。

2020 年末，主要离岸市场人民币存款余额超过 1.27 万亿元。其中，中国香港人民币存款余额为 7209.00 亿元，在各离岸市场中排名第一，同比上升 14.2%，占中国香港全部存款余额的 5.9%，占其外币存款的 11.9%。中国台湾地区人民币存款余额为 2440.89 亿元，在各离岸市场中排名第二，同比下降 6.5%；占中国台湾地区全部存款的 2.7%，占其外币存款的 9.8%。英国人民币存款余额为 645.60 亿元，在各离岸市场中排名第三。

2. 离岸市场人民币投融资

离岸市场主体以人民币作为计价货币进行投融资活动，融资获得的部分人民币有可能被调回境内使用，形成人民币回流。剩余人民币则会用于离岸市场主体间的贸易往来和投融资活动，形成离岸人民币投融资环流。目前主要包括离岸人民币贷款、离岸人民币债券和少量离岸人民币金融创新业务。

在离岸人民币贷款方面，2021 年，主要离岸市场人民币贷款余额为 5271 亿元。其中，中国香港地区人民币贷款余额为 1636 亿元，在各离岸市场中排名第一。

在离岸人民币债券方面，据中国人民银行不完全统计，2021 年有境外人民币清算安排的国家和地区共发行人民币债券 3531 亿元，同比增加 6.4%。其中，中国香港人民币债券发行 2973 亿元，同比增长 9.8%。截至 2021 年末，有人民币清算安排的国家和地区人民币债券未偿付金额为 2714 亿元，同比增长 2.4%；人民币存单（CD）发行余额为 1207.69 亿元，同比下降 1.1%。

在离岸人民币金融创新业务方面，离岸场外交易市场（OTC）的人民币外汇产品包括即期、远期、掉期、货币掉期、无本金交割远期（NDFs）、期权等。离岸场内交易市场有多种人民币计价的投资产品，如人民币货币期货、人民币交易型开放式指数基金（ETF）、人民币房地产投资信托（REITs）等。2021 年 1 月 27 日，中国银行（香港）有限公司（以下简称中银香港）推出香港人民币央行票据回购做市机制，提供人民币央行票据回购与逆回购业务报价。截至 2021 年 7 月，中银香港总计开展 284 笔交易，交易总金额为 734 亿元。回购做市机制为对投资者使用在香港发行的人民币央行票据进行流动性管理提供了便利，能够促进香港离岸人民币货币市场发展。

3. 人民币货币互换网络

为弥补人民币国际化初期境外人民币存量不足、增加人民币输出，中国人民银行从 2008 年末开始与其他央行或货币当局签署双边本币互换协议。截至 2020 年末，中国人民银行共与 40 个国家和地区的中央银行或货币当局签署双边本币互换协议，互换总金额超过 3.99 万亿元，构建起以我国央行为中心的双边本币互换网络（见图 9–8）。通过双边货币互换，我国央行可以向境外机构和居民提供人民币流动性，提高人民币在跨境贸易和投资中的使用率，有助于提升人民币在国际金融市场中的地位。

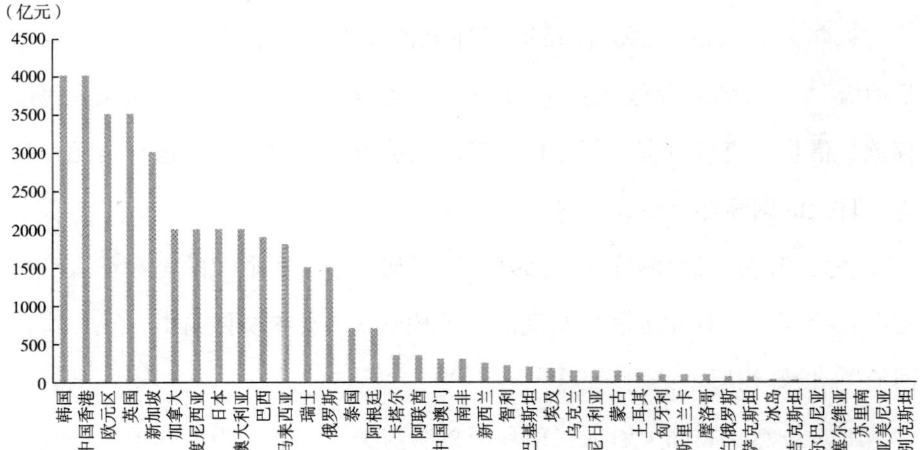

图9-8 人民币双边本币互换金额

数据来源：中国人民银行。

（三）人民币环流与国际收支状况

1. 货币环流与国际收支的国际经验

一国货币国际环流的运转与该国国际收支密切相关。在货币国际化初期，该国产品国际竞争力较强，同时国内资本较雄厚，国际收支格局往往呈经常项目顺差（净出口产品和服务）、资本项目逆差（净输出资本）。从历史看，英镑、美元、日元国际化初期，其模式均为“资本项目逆差输出本币、经常项目顺差回流本币”，如19世纪末英国对其产品需求国的贷款计划、美国的马歇尔计划、日本的“黑字环流”计划等。当出口竞争力逐渐减弱、经常项目呈逆差状态时，国际货币环流开始转变为“经常项目输出本币、资本项目回流本币”，如20世纪80年代后的美元环流模式。需要注意，这一货币环流机制存在一个前提，即经常项目和资本项目下本币跨境收支状况和本外币跨境收支状况一致，如果经常项目国际收支（本外币）顺差，则要求经常项目本币跨境收支也为顺差。

2. 人民币国际环流与国际收支

近年来我国形成的人民币国际环流模式为“经常项目输出、资本项目回流”①，具体来看是以进口支付方式从经常项目流出，以非居民人民币存款、借贷、直接投资、证券投资等形式从资本项目回流。这与美元、马克、日元的国际环流模式不同。

一是当前人民币国际化虽然处于发展初期，但所形成的国际环流格局与美元、马克、日元国际化初期的环流模式（“资本项目输出、经常项目回流”）恰好相反（见图9-9）。

二是虽然从表面上看人民币环流机制与美元、欧元当前的国际环流模式类似，但所对应的国际收支格局又有不同。美国和欧元区国际收支大致呈经常项目逆差、资本项目（含储备资产和净误差与遗漏项）顺差状态，而我国国际收支仍处于经常项目顺差、资本项目逆差阶段（见图9-10）。

这与我国贸易结构相关。从出口来看，2020年末我国前十大出口国

① 其中，资本项目包含净误差与遗漏项。2012年以来，人民币国际环流总体呈现这一格局。2015—2016年，人民币在岸与离岸市场环流发生较大变化，主要是2015年资本市场波动所致。

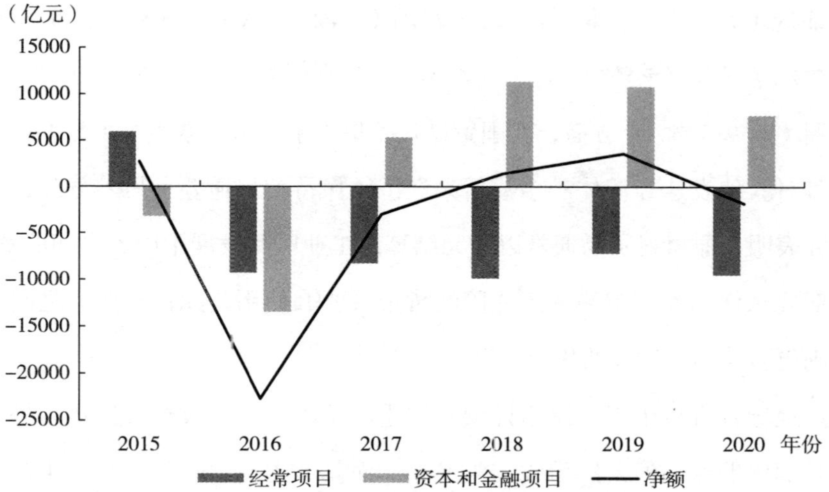

图9-9 人民币跨境收支格局(2015—2020年)

注:其他投资项目下跨境收付款主要通过QFII/QDII、RQFII/RQDII、债券通等渠道,交易金额并不体现银行代客涉外收付款数据,故此处未列出其他投资项目下人民币跨境收付款在总收付款中的占比。

数据来源:历年《人民币国际化报告》。

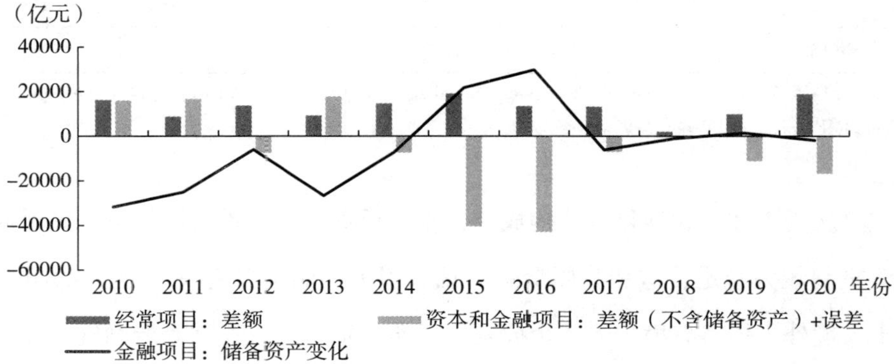

图9-10 我国国际收支情况(2010—2020年)

数据来源:国家外汇管理局。

(地区)分别为美国(17.4%)、中国香港(10.5%)、日本(5.5%)、越南(4.4%)、韩国(4.3%)、德国(3.4%)、荷兰(3.1%)、英国(2.8%)、印度(2.6%)、中国台湾地区(2.3%);前十大进口国(地区)分别为中国台湾地区（9.7%）、日本（8.5%）、韩国（8.4%）、美国（6.5%）、澳大利亚（5.7%）、德国（5.1%）、巴西（4.1%）、越南（3.8%）、马来西亚（3.6%）、非洲（3.6%）[①]。一方面，我国贸易顺差集中于美国、欧盟等少数发达经济体，对其他发达经济体和多数新兴经济体保持贸易逆差。另一方面，实证研究表明，原材料贸易通常以美元结算；工业国和发展中国家之间的贸易，一般要么使用参与贸易的工业国的货币，要么使用美元；工业国之间的贸易则更多使用出口国的货币结算[②]。

这导致进口中以人民币计价的比重高于出口，造成经常项目本外币收支总额为顺差，但人民币收支为逆差。而其他主要国际货币在进出口贸易计价中往往是出口中本币计价比例高于进口，如美国、英国、日本等，其本国货币在出口中的计价占比均远高于进口（见表 9–2）。

表9-2　　1980年主要货币在本国进出口中的计价比例（%）

	法国	德国	意大利	日本	英国	美国
出口	62.5	82.3	36.0	29.4	76.0	97.0
进口	33.1	43.0	18.0	2.4	38.0	85.0

资料来源：George & Yuzuru, The Internationalization of Currencies: An Appraisal of the Japanese Yen, IMF Occasional Paper, 1992。

从资本和金融项目具体构成看，直接投资、证券投资项目下人民币回流机制较为稳定，这和我国金融市场吸引力不断提升有关。截至 2020 年末，境外主体持有境内人民币股票、债券、贷款以及存款等金融资产金额合计为 8.98 万亿元，同比增长 40.1%。其中，股票市值为 3.41 万亿元，债券托管余额为 3.33 万亿元，存款余额为 1.28 万亿元，贷款余额为 0.96 万亿元。其他投资受境内外流动性变动影响，易出现较大变动。

---

① 括号内数值代表各国（地区）在我国对外进（出）口总额中的占比。

② Grassman, Fundamental Symmetry; Page, Curreency of Invoiving; Page, Choices of Invoicing; Magee/ Rao, Vehicle and Nonvehicle Currencies; Tavlas, International Use.

3. 人民币环流涉及主要国际收支项目的开放情况

人民币流入和流出渠道主要包括经常项目下的进出口、跨境信贷业务下的商业信贷和金融信贷、直接投资，以及资本市场证券交易、货币市场工具、集合证券投资工具、衍生工具和其他工具等渠道（见附表 9-1、附表 9-2）。目前，我国经常项目已实现完全开放，资本项目下各渠道仍存在不同程度的限制，对资本和金融项目下人民币的跨境流通形成了阻碍。

按照 IMF 定义，资本项目开放是指取消资本流动管理措施，既包括交易环节的开放，也包括汇兑环节的开放。一般根据 IMF 每年公布的《汇兑安排与限制措施年报》中汇总的各成员国资本项目在汇兑环节的限制措施情况，对各成员国资本项目开放进展情况进行评估。IMF 将资本项目 7 大类 40 个子项目的状态分为完全可兑换、基本可兑换、部分可兑换和不可兑换。根据该方法，我国有 92.5% 的项目实现了不同程度的可兑换，包括 6 项完全可兑换；有 15 项基本可兑换；有 16 项部分可兑换；另有 3 项不可兑换。具体包括非居民境内发行衍生工具和其他工具、居民个人向非居民提供贷款、非居民向居民个人提供贷款。

二、离岸人民币市场建设与人民币国际环流

（一）货币环流机制的主要支撑

从国际经验看，货币国际环流的运转需要汇率稳定、货币可兑换程度高、货币融资成本较低、货币投资收益较高等因素支撑。

1. 汇率稳定

一国货币被广泛使用首先需要具有稳定的汇率。若货币处于单边升值阶段，会导致本币计价的负债方在偿还债务时成本大幅提升，不利于本币在国际市场上发挥融资货币功能，影响本币流出渠道。若货币处于单边贬

值阶段，会导致本币计价的资产方投资收益受损，不利于吸引境外投资者投资本币计价资产，国际市场对本币的需求会降低。若本币汇率经常大幅波动，会加大使用本币时的汇率风险，增加汇率套保难度，影响本币国际使用率。

2. 货币可兑换程度高

货币可兑换程度高，能够降低非居民持有本币的风险，即可随时根据自身需求将本币通过多种渠道转换成其他货币。若货币不可兑换，将限制持有人的资产配置范围，实际上降低其所持本币资产的价值。货币可兑换包含经常项目可兑换和资本项目可兑换。《国际货币基金组织协定》第八条款对经常项目可兑换的界定为：一国在实行货币经常项目可兑换时，不得对国家间经常性往来的对外支付和资金转移施加限制；不得实行歧视性的货币措施或多重汇率；应兑付外国持有的在经常性交易中所取得的本国货币。资本项目可兑换一般是指对资本流入和流出的交易和汇兑均无限制。主要国际货币均或多或少存在兑换限制，并不是100%的可自由兑换。但可兑换的程度越高，越有利于货币的国际流动。

3. 货币融资成本较低

融资成本低是一国货币成为国际融资货币的前提之一。国际市场主体在选择融资计价货币时，相应的融资成本是重要考虑因素。在汇率波动风险、可兑换程度相近的情况下，融资成本越低，越容易被选作融资货币。

4. 货币投资收益较高

一国货币计价资产能够为投资人提供相对稳定的投资收益，有利于吸引境外投资者提高对本币资产的配置比例，扩大本币的国际需求。如2020年以来，境外主体持有境内人民币股票、债券、贷款以及存款等金融资产金额同比大幅增长，主要是因为全球新冠疫情蔓延下我国经济较快恢复，能够为各类资产提供稳定的预期收入。

（二）离岸人民币市场在形成人民币国际环流中的作用

离岸人民币市场对人民币国际环流具有重要支撑作用，既能在构建人民币国际环流的初期积累经验、隔离风险，又能在人民币国际环流成形后推动其进一步深化。

1. 为全球资本提供丰富的人民币产品和便利化的交易

在人民币国际环流形成初期，在岸市场人民币产品的国际供应有限，加之资本管制等因素，交易上存在不便。离岸市场资本管制较少，与在岸市场联系密切，能够及时发现国际市场需求并向在岸市场传导，形成离岸市场和在岸市场的良性互动，并牵引在岸市场的开放。由于管制较少和税收优惠，离岸市场对投资公司、基金公司、资产管理公司等金融机构有较大吸引力，有助于借助国际市场的成熟经验丰富人民币产品供应，如近年来推出的沪港通、深港通、债券通、基金互认等机制为国际投资者提供了多样化的人民币投资产品。此外，离岸市场有助于形成人民币 24 小时环球交易网，使各个时区的客户都能在本时区的工作时间交易外汇。

2. 离岸市场推动人民币金融创新

离岸市场监管较少，国际市场上对人民币资产的需求能够在离岸市场率先诱发相关金融创新。一方面，在岸市场和离岸市场间的资本管制可在很大程度上隔离相关金融创新风险。离岸市场是观察和试验人民币相关金融创新的“试验田”，有利于积累人民币相关金融创新和风险管理的经验。另一方面，离岸市场间形成的人民币“体外循环”（在岸市场不参与交易）可以减少对在岸市场的冲击，起到风险缓释的作用。当前离岸场外市场的人民币外汇产品有即期、远期、掉期、货币掉期、无本金交割远期（NDFs）、期权等；场内交易市场的人民币计价产品有人民币期货、人民币交易型开放式指数基金（ETF）、人民币房地产投资信托基金（RETIs）等。这为未来进一步推进在岸市场金融开放提供了观察窗口。

3. 离岸市场更易发挥价格发现功能

离岸人民币市场管制较少，风险对冲工具和衍生工具发达，外汇交易量较在岸市场更大，更易发挥价格发现功能。当前人民币 70% 以上的外汇交易发生在离岸市场。离岸市场无须遵循“实需原则”，投资者更加多元化，形成的市场价格更丰富。例如，人民币纳入 SDR 货币篮子时，国际货币基金组织选择伦敦离岸人民币市场的汇率作为人民币定值汇率。

（三）离岸人民币市场发展现状

目前离岸人民币市场分为境外和境内两种类型。

1. 境外离岸人民币中心

当前离岸人民币中心已形成以中国香港、伦敦、新加坡三大离岸人民币中心为主导，德国法兰克福、法国巴黎、韩国首尔、日本东京、阿联酋、卢森堡等地离岸人民币中心快速发展的局面。全球离岸人民币市场的网络体系初步形成（见表 9–3）。

表9-3　境外离岸人民币中心分布情况

交易类型	总额	人民币离岸中心
人民币存款	1.27万亿元（2020年末）	中国香港（7209.00亿元）、中国台湾地区（2440.89亿元）、伦敦（645.60亿元）
人民币贷款	5285.49亿元（2020年末）	中国香港（1520.00亿元）、新加坡（1189.00亿元）、中国澳门（1503.63亿元）
人民币债券	3319.56亿元（2020年）	中国香港（2707.38亿元）
人民币即期外汇交易	—（2021年11月）	伦敦（35.20%）、纽约（15.15%）、中国内地（11.64%）、中国香港（8.61%）、巴黎（7.55%）
人民币清算	369.49万亿元（2020年）	中国香港（282.48万亿元）

续表

交易类型	总额	人民币离岸中心
占内地人民币跨境收付款比例	—（2020年末）	中国香港（46.0%）、新加坡（12.9%）、英国（5.4%）、中国澳门（3.7%）

注："–"表示人民币即期外汇交易总额数据未披露。

数据来源：历年《人民币国际化报告》、SWIFT。

中国香港作为人民币国际化的发源地和规模最大的离岸人民币中心，对人民币存款、贷款、证券融资、清算行、跨境支付等相关业务均起到了重要推动作用。伦敦作为全球金融中心，在人民币国际化进程中提供了创新性支持，如沪伦通等，已成为人民币点心债券发行的重要金融中心和世界最大的人民币离岸外汇交易中心。新加坡凭借地理优势和亚太区域金融中心优势，近年发展迅速，与中国香港形成一定程度的互补。

2. 境内人民币离岸中心

2021年8月，上海市人民政府印发的《上海国际金融中心建设"十四五"规划》中提出，"十四五"期间要使在岸和离岸业务统筹发展格局初步形成，这表明上海将发展境内人民币离岸业务。未来将形成境内、境外人民币离岸中心同步发展的格局。

从现状看，我国境内的离岸业务仅有外币离岸账户，但没有真正意义上的离岸市场。当前仅有交通银行、浦发银行、招商银行和平安银行四家银行可以开设离岸账户（OSA），主要涉及外币存贷款业务，不可开展人民币离岸业务。除OSA账户外，为非居民提供金融服务的账户还有非居民账户（NRA，包含外汇NRA账户和人民币NRA账户）和自由贸易账户（FT）。NRA账户与FT账户是改革进程中的产物，一定程度上是在OSA账户业务范围受限的情况下而产生的变通做法。人民币NRA账户与FT账户可经营人民币业务，但这两种账户的性质均为在岸账户，并非离岸账户。

当前三类账户管理多头、规则不一，在一定程度上影响了市场主体办理业务的便利化程度。

三、推动人民币环流机制建设的重点及政策建议

（一）加快推进金融开放，构建人民币跨境投融资体系

近年来，境外投资者对人民币资产的投资需求持续上升。一方面，我国经济前景乐观，同时金融开放遵守承诺，稳步推进，吸引境外资本持续配置境内人民币资产。另一方面，美国频繁借助美元霸权对外实施金融制裁，推动了俄罗斯等国在全球范围内寻求美元替代资产。在上述背景下，一是应进一步加快推动金融开放，减少人民币回流障碍，丰富境外投资者投资境内金融市场的渠道和可投资的人民币资产种类，提高便利化程度。二是推动人民币相关金融服务从境外转到境内，充分发挥境内市场在金融要素供给中的作用，增大人民币资产的国际化程度。境内是人民币输出的源头，引导相关金融服务从境外转向境内有利于提前应对未来人民币国际环流格局的转变，形成“离岸牵引、在岸主导”的人民币环流格局。

（二）以贸易金融为抓手，进一步巩固“贸易项下输出—资本项下回流”循环

20 世纪 20 年代初，美国借助美元计价的商业承兑汇票加速推动了美元国际化，形成了美元早期的国际环流。当前人民币也已形成“贸易项下输出、境外金融投资回流”的模式。当前人民币在全球贸易金融业务中的占比与我国在全球贸易中的地位落差较大。截至 2021 年 11 月，人民币在全球贸易融资中的占比仅为 1.96%，远低于欧元（5.59%）和美元（87.85%）。未来应在全球尤其是在“一带一路”、东盟等与我国有紧密经

贸往来的国家和地区，推动从经贸融合向货币金融融合发展，以外贸优势赋能人民币，发挥人民币作为跨境资本流动的重要载体和工具的作用。通过提高跨境人民币使用率来降低跨境资本流动潜在风险，巩固在岸与离岸人民币环流格局。同时，可参照美国马歇尔计划和日本“黑字环流”经验，通过国际货币互换或贸易信贷等形式进一步为境外对华进口贸易提供低成本人民币融资，加强人民币融资货币属性。

（三）以政府信用为担保，构建“离岸人民币存款—高信用等级人民币债券”循环

在“美元—美债”环流形成初期，美国财政部先后向盟友国及石油输出国提供鲁萨债券、卡特债券等非流通国债，定向回流美元。二者均以外币计息、以美元认购和结算，既为投资人规避了美元贬值的风险，又为投资人提供了以美国政府信誉为担保的高信用等级债券。在构建人民币国际环流机制的过程中，应注重运用好国债等高信用等级金融工具，将我国政府信用与人民币国际使用相结合。一是向特定的境外交易对手开放国债投资“绿色通道”，使跨境投资便利化。二是丰富对冲工具以管理汇率和利率风险，增强现有利率债期货和标准远期产品的活跃程度。三是丰富债券品种，择机试点双币种货币债券，如境外投资者担心人民币汇率波动风险，可设计以美元或欧元等作为债券本息的计价，按照约定或实时汇率进行人民币结算。

（四）优化央行间货币合作框架，完善全球离岸人民币中心布局

国际经验表明，央行间货币合作能有效推动货币的国际环流。早在19世纪末国际金本位时期，英国就主导主要金融大国开展货币互换以稳定主要货币兑黄金平价。布雷顿森林体系以来，美、英、德、法等国多次通

过央行间货币互换、共同贷款计划等调节国际收支。从结果看，上述做法最终均推动了相关货币的国际使用和循环。未来我国应积极借助央行间货币合作，推动人民币国际环流的巩固和优化。一是在当前我国资本项目尚未实现完全可兑换的背景下，为特定的央行交易对手提供限额人民币可兑换承诺，鼓励增加人民币外汇储备。二是在与境外监管当局紧密合作的基础上，引导海外投资者进行长期价值投资，形成人民币环流稳定的“子环流”。三是完善人民币离岸中心的筛选机制，优化离岸中心全球布局，可加强非洲、拉丁美洲等地区离岸人民币中心建设。

附表9-1　　人民币流出项目及相关政策

人民币流出项目		开放内容	交易限制	汇兑限制
经常项目	进口	人民币支付进口	无限制	真实性审核
跨境信贷业务	商业信贷——居民向非居民提供	贸易信贷（预付或延收贷款）	3个月以上须登记	无汇兑限制
	金融信贷——居民向非居民提供	银行跨境直贷、企业境外放款	企业境外放款限于有限股权关系的境外机构	企业境外放款有数量限制（上限为境内放款人所有者权益的30%）
直接投资	对外直接投资	人民币ODI	审批或备案	登记
资本市场证券交易	居民买卖境外股票	RQDII、沪港通、深港通	RQDII准入审批	沪深港通单日额度限制
	居民买卖境外债券	银行自有资金购买、RQDII	RQDII准入审批	无汇兑限制
	非居民境内发行股票	A股、CDR	科创板、创业板注册上市公司（目前仅有红筹公司）、沪伦通项下CDR审批	登记，汇兑无限制
	非居民境内发行债券	熊猫债	准入审批	登记，汇兑有限制
货币市场工具	居民境外买卖	银行自有资金购买、RQDII	RQDII准入审批	无汇兑限制
	非居民境内发行	熊猫债	准入审批	登记，汇兑有限制
集合证券投资工具	居民境外买卖	RQDII，理财通	RQDII准入审批	理财通单日额度限制
	非居民境内发行	内地与香港基金互认	准入审批	总额度限制
衍生工具和其他工具	居民境外买卖	RQDII，央企境外衍生品交易，持证国企境外商品期货套保	RQDII准入审批，央企境外衍生品交易有准入审批，持证国企境外商品期货套保数量限制	央企、国企境外衍生业务有额度限制
	非居民境内发行	无	—	—

资料来源：附表9-1和附表9-2均由笔者根据官方资料整理。

附表9-2　人民币流入项目及相关政策

环流项目（以人民币作为计价结算货币）		开放内容	交易限制	汇兑限制
经常项目	出口贸易	收取人民币	无限制	真实性审核
跨境信贷业务	商业信贷——非居民向居民提供	贸易信贷（预付或延收贷款）	3个月以上须登记	无汇兑限制
	金融信贷——非居民向居民提供	外债	宏观审慎管理，中长期外债需国家发展改革委备案登记，外资企业可选“投注差”	外债登记，企业外债意愿结汇，银行外债原则上不得结汇
直接投资	外商直接投资	人民币FDI	负面清单管理	登记，汇兑无限制
资本市场证券交易	非居民境内买卖股票	RQFII、沪港通、深港通	RQFII准入审批	沪深港通单日额度限制
	非居民境内买卖债券	CIBM、RQFII、债券通	CIBM/债券通备案管理；RQFII准入审批	登记，汇兑无限制
	居民境外发行股票	H股、GDR	准入审批	登记，汇兑无限制
	居民境外发行债券	境外发债	宏观审慎管理，中长期外债须国家发展改革委备案登记	登记
货币市场工具	非居民境内买卖	CIBM、RQFII、债券通	CIBM/债券通备案管理，RQFII准入审批	登记，汇兑无限制
	居民境外发行	境外发债	宏观审慎管理	登记
集合证券投资工具	非居民境内买卖	RQFII，理财通	RQFII准入审批	理财通单日额度限制
	居民境外发行	内地与香港基金互认	准入审批	总额度限制
衍生工具和其他工具	非居民境内买卖	外汇套保，股指期货套保，商品期货	真实性审核	无汇兑限制
	居民境外发行	银行境外发行，其他暂不允许	准入审批	无汇兑限制

第十章

加快完善人民币国际化的基础设施和配套条件

货币国际化首先需要有高效安全的跨境支付清算基础设施。随着货币境外流通量增多，离岸市场和境内资本市场的发展成为构建货币国际环流的重要条件。在此基础上，如果有更多的大宗商品以本国货币计价、在多边和区域金融合作中货币发行国有更大的主导权，那么货币的国际影响力就会更大。主要国际货币在跨境支付清算基础设施、离岸市场、资本市场、大宗商品计价、多边和区域合作等领域均有成熟的经验，我国应吸取国际先进经验，加快建设和完善人民币国际化的基础设施和配套条件。

一、货币国际化的主要基础设施和配套条件

（一）高效稳定的跨境支付清算基础设施

国际货币在全球大规模流动需要跨境支付清算体系支撑，主要国际货币发行国都搭建了专门的跨境支付清算系统。美国采用央行主导、市场机构共建、境内外相对分离的方式，主要通过“Fedwire+CHIPS”完成美元跨境清算和结算[①]。Fedwire 是由美联储管理和运作的境内大额转账系统，CHIPS 由私营部门发起、接受美联储监管，并在 Fedwire 开设结算账户，

① Fedwire的全称为联邦电子资金转账系统，CHIPS的全称为纽约清算所银行同业支付系统。CHIPS共有43家直接参与者，其他机构业务须由直接参与者代理。

负责跨境美元交易的清算，待交易结束后通过 Fedwire 完成最终资金结算。欧元区以统一货币为契机，由欧央行主导，构建了可同时用于境内和跨境清算结算的泛欧实时全额自动清算系统（TARGET2），除欧元区成员国，非欧元区国家保加利亚、克罗地亚、丹麦、波兰和罗马尼亚也被允许直接接入 TARGET2，其他国家（地区）通过代理接入，有助于促进欧元在欧洲的广泛使用。2020 年，CHIPS、TARGET2 交易总金额分别约 400 万亿美元（见图 10–1）、450 万亿欧元，近年来总交易金额趋于稳定，CHIPS、TARGET2 分别是美元、欧元跨境流动的重要保障①。英国和日本也分别建设了伦敦自动清算支付系统（CHAPS）、外汇日元清算系统（FXYCS），实现英镑、日元的跨境支付清算。

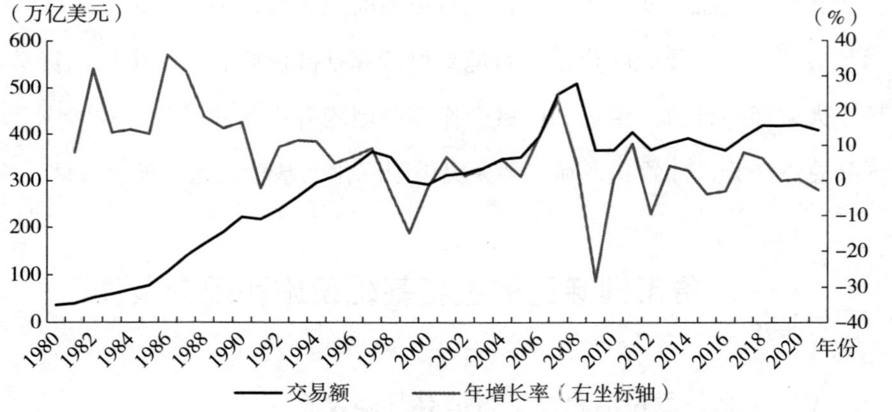

图10-1　CHIPS年度交易额（1980—2020年）

数据来源：美联储、SIFMA。

国际跨境支付清算系统主要具有三个方面的特征。第一，兼顾风险与流动性节约。CHIPS 优化净额结算方式，通过对支付指令连续进行撮合、轧差和结算实现类似于全额实时结算（RTGS）功能，并要求金融机构每

① 成交金额均含境内转账，CHIPS以跨境转账为主，TARGET2境内交易比重较大。

日交易开始前缴纳一定金额头寸来控制风险，资金使用效率大幅高于采用 RTGS 的 Fedwire。TARGET2 为 RTGS 系统，通过优化匹配算法、允许以抵押品获得日内流动性支持等方式帮助金融机构节约流动性。

第二，注重报文标准兼容性。跨境支付的信息传输（如接收行名称、转账科目）需要统一标准，否则会影响效率并可能产生风险。环球银行金融电信协会（SWIFT）是全球最重要的金融报文传送与交换处理机构，属于非官方协会组织，总部位于比利时，遵守欧盟和比利时法律。CHIPS 通过 SWIFT 实现跨境信息报送，Fedwire 从 1997 年起强化与 SWIFT 报文信息格式的兼容性。TARGET2 境内与跨境信息报送均采用 SWIFT。

第三，建立了较为完善的风险管理制度。跨境支付清算系统的接入机构多，主要国际货币发行国基本采取直接参与者接入系统、其他参与者通过直接参与者间接完成业务的模式。美国 CHIPS、英国 CHAPS 和日本 FXYCS 直接参与者（主要是大型商业银行）的业务规模和监管要求更高，总数不到 50 家，CHIPS 直接参与者须定期提交财务报告并接受相关部门的检查问讯。TARGET2 因承担欧元区统一清算结算职能，直接参与者数量多，但基本处于欧元区或欧盟的监管下。跨境支付系统的参与者可能因信用风险和流动性风险导致支付无法最终结算。为控制风险，CHIPS 采取每日交易前预注资的方式，并设置双边和多边信用限额，允许小额透支以控制信用风险，当日结束时如果有一家或多家银行出现清偿问题，损失由其余所有银行承担，以保证清算完成。TARGET2 要求各国央行为清算资金不足的机构提供临时流动性支持。

（二）国际化水平高、规模大、流动性强的国债市场

国债具有政府部门主导、安全性高、波动性低等特征，是国际投资者资产配置的重要组成部分和外汇储备主要投资标的。成熟开放的国债市场

有助于促进境外货币回流，是货币环流机制的重要组成部分。

1. 主要国际货币发行国国债市场的特点

从对外开放水平看，2020 年，美国、德国、英国和日本国债市场的外国投资者比重分别为 29.1%、45.4%、27.0% 和 13.3%（见图 10–2），美国该比重在 2008 年曾达到 43.4%，德国该比重一度超过 50%。2008 年国际金融危机后，主要发达经济体央行采取量化宽松政策，加大国债购买量，外国投资者持有比重有所降低。受经济增长疲软、金融市场开放相对较晚、国债收益率偏低、央行持有近五成国债等影响，日本国债市场的外国投资者比重低于其他主要发达经济体，但呈逐步上升态势。从市场规模看，主要国际货币发行国国债是全球安全资产的重要组成部分，市场体量大，能够容纳国际投资者（特别是低风险偏好投资者）的大规模投资。2020 年美国、日本的国债存量规模为 20.97 万亿美元、11.82 万亿美元，相当于其各自 GDP 的 100.4%、234.4%。欧元区国家均以欧元计价发行国债，以欧元计价的国债总规模超 11 万亿美元。从流动性看，国债市场交易活跃，流动性强。美国国债全球流动性最高，2020 年换手率（交易量 /

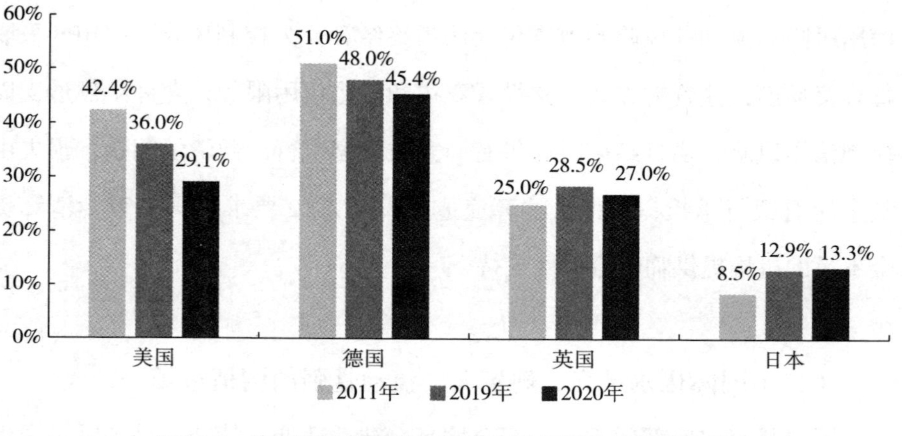

图10-2　主要发达经济体国债市场外国投资者持有比重

数据来源：SIFMA、Eurostat、英国财政部和日本财务省债务管理报告。

存量）达 7.5，2008 年国际金融危机前换手率最高达 34.3。受金融监管收紧影响，2008 年后美国国债市场换手率下降。英国、德国和日本换手率分别为 4.21、2.9 和 2.13（见表 10–1）。

表10-1 主要发达经济体国债市场规模和换手率

	美国	英国	德国	日本
国债余额（亿美元）	209731.0	25661.8	17688.8	118243.0
国债余额/GDP（%）	100.4	94.7	46.0	234.4
换手率	7.5	4.21	2.9	2.13

注：除英国国债换手率为2019年数据外，其他国家数据均为2020年。

数据来源：SIFMA、Eurostat、Statista、英国财政部和日本财务省债务管理报告。

2. 主要国际货币发行国推动国债市场发展的重要举措

主要国际货币发行国既着眼于国债市场的建设和完善，也注重从形成货币环流机制的角度实施针对性政策举措，从而增强国际投资者持有本国债券资产的意愿。

美国和欧洲的国债市场规模大、参与主体广泛，欧洲还面临金融市场尚未一体化的问题，集中高效的金融基础设施是国债市场顺畅运行的重要保障。美国和欧盟各有数十个国债交易平台，但托管、清算和结算较为集中，大大提升了市场交易效率。美国国债托管主要集中于美联储下属的国家薄式记账系统（National Book–Entry System，NBES），该系统为多级托管和名义持有，即 NBES 负责托管商业银行国债，商业银行负责托管客户国债，客户信息并不直接登记在 NBES 上；国债清算由固定收益清算公司（FICC）负责，该公司还负责抵押贷款抵押证券 MBS 的清算；国债结算由美联储证券结算服务（Fedwire Securities Service）负责。欧洲国债市场金融基础设施由多国提供，相对集中、趋于统一。清算业务由德国 Eurex Clearing、西班牙 MeffClear、意大利 CCG、英国 LCH Clearnet 等多家机构提供，主要业务由德国 Eurex Clearing 和英国 LCH Clearnet 完成，英国 LCH Clearnet 还是欧盟股票、衍生品等产品的主要清算机构。欧洲托管和结算业务主要集中于明讯国际（Clearstream）和欧清银行（Euroclear）。明讯国际和欧清银行除提供本地业务外，还是全球重要的国际中央证券托管结算机构（ICSD），联通全球多个市场的本地中央证券存管机构（CSD），为多种货币计价金融产品提供跨境结算、托管、债券融资、发行等服务，二者之间还建立了双边联系，可同时结算联合发行的国际债券，支持国际市场超 40 万亿欧元规模的金融产品交易和运作。

国际投资者对安全资产的流动性要求高，主要发达经济体通过活跃二级市场提升国债流动性。完善的做市商制度对活跃国债市场发挥重要作用，美国、欧洲国债二级交易自场外市场（OTC）主导，大型做市商通过连续双边报价为市场提供流动性，美国还通过做市商经纪商帮助做市商相互开展大宗交易以降低风险。债券回购市场是获取短期流动性的重要方式，美国和欧洲的市场规模分别接近 4.5 万亿美元、10 万亿美元，国债是回购市场的主要抵押品。外国银行是回购市场的重要参与者，2020 年其在美国回购市场贷款、借款的比重分别为 12.37%、22.9%，通过抵押包括美国国债在内的证券获得流动性支持。欧元区国债收益率为负或接近零利率，但仍能吸引大量国际投资者，重要原因之一是其能够在回购市场抵押获得流动性支持。除充当优质抵押品外，美国和欧元区主要国家国债还能直接充当衍生品的保证金，进一步提升了投资吸引力。

推动境外投资者持有本国国债离不开政府的主动作为。20 世纪 70 年代前，外国投资者持有美国国债的比重不到 5%，但在布雷顿森林体系解体后该比重快速提升，这与美国政府的政策推动有关。20 世纪七八十年代，由贸易顺差逐步转为逆差后，美国先后通过鲁萨债券、外国官方附加发行等方式向盟友国发行国债，促进美元回流。鲁萨债券以外币计价偿付但以美元购买，向德国、瑞士、意大利、奥地利和比利时定向发行，有助于回笼欧洲过剩的美元，减少黄金外流。两次石油危机后，油价大幅上涨，中东石油出口国积累了大量贸易盈余。1974 年后，美国与沙特签订合作协议，实现以美元结算石油交易[①]，再将贸易盈余投资美国国债，构建石油美元环流，1974—1978 年外国投资者持有的美国国债的比重增加 4.4 个百分点。20 世纪 90 年代后，美国通胀率较低、经济较快增长，美国推动强势美元政策。1997 年亚洲金融危机爆发后，新兴市场国家为维持汇率稳定，将贸易盈余大量投资于美国国债以积累外汇储备，外国投资者持有比重从 1990 年的 14.9% 持续上升至 2008 年的 43.4%（见图 10–3）。

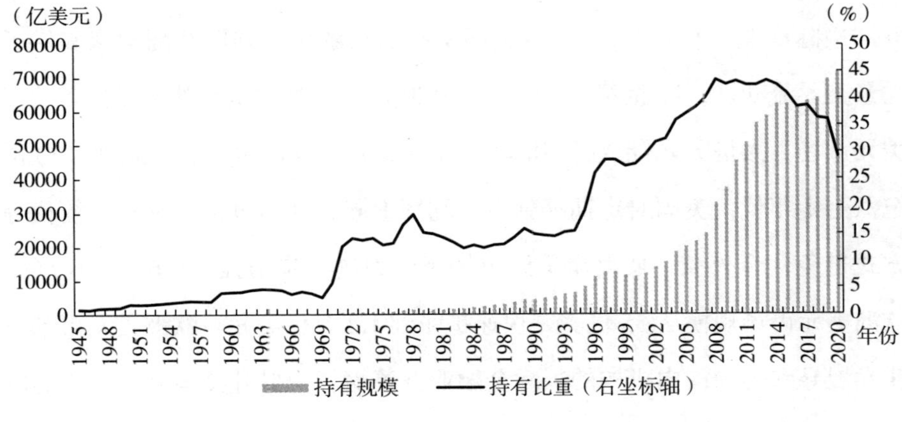

图10-3　外国投资者持有美国国债的规模和比重

数据来源：美联储、SIFMA。

（三）流动性充裕、交易活跃的离岸市场

离岸市场在一国金融体系外提供金融服务，具有金融监管要求相对宽松、税率低等优势，推动货币海外留存和循环，同时为第三方使用提供便利（即非本国的两个地区利用国际货币开展贸易和投资结算），有助于促

① 沙特是石油输出国组织最大产油国，其他成员国随后也采用美元进行石油交易。

进货币的国际流通。以主要国际货币计价的金融资产在离岸市场大规模发行和交易。截至2021年年中，离岸市场在美元、欧元和日元债权类资产中的比重分别为57%、16%和15%。美元离岸市场规模最大，流动性充裕、金融产品供给充足，有力支撑美元的国际地位。2016年，欧洲美元市场（最主要的美元离岸市场）规模约13.8万亿美元，相当于美国银行业总资产的86%。美元离岸市场促进了美元的第三方使用，国际清算银行（BIS）数据显示，2019年底大量美元贷款业务在非美地区间开展，其中离岸金融中心是重要的交易对手方。

离岸市场发展既要顺应宏观环境变化，也需要政策主动引导。20世纪50年代，为规避政治风险，苏联将美元储备转存到英国伦敦和法国巴黎等欧洲国际商业银行，“二战”后美国实施的马歇尔计划向欧洲国家提供了大量美元流动性；20世纪70年代，OPEC成员国将大量石油美元投入欧洲美元市场，大量美元资金沉淀推动了欧洲美元市场快速发展。此外，20世纪六七十年代，美国对定期存款设置利率上限，并通过征收利息平衡税等方式避免资金外流，使离岸美元市场吸引力进一步增强。1962—1979年，欧洲美元市场规模从55亿美元快速扩张到1.2万亿美元。欧洲美元市场快速发展导致美国国内机构的国际金融业务萎缩。为提升美国金融机构的国际竞争力，20世纪80年代美国推出国际银行设施（IBF）制度，在境内建立美元离岸市场。美国允许各类存款机构和外国银行在美分行建立IBF，IBF账户内美元视同境外美元处理，金融监管和税收等参考离岸市场，但资金仅可用于国际业务并与国内业务相隔离，且客户范围严格限定为非居民。叠加美国逐步取消利率和资本管制，美元在岸、离岸资金流动更为便捷，推动美元离岸市场稳步发展。

离岸市场需防范过度投机行为引发的金融风险。由于离岸市场具有监管和税收等方面的优势，不少资金开展在岸、离岸套利交易，资金来源和用途实质都在境内的“往返型”交易增多，易引发金融风险。2008 年国际金融危机爆发前，部分欧洲商业银行通过向美国货币基金借入资金，并最终将其投向美国较高风险的资产证券化产品，助推次贷危机爆发。20 世纪八九十年代，日本加快建设东京离岸市场并放松资本管制，大量资金通过离岸市场回流到股市、房地产，加剧了日本资产泡沫的积累。

（四）完善的大宗商品期货交易市场

1. 主要大宗商品货币计价现状

大宗商品兼具商品和金融属性，交易规模大。大宗商品交易计价既是国际货币重要职能，也是国际货币地位重要支撑。大宗商品主要以美元计价，进出口和金融交易多以美元进行。在 2021 年联合国贸易和发展会议（UNCTAD）公布的 53 种商品价格指数中，41 种为美元计价，11 种为欧元计价，1 种为英镑计价，原油、农产品、黄金、铜等主要大宗商品都以美元计价。原油是全球交易量最大的大宗商品，2018 年出口金额约 1.1 万亿美元，占全球出口产品的 6% 左右；原油期货交易规模更大，对维持美元的国际地位发挥着重要作用。即便是欧盟国家，货物进口中仍有近四成以美元计价，主要是能源等大宗商品的计价。

2. 发达的期货交易市场是掌握大宗商品定价权的重要支撑

由于交易周期长、价格波动大，大宗商品定价主要参考期货价格，发达的期货交易市场对大宗商品的定价权有较大影响力。2020 年全球前 15 大期货交易所中，5 家为美国机构，总计交易 137.1 亿张合约（见图 10-2），相当于全球的三成[①]。美国通过整合、跨国并购等方式巩固在全球大宗商品期货期权交易市场的优势地位。美国芝加哥商品交易所（CME group）

① 部分美国机构在其他地区开展期货期权交易，如洲际交易所在欧洲和新加坡均开展业务。

是全球最大的期货交易市场，先后收购芝加哥期货交易所（CBOT）、纽约商业交易所（NYMEX），并将NYMEX与旗下的芝加哥商品交易所（COMEX）合并重组，三家交易机构分别成为全球农产品、能源产品和黄金的主要定价机构。洲际交易集团（Intercontinental Exchange, ICE）是全球最大的综合型交易所之一，通过对伦敦国际石油交易所、纽约泛欧证交所、新加坡商品交易所等机构的收购或并购，增强在能源、贵金属等领域的国际影响力。

表10-2　　2020年全球交易合约数前15大期货交易所

交易所	交易合约数（亿张）	国家/地区
印度国家证券交易所	88.5	印度
巴西证券交易所	63.1	巴西
芝加哥商品交易所	48.2	美国
洲际交易集团	27.9	美国
纳斯达克	26.6	美国
芝加哥期权交易所	26.1	美国
大连商品交易所	22.1	中国
韩国交易所	21.8	韩国
上海期货交易所	21.3	中国
莫斯科交易所	21.2	俄罗斯
欧洲期货交易所	18.6	德国
郑州商品交易所	17.0	中国
伊斯坦布尔证券交易所	15.2	土耳其
孟买证券交易所	9.2	印度
迈阿密国际控股公司	8.3	美国

数据来源：FIA。

3. 绿色低碳转型背景下，欧美加快构建绿色发展类商品期货交易市场

新冠疫情后，全球新能源汽车需求量大幅上升，对锂、钴等电池制造相关金属的消费需求快速增加，芝加哥商品交易所（COMEX）分别于2020年12月、2021年5月推出钴、锂期货。绿色低碳转型成为经济增长新的约束条件后，碳排放配额的定价将直接影响生产消费活动的成本。欧盟从2005年开始建设碳市场（欧盟碳排放交易体系，EU-ETS），2019年碳配额交易量为67.8亿吨、交易额为1690亿欧元，分别占全球碳市场的78%和87%，其中碳期货交易占总交易量的八成以上，是全球碳定价的标杆。值得注意的是，欧盟碳期货以欧元定价，但最大的碳期货交易市场——欧洲气候交易所（ECX）于2010年被美国洲际交易所（ICE）收购。由纽约商业交易所（NYMEX）和摩根士丹利等多家公司联合成立的GreenX（Green Exchange Holdings）也是重要的欧盟碳期货交易所，于2012年被芝加哥商品交易所（CME group）全额收购，交易业务并入纽约商业交易所。这表明美国机构正积极拓展绿色能源领域的定价能力。

（五）构建多边和区域金融合作机制

国际货币计价资产在全球金融市场大规模流通，主要国际货币发行国的政策调整会影响全球流动性环境，大型国际商业金融机构提高了政策全球传导的效率。相应地，主要国际货币发行国在全球和区域金融合作机制中既有较强的国际治理话语权，也承担着更大责任。

美欧在全球多边金融合作机制中发挥着主导作用。美国既在全球金融合作机制中占据主导地位，也在区域金融合作中发挥重要作用，对IMF、世界银行投票权比重分别为16.5%、15.85%，均具有“一票否决权”，对美洲开发银行、亚洲开发银行投票权比重分别约30%、15.6%。美国还通

过货币互换网络为主要盟友提供紧急流动性，在2008年国际金融危机、2020年新冠疫情中对稳定全球金融市场发挥了重要作用。德国、法国等欧洲国家在IMF、世界银行持有的投票权总比重较高，发挥统一货币优势，对欧洲及周边地区影响力大。

借助在亚太地区的较大影响力，日本积极推动区域金融合作安排。日本是亚洲开发银行、清迈协议多边化等区域金融合作的重要推动者，其重要目的之一是提升日元在亚洲地区的地位。一是亚洲金融危机爆发后，日本提出建立“亚洲货币基金”的方案，因美国反对未成功后，又推出“宫泽援助计划”（与马歇尔计划类似），为泰国等提供低息贷款，扩大日元在东南亚国家的影响力。二是参考欧洲货币单位，日本提出构建以中日韩和东盟国家等十余种货币加权为基础的“亚洲货币单位”（AMU），日元权重较高，日本政策研究机构REITI持续发布AMU汇率走势，但影响力相对有限。三是日本积极参与“清迈协议”等区域金融合作，推动亚洲区域金融安全网构建，日元在区域货币互换网络中的比重较高。

除政府部门外，大型国际商业金融机构也能强化主要国际货币发行国的影响力。以美国为例，美国有8家全球系统重要性银行（根据金融稳定委员会2022年11月公布的数据，全球共30家），按全球资产管理规模排名的前十大机构中，美国有9家[①]，全球最具影响力的三家国际评级机构都在美国。美国金融机构国际业务比重大、国际影响力强，在适应美国本土经济金融政策调整的过程中，能通过资产组合再平衡等渠道对全球金融环境产生影响。

表10–3概括了全球重要的金融合作机构或机制相关情况。

① 截至2023年5月，数据来源于国际资产管理分析公司SWFI。

表10-3 全球重要金融合作机构或机制

机构或机制	覆盖范围	可动用金融资源	主导国
国际货币基金组织（IMF）	190个成员国	约10000亿美元	美国16.5%、日本6.14%、中国6.08%、德国5.31%、英国4.03%、法国4.03%（投票权）
世界银行	189个成员国	约2000亿美元	美国15.85%、日本6.84%、中国4.42%、德国4%、英国3.75%、法国3.75%（投票权）
欧洲稳定机制（ESM）	欧元区19个成员国	7000亿欧元	德国26.9%、法国20.2%、意大利17.8%（出资比例）
六大央行货币互换协议	美国、加拿大、英国、欧元区、瑞士、日本	无限额	美国
美联储临时货币互换协议	巴西、墨西哥、韩国、丹麦、新加坡、挪威、澳大利亚、新西兰	4500亿美元	美国
北美框架协议货币互换	美国、加拿大、墨西哥	美加为20亿美元，美墨为90亿美元	美国
美洲开发银行	48个成员国，美洲国家28个	约1500亿美元	美国约30%，阿根廷和巴西约11%（投票权）
亚洲开发银行（ADB）	68个成员国，49个来自亚太地区	约2700亿美元	日本15.6%、美国15.6%、中国6.4%、印度6.3%（持股比例）
清迈倡议多边化（CMIM）	东盟10国+中日韩	2400亿美元	中国、日本各约30%，韩国约16%
金砖国家紧急储备安排	中国、巴西、俄罗斯、印度和南非	1000亿美元	中国410亿美元，巴西、印度、俄罗斯各180亿美元，南非50亿美元
亚洲基础设施投资银行（AIIB）	104个成员国	约300亿美元	中国26.56%、印度7.6%、俄罗斯5.97%（投票权）
金砖国家新开发银行（NDB）	中国、巴西、俄罗斯、印度、南非，2021年阿联酋、乌拉圭和孟加拉国加入	约200亿美元	5个初始成员国出资比例相同
中国双边互换协议网络	中国央行与约40个央行签署互换协议	约4万亿人民币（6300亿美元）	中国

注：IMF、世界银行为全球层面，其他为区域层面或双边协议。数据截至2021年底。

数据来源：IMF等组织官方网站，笔者整理。

二、人民币国际化金融基础设施和配套条件建设现状

经过多年发展，人民币国际化金融基础设施和配套条件建设取得积极进展。与主要国际货币发行国相比，人民币国际化的相应支撑还不足，人民币跨境清算结算基础设施业务规模较美元、欧元差距明显，国债市场流动性和开放度需进一步提升。

（一）人民币跨境支付清算基础设施效率不断提高，统筹协调与空间布局有待完善

1. 代理行、清算行和人民币跨境支付系统（CIPS）是人民币跨境使用的主要支撑

代理行是人民币国际化初期主要的跨境清算模式。由于境外金融机构一般不允许接入境内支付系统，无法直接开展本币支付清算，须通过境内金融机构代理开展业务。在清算行和 CIPS 未建立前，境外金融机构通过在境内银行开设同业往来账户完成人民币清算业务。代理行模式成本低，在国际贸易中广泛使用，但难以完全掌握真实交易信息，风险控制难度大、合规风险高。随着反洗钱、反恐融资等监管要求提升，多个大型银行减少或终止了代理行业务，2011—2018 年全球代理行数量下降约 20%。

清算行模式具有一定中国特色，对满足人民币境外需求发挥着重要作用。清算行位于境外，可直接或间接参与境内支付系统，其他境外机构通过在清算行开户和信息报送完成资金划拨，相当于设立境外清算中心，人民币资金在当地市场自行调剂和平衡。清算行模式在主要货币跨境结算中比重小，但对人民币跨境结算起到重要推动作用。一是人民币流动性可境外留存，有助于推动离岸金融业务发展。二是我国资本项目尚未完全开

放，清算行承担一定流动性调配和监管职能，有助于管控人民币离岸金融风险。三是清算行多由大型商业银行充当，资金充足、信用等级高，有助于推广人民币业务和降低风险。截至 2020 年 6 月底，我国共在 25 个国家和地区设立 27 家清算行，除美国摩根大通和日本三菱银行外，其他均为国有大型商业银行的海外支行。

CIPS 大幅提高跨境清算效率，是促进人民币国际化进程的重要支撑。我国跨境支付清算系统发展较晚但进展快，2015 年 CIPS（一期）上线，经过 3 年运行和功能优化，2018 年 CIPS（二期）投产运行，实现对全球各时区金融市场的全覆盖，业务范围从资金逐步拓展到证券、外汇等。CIPS 参与主体包括直接参与者和间接参与者两类，前者可直接办理人民币跨境支付业务，后者需要委托直接参与者办理。CIPS 系统在境内支付系统（CNAPS）设立资金账户，最终资金结算依赖境内支付系统，同美元“Fedwire+CHIPS”体系类似。截至 2020 年 9 月，直接参与者共有 36 家，间接参与者共有 974 家，覆盖 97 个国家和地区。

与代理行和清算行相比，CIPS 结算效率和安全性更高，业务范围更广，对人民币国际化起到重要支撑作用。一是提供集中清算服务，采用实施全额结算和定时净额结算的混合机制，节约流动性。二是业务流程相对短、自动化程度高、成本更低。三是系统运行时间更长，实现对各时区金融市场的全覆盖，提升业务连续性。四是支持金融市场业务的跨境资金支付结算，包括证券交易和外汇业务，为外国投资者进入我国金融市场提供便利性。五是安全性更高。代理行、清算行信息报送对 SWIFT 依赖度高，CIPS 系统采用国际通用报文标准 ISO20022，同时兼容 SWIFT 报文格式。

2. 人民币跨境支付清算基础设施建设面临的主要问题

从市场需求看，代理行、清算行和 CIPS 三种模式竞争与互补并存，且在人民币国际化进程中将较长时间共存，功能定位需要统筹协调。代理行覆盖范围广，但合规风险高、业务效率低。清算行有助于培育离岸人民币市场，一般同一国家或地区会指定唯一人民币清算行，具有一定“业务垄断”特征，不利于市场竞争。CIPS 效率高、成本低，但接受度还在逐步提升，并会削弱代理行和清算行的作用。清算行与 CIPS 参与行地理分布重叠交叉较多，二者均呈现亚洲地区集中度高、欧洲部分覆盖、其他地区覆盖度低的分布特征，不少清算行成为 CIPS 直接参与行。但是，与我国贸易往来密切、人民币需求较大的中东、非洲、拉丁美洲地区覆盖度相对不足。CIPS 直接参与行以国内金融机构为主，境外金融机构数量还不多。

与成熟国际货币支付清算系统相比，CIPS 还有差距。一是业务量差距大。2020 年 CIPS 累计处理金额 45.3 万亿元（约 7.2 万亿美元），相当于美国 CHIPS 的 1.75%，差距明显。这既与人民币国际货币地位不高有关，也受到 CIPS 使用便捷度和效率的影响。二是标准兼容性有待提升。部分境外金融机构习惯使用 SWIFT 报送信息，CIPS 报文标准可与 SWIFT 兼容，但最终资金结算 CNAPS 系统为中文报文，转换效率受影响。三是流动性节约不足。CIPS 不允许日内透支，虽然有助于控制信贷风险，但增加了流动性成本，如果有会员机构临时出现资金短缺情况，则可能缺少有效流动性支持，而美国 CHIPS、欧元区 TARGET2 都有日内信贷功能。

3. 小额跨境支付是货币跨境使用的新增长点，我国小额跨境支付虽然快速发展，但成本与风险较高

近年来，全球零售电商比重稳步提升，跨境电商规模持续扩大，是跨境支付的新增长点。新冠疫情助推跨境贸易由线下转向线上，而我国是全球最大的跨境电商出口国之一，有助于推动人民币计价结算。2020 年我国跨境电商进出口额为 1.69 万亿元，同比增长 30%，市场规模未来 10 年可能增长至 10 万亿元。

跨境电商以中小企业为主，交易金额小、频率高，对跨境支付的灵活性、便捷性、及时性要求高，与传统外贸交易的大额跨境支付差异较大，主要依靠第三方跨境支付平台满足支付需要，面临耗时长、成本高、风险高等问题。一是中间环节多，回款时间长。超过一半的外贸企业采用第三方支付平台和当地支付工具进行跨境收款，再通过银行将货款转到国内账户，需要经历多重业务审核，货款回流周期长，导致企业资金被长时间占用。二是我国国内第三方支付机构（如支付宝、微信）的海外市场份额还不高，主要依赖 Paypal 等主要国际支付公司。有的国际支付公司设置提现手续费和汇兑损失等项目，成本较高。三是企业对企业（B2B）跨境支付渠道较少。第三方支付平台主要针对企业对消费者（B2C）和小额 B2B 支付，新冠疫情后，部分交易金额较大的企业间贸易转移至线上，支付规模相当于 B2C 的 10 ~ 20 倍，支付结算成本变得更高。四是支付结算风险高。跨境电商人民币计价结算比例还不高，外贸企业缺少外汇风险管理工具，承担了较大的汇率风险。部分第三方平台为降低成本而减少合规审查，交易欺诈风险加大。银行尚未建立针对跨境电商的交易结算系统，汇回货款可能被冻结，外贸企业流动性风险加大。

（二）国债市场国际化程度和流动性需进一步提升

1. 国债对境外投资者的吸引力增大，但国际化程度仍需进一步提升

我国债券市场规模居全球第二。新冠疫情后，全球金融动荡次数增多，我国率先控制疫情、恢复经济、化解风险，人民币资产避险属性增强，金融开放加速，人民币债券对境外投资者的吸引力增大。2021 年 9 月，境外投资者持有境内人民币债券 3.9 万亿元，较 2019 年底增加 1.68 万亿元，总规模和增幅均超过股票。国债是境外投资者的主要增持标的，2021 年全年增持国债超 5000 亿元。境外投资者持有的国债资产占我国国债余

额的比重接近 10%，这一比重略低于日本，与美国和欧洲主要国家差距较大，仍有较大提升空间。

2. 国债市场流动性较美国、英国等仍有差距

国债作为无风险资产，其流动性水平对增强投资者信心和发挥定价基准作用具有重要意义。我国国债市场流动性持续提升，2020 年换手率约为 2.38，较 2013 年的 1.3 提高近一倍。与主要发达经济体相比，我国已超过日本，与德国接近，但相当于英国的六成、美国的三成，仍需继续提升①。

我国国债市场流动性受三方面问题制约。一是投资者高度集中。约六成国债由商业银行持有，商业银行风险偏好低、交易行为趋同，为降低国债价格波动对财务报表的影响，部分银行倾向于持有到期，影响了国债交易活跃度。二是短期限国债（1 年期及以下）发行比例较小。短期国债易满足金融机构流动性管理需要，是货币市场的重要组成部分，滚动发行短期限国债，既有助于促进货币市场利率形成，也能降低政府融资成本。美国短期国债约占其存量国债的 20%，而我国这一比重较低。三是市场相对分割降低定价效率。我国国债在银行间市场与交易所市场流通，两个市场在交易主体、交易机制、托管结算制度和监管制度等方面存在差异，同一期限国债的定价可能不同。

3. 国债市场开放度需进一步加大，风险管理成本有待降低

债券通是我国债券市场开放的重要通道，2017—2021 年，境外投资者持债规模为 1.1 万亿元，累计成交量为 12 万亿元。出于风险控制考虑，债券通境外投资者参与回购、债券借贷等交易还面临较大限制，部分投资者在资金紧张时，难以通过国债回购获得资金支持，可能在短期内卖出国债，加大市场波动。我国国债作为跨境担保品尚处于起步阶段，跨境使用

① 新冠疫情后美国国债增发、美联储加大国债购买量导致换手率降低，2019年其换手率为 9.3，约相当于我国的4倍。

还存在基础设施和制度安排上的制约，包括托管机构跨境互联互通体系尚不完善、跨境担保违约处置中人民币资金汇出规定还不明确等。境外投资者需通过国债期货市场实现风险对冲，但尚不能进入国债期货市场。人民币汇率波动较大，外汇衍生品还不成熟，境外投资者汇率对冲成本增加。

（三）离岸人民币市场平稳发展，市场广度与深度需持续拓展

随着人民币在国际贸易和投融资中使用率的提升，境外人民币流通规模扩大，离岸人民币市场稳步发展。截至 2020 年底，离岸人民币存款余额、贷款余额规模分别约为 1.27 万亿元、5285.5 亿元，当年新发人民币债券约 3320 亿元。从地域分布看，当前离岸人民币市场已形成以中国香港为主导，伦敦、新加坡等多地稳步发展的局面，中国香港离岸人民币存款余额、贷款余额、新发债券分别相当于离岸市场总规模的 57%、29%、82%。

由于我国资本账户尚未完全开放，离岸市场对促进境外人民币循环和相对隔离境外金融风险发挥重要作用。当前离岸人民币市场广度与深度仍需继续拓展。一是离岸市场规模总体较小。离岸人民币存款余额、贷款余额分别相当于同期境内银行业存贷款规模的 0.6%、0.3%，远小于离岸美元市场规模。二是投融资不活跃。从贷款看，2020 年底离岸人民币每单位存款派生 0.42 单位贷款，而根据国际清算银行（BIS）的研究，20 世纪 70 年代，欧洲美元市场该数值平均达到 5。从债券看，离岸人民币债券发行规模相对有限，发行主体较为单一。中国香港是人民币离岸债券的主要发行地，2014—2019 年离岸人民币债券年度发行规模从 2274 亿元萎缩至 1988 亿元，2017 年一度萎缩至 210 亿元，2020 年后有所回升（见图 10–4）。从存量规模看，2022 年末主要离岸人民币债券未偿余额约为 7200 亿元，金融债券、国债和央行票据三者合计近九成，企业债券不到 10%，外国政府和

机构发行比重偏低。三是流动性供应相对不足。我国加快金融开放，分流离岸市场人民币长期流动性，2016—2020年我国证券投资项下人民币跨境净流入1.9万亿元。离岸市场短期流动性供给不足。由于离岸市场人民币资产质押回购不完善、在岸市场对离岸市场的短期流动性支持不足，当离岸市场人民币资金需求增大时，易引发短期流动性紧张，加大短期离岸人民币利率和汇率波动。

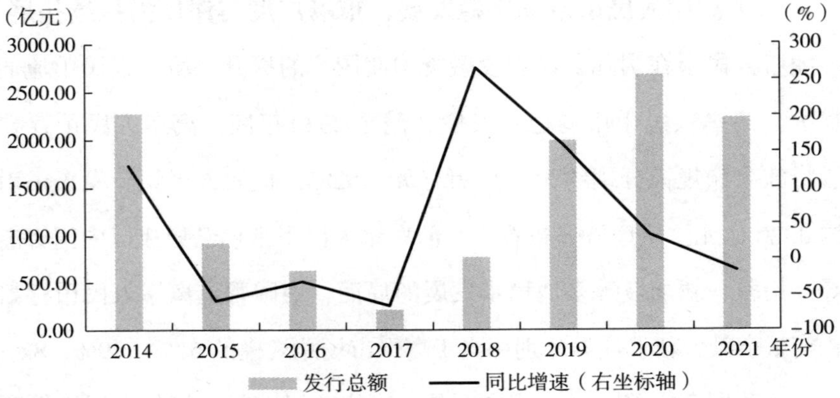

图10-4　中国香港离岸人民币债券发行情况

数据来源：Wind。

（四）中资金融机构国际竞争力还不强

国际化程度高、海外覆盖面广、业务产品创新能力强的金融机构是增强货币境外使用意愿、推动货币国际流通循环的重要支撑。中国金融业通过在境外设立机构、参股、并购等方式，稳步提升国际化水平。银行业是我国金融机构海外展业主体，2020年中资银行共设立1400多家海外分支机构，覆盖全球近70个国家和地区，银行业对外总资产为1.37万亿美元，相当于2015年的1.8倍（见图10–5）。

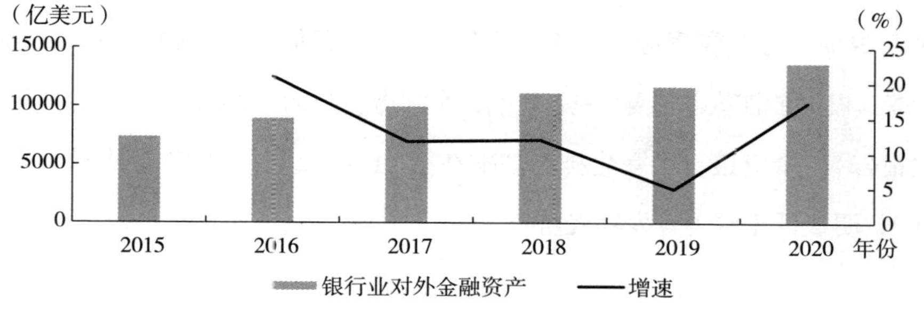

图10-5　中国银行业对外金融资产规模

数据来源：Wind。

与主要发达经济体相比，中资金融机构的国际竞争力还不强。截至2018年末，中资银行跨境贷款占全球跨境贷款比重接近7%，低于日本（15.4%）、美国（11.3%）。2021年我国外汇贷款余额相当于总贷款余额的3.5%，而日本、德国和美国的这一比例接近20%，英国则超过50%。2013年以来，我国外汇贷款增速低于总贷款增速，外汇贷款比重呈下降趋势，2012—2021年，我国外汇贷款增速下降了3.3个百分点（见图10-6）。美国、欧洲主要国家金融机构的海外业务收入高，海外业务对头部券商、大

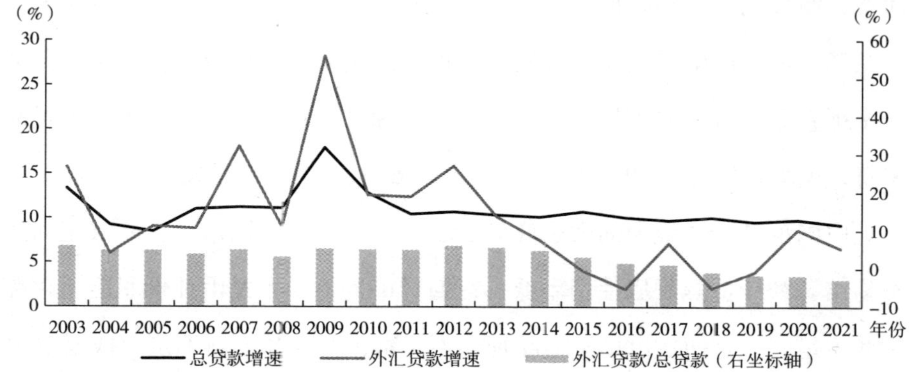

图10-6　中国金融机构外汇贷款与总贷款增速情况

数据来源：Wind。

型商业银行的利润贡献率接近或超过 20%，而我国除中国银行这一数值接近 20%（海外利润近一半来自中银香港），其他大型金融机构一般不到 10%。根据浙江大学金融科技研究院等机构发布的《2021 全球银行业国际化报告》，中资银行国际化排名基本在第 21 ~ 42 位（共 77 家大型商业银行），明显低于欧美等发达经济体。

（五）大宗商品人民币计价处于起步阶段，绿色发展类商品计价迎来发展机遇

1. 大宗商品人民币计价稳步发展，总体处于起步阶段

近年来，我国积极推动大宗商品人民币计价，大宗商品期货市场快速发展。2020 年全球期货期权交易合约数前 15 大交易所中，大连商品交易所、上海期货交易所和郑州商品交易所分列第 7、9 和 12 位。期货市场对外开放度提升。截至 2021 年 10 月，我国允许境外投资者参与原油、铁矿石、国际铜等 7 个品种期货交易。其中，上海原油期货市场规模居全球第三，仅次于 WTI 和 Brent 原油期货，境外客户持仓量和交易量占比近二成。大宗商品人民币计价结算实现突破。全球最大的三家铁矿石企业（巴西淡水河谷、澳大利亚必和必拓集团和力拓集团）均在铁矿石贸易中尝试用人民币结算，境外矿山和贸易商开始以大连商品交易所铁矿石期货价格为基准与中国企业签订基差贸易合同。2020 年，原油、铁矿石、铜、大豆等贸易跨境人民币收付约 2500 亿元，同比增长 16.4%，但总体还处于较低水平。

中国虽是全球最大的大宗商品需求方之一，但人民币在主要大宗商品贸易结算和计价等领域使用率低，在期货市场上，人民币计价职能还存在一些不足。一是期货市场交易品种还不丰富，衍生品创新不足。截至 2021 年 8 月，我国期货期权品种共 94 个，而芝加哥商品交易所（CME）衍生品合约品种约 500 个，CME 还根据市场需求及时推出钴、锂等期货，产品创

新能力强。二是期货市场国际化程度还不高。期货市场对外开放品种不足一成，大多数期货市场尚未对境外投资者开放。对于已开放的期货品种来说，除上海原油期货外资比重较高外，其他品种的外资参与度还不高。三是定价影响力有限。虽然我国已经开放原油、铁矿石、黄金等期货，但国际贸易仍主要以欧美期货交易所价格作为参考。这与欧美期货市场起步早、成熟度高有关。我国需要持续完善期货市场建设，扩大人民币定价影响力。

2. 绿色发展类大宗商品人民币计价迎来发展机遇

新冠疫情后，全球绿色低碳转型提速，主要国家密集宣布碳中和目标，石油、煤炭等传统大宗商品交易规模未来预计减小，围绕绿色低碳转型的新增商品需求（如硅、稀土）将显著增加，为人民币计价创造新发展机遇。

碳排放权交易市场有助于增强市场化碳定价能力。我国碳市场全球覆盖排放量规模最大，未来交易活跃度将大幅提升，有助于增强我国碳定价领域的话语权。2021 年 7 月，我国全国碳排放权交易市场（以下简称全国碳市场）正式启动，先行纳入发电行业 2000 多家企业，覆盖碳排放量超过 40 亿吨，相当于欧盟碳市场覆盖规模的 2 倍，未来还会继续纳入其他高排放行业。全国碳市场处于起步阶段，与欧盟碳市场存在较大差距。截至 2021 年 12 月中旬，全国碳市场交易活跃度并不高，累计成交量接近 1 亿吨，相当于 2020 年欧盟碳市场成交量的 1/85，日均换手率（交易量除以配额总量）万分之二，而欧盟碳市场超过 1%。我国碳市场活跃度低、流动性不强主要受市场参与者单一（当前仅覆盖电力行业）、金融机构参与不足、未推出碳交易衍生产品等因素影响。如果未来引入机构投资者和国际投资者，创设更丰富的碳排放权金融产品，那么我国碳市场成交规模有望快速扩大，人民币计价的碳价格也将更具国际影响力。

我国是工业硅、稀土等商品的生产大国和消费大国，人民币计价正在积极推进。能源活动排放量约占全球温室气体排放量的七成，能源体系脱碳是绿色低碳转型的重点，需要大幅提升新能源比重，工业硅、稀土等品种的生产消费需求将迅速增加。在石油、煤炭等传统化石能源领域，我国是主要进口国，对外依赖度高，定价话语权不强，但对于工业硅、稀土等品种来说，我国既是生产大国，也是消费大国，能够发挥更大影响力。工业硅主要用于太阳能光伏产品，2020 年我国工业硅产量占全球工业硅总产量的比重达七成，消费量达全球工业硅总消费量的五成，是全球最大的工业硅生产国和消费国，广州期货交易所已推出工业硅期货。新能源汽车销量大幅增加后，电池原材料金属需求大幅增长，锂、钴等金属价格快速上涨，2021 年我国电池级碳酸锂价格同比涨幅为 426%，需要公开定价基准和套期保值工具。我国推进相关金属人民币计价具有产业优势，2020 年我国动力电池装机量占全球为 46%，但定价竞争趋于激烈。2021 年芝加哥商品交易所（CME）、伦敦交易所（LME）推出锂期货，2022 年新加坡交易所推出首批锂、钴期货合约。

（六）我国积极开展区域金融合作，多边金融合作机制效能仍需提升

近年来，我国积极开展区域金融合作，构建大规模货币互换网络，推动完善区域安全网，但多边金融合作效能仍需提升。一是人民币区域紧急救助功能还不强。截至 2021 年 11 月，我国与近 40 个国家或地区签署货币互换协议，总规模约为 4 万亿元。我国还推动建立清迈倡议多边化（CMIM）、金砖国家紧急储备安排等区域金融安全网，救助总规模约为 3400 亿美元。新冠疫情后，人民币紧急救助功能还不突出，CMIM 和金融国家紧急储备安排对成员国的救助较为有限，危机救援主要依赖 IMF 紧急援助的基本格局未发生变化。二是多边金融机构作用有待发挥。我国推动成立亚洲基础设施投资银行（简称“亚投行”）、金砖国家新开发银行（简

称“新开行”）两大多边金融机构，重点面向发展中国家。亚投行和新开行尚处于起步阶段，二者资产总规模约为500亿美元，相当于亚洲开发银行（亚洲地区重要多边金融机构）的1/5。

三、相关政策建议

（一）统筹协调人民币跨境支付清算基础设施建设

跨境支付清算基础设施是人民币跨境流通的基础性支撑，人民币跨境支付清算网络初步形成，为进一步提高人民币使用便利性，代理行、清算行、CIPS三种模式要统筹协调发展。代理行重点在于扩大人民币跨境结算覆盖面；清算行承担培育、推广离岸人民币金融业务职能，还需要加强对当地人民币业务的流动性支持和统计监测；主要国际货币发行国都建立了成熟的跨境支付系统，CIPS是未来人民币跨境结算的主要推广方向。优化清算行和CIPS空间布局，重点增加对中东、非洲和拉丁美洲等地区的支付清算网络覆盖，对人民币结算需求较大的国家新设人民币清算行。“一带一路”沿线国家和地区的人民币业务规模持续扩大，要加大中资金融机构的覆盖面，为当地企业提供更完善的人民币金融服务。适度增加直接参与CIPS的海外金融机构数量，优化日间流动性管理，探索临时流动性支持业务。

（二）提升小额跨境支付服务质量，以科技创新降低成本和风险

我国是全球最大的跨境电商出口国之一，跨境电商是提升人民币国际使用率新的增长点。我国设立一百余个跨境电商综合试验区来推动外贸创新发展，要鼓励和引导跨境电商积极使用人民币计价结算，为跨境人民币支付提供更多政策便利。由于支付业务规模小、频率高，跨境支付成为跨境电商业务发展的瓶颈。要推动跨境电商企业、商业银行、第三方支付平

台加强合作，在保证合规的前提下减少业务中间环节，提升业务效率。鼓励商业银行建立专门用于服务跨境电商的综合性服务平台，并推出符合中小外贸企业特点的汇率风险管理工具。第三方支付平台是跨境电商支付的主要渠道，要推动其强化科技创新，运用区块链等新技术提升跨境人民币支付效率和安全性。

（三）提升国债市场流动性，丰富风险对冲工具，推动跨境金融基础设施互联互通

在全球金融动荡次数增多的背景下，人民币国债在全球安全资产中的地位进一步提升。要继续优化国债流动性，完善国债收益率曲线，调整期限结构，增加 1 年期以内短期国债发行比重，扩大 5 年期、10 年期等关键期限品种发行规模并提高发行频率。债券市场相对分割会增加交易成本、降低定价效率，不利于发挥国债利率基准作用，要加快推进债券市场基础设施互联互通，推动银行间和交易所两个市场发行、登记、交易、托管等环节趋于一致，探索建立集中统一登记托管结算体系。国债回购对活跃市场交易具有重要作用，要稳步放开债券通投资者参与国债回购市场。国债期货市场成熟度还有待提升，要继续加快商业银行和大型保险机构利用国债期货提升风险对冲的能力，完善做市商制度，在市场规模和流动性进一步提升后，稳慎推动境外投资者进入国债期货市场。人民币国债的境外投资者持有比重持续扩大，为跨境担保品业务奠定了良好基础，要与更多国际金融机构开展人民币国债跨境担保品试点业务。国际中央证券存管处（ICSD）能够大幅提升金融市场联通效率，要加快与明讯国际、欧清银行等的互联互通。亚洲地区金融基础设施联通度还不高，要支持中国香港建立亚洲地区 ICSD，广泛联通区域金融市场，提升亚洲跨境证券结算的安全性和效率。

（四）鼓励境外投资者在在岸、离岸市场发行人民币债券，提升人民币债券融资功能

离岸市场对促进人民币第三方使用和境外循环发挥着重要作用。要加快扩大香港离岸人民币债券市场规模，扩大在香港的国债、地方政府债发行规模。新冠疫情后，绿色债券对全球投资者的吸引力增强，要鼓励中资金融机构和企业到香港发行绿色债券，支持香港打造绿色金融中心。推动“一带一路”沿线国家和地区、RCEP 国家到香港和内地发行人民币债券。部分国家政府部门受国际评级影响，在香港发行债券难度大、成本高，内地市场可适度配套鼓励性政策。除强化中国香港离岸市场建设外，还应加强与英国、日本和新加坡等金融发达地区金融市场的互联互通和监管合作，推动其交易所推出与人民币债券挂钩的金融产品。

（五）加快提升金融机构跨境金融服务能力，稳步推动金融业“走出去”

我国金融机构国际化经营水平取得长足进步，但国际竞争力还不强，制约着人民币在跨境金融中的使用。中资金融机构要加强与国际金融机构的合作，积极开展银团贷款等投融资服务，增强跨境金融专业化服务能力。金融合作是“一带一路”沿线国家和地区经贸合作的重要支柱，要强化中资金融机构对“一带一路”建设的支持，创新跨境融资模式、加强金融产品创新、提升服务对接能力。中资金融机构海外分支机构主要集中于亚洲和欧洲地区，要优化区域布局，提升与我国贸易往来密切的中东、非洲、拉丁美洲地区覆盖度。新冠疫情后，在全球金融动荡次数增加、国际形势更加复杂的背景下，金融机构要进一步强化风险防范，做好客户身份识别与尽职调查等合规工作，准确识别市场、政策、法律等风险。

（六）稳步提升人民币大宗商品计价职能，完善全国碳市场建设，稳步推出新能源相关商品期货

在原油、铁矿石等传统大宗商品领域，欧美的竞争优势明显，我国要继续推动更多企业在大宗商品结算中参考人民币期货价格签订合同。在绿色发展类商品领域，我国要抓住发展机遇，提升人民币定价和计价能力。分步骤稳步放宽机构投资者准入，允许已在地方碳市场中有较多经验的大型券商和商业银行参与全国碳市场交易。适时引入境外合格投资者，提升碳市场国际化程度。成熟碳市场以衍生品交易为主，加快研究碳排放权期货，在监管到位的前提下稳步推出碳排放权期货。相对于石油等大宗商品，新能源相关商品市场规模较小，定价、风险控制等方面的制度安排难度较大，应优先推出现货市场较为成熟品种的期货交易，再逐步推出其他商品期货。

（七）提升全球金融治理话语权，增加人民币在多边金融合作和区域紧急流动性救助安排中的使用

新冠疫情后，资产泡沫高位上升、主要发达经济体救助政策将快速退出、全球产业链供应链效率下降与重构叠加、单边利己主义增强等问题使经济金融脆弱性加大，金融动荡增多。我国要在国际宏观经济政策协调中发挥更大主动性，在维护区域经济金融稳定中发挥更积极作用，提升金融治理话语权。要推动亚投行、新开行等多边金融机构在香港和内地扩大人民币债券发行规模，充实金融资源、扩大资产规模，加快基础设施投资项目落地，特别是支持亚洲发展中国家绿色低碳转型的相关投资。优化亚洲区域紧急流动性救助机制，鼓励资本账户流出压力较大的国家使用人民币货币互换，推动制定由亚洲主要货币组成的紧急救助预案。

第十一章

人民币国际化对我国宏观经济管理的影响及应对

货币国际化使发币国的货币职能向境外延伸，在增强其国际金融资源动员能力的同时，也要求其承担更多的国际金融协调责任和义务。在人民币国际化推进过程中，伴随资本项下开放程度提高、国际资本流动规模扩大、汇率形成机制变化，我国产业结构、国际收支平衡等会出现相应调整，并给防范化解金融风险、宏观经济调控带来新的机遇和挑战。宏观经济调控要根据经济内外联结的结构性变化进行适应性调整。要利用好国际金融资源，在有管理的浮动框架下不断增强汇率弹性，推动货币政策从数量型调控加快向价格型调控转变，完善跨境资本流动宏观审慎管理机制，加强人民币离岸市场建设，优化海外资产结构。同时，要在国际宏观经济政策协调中发挥更大主动性，为人民币国际化创造良好的外部环境。

一、人民币国际化对我国宏观经济平衡可能带来的影响

（一）推动人民币国际收支结构调整

国际收支结构是影响货币国际环流的重要因素。主要国际货币发行国的国际收支结构大致可分为两种类型。第一种是美国和英国的贸易项下输出、资本项下回流，即通过经常项目逆差向海外输出本国货币；同时利用

本国金融市场的优势，吸引海外资金回流。第二种是德国和日本的资本项下输出、贸易项下回流，即通过对外投资等方式向海外输出本国货币，并以本国出口竞争优势形成贸易顺差。20 世纪 70 年代后，德国和日本的经常项目基本保持顺差，2000 年后德国是全球最大顺差国之一，经常项目顺差占 GDP 比重维持在 5% ~ 7%[①]（见图 11-1）。国际货币发行国的国际收支结构并不是一成不变的。美国、英国在历史上曾通过大规模海外投资、对外援助等方式实现资本项下货币输出，并在贸易项下回流，随着经济结构变化和金融市场发展，逐步转为当前的贸易项下输出、资本项下回流。

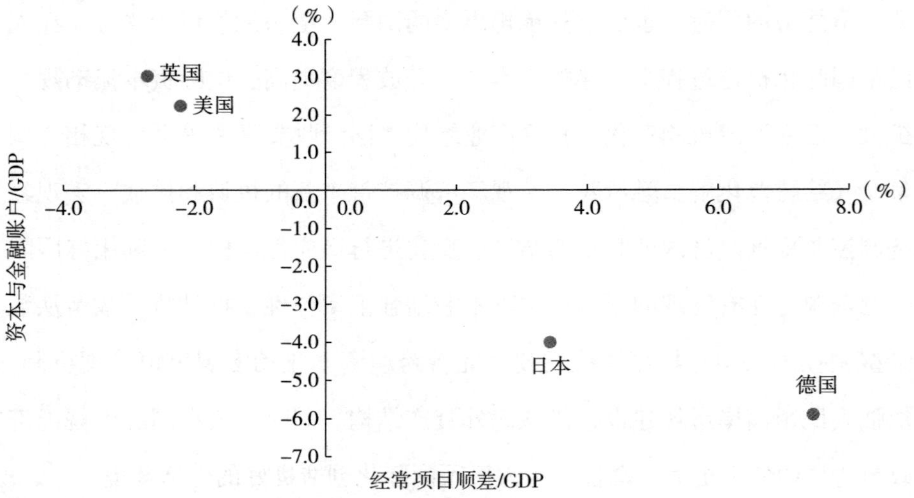

图11-1　2019年主要国际货币发行国的国际收支情况

注：选择2019年数据以避免新冠疫情的影响。
数据来源：Wind。

我国常年保持经常项目顺差，但人民币主要通过贸易项下对外输出，同时通过资本项下适度回流，具有一定中国特色。这与我国的贸易结构有

① 20世纪90年代两德统一后，德国维持约10年的经常项目逆差，2002年后重新转为顺差。20世纪70年代后，日本基本维持经常项目顺差。

关。我国的贸易顺差国主要是美国、欧盟等发达经济体，贸易往来多使用美元或欧元结算。我国的贸易逆差国有不少是依赖大宗商品出口的新兴经济体，人民币相对其本国货币更稳定，一些境外企业收取人民币的意愿高于支付意愿。香港作为国际贸易中转站，对内地保持较大贸易逆差，为人民币境外输出发挥着重要作用（见图 11–2）。

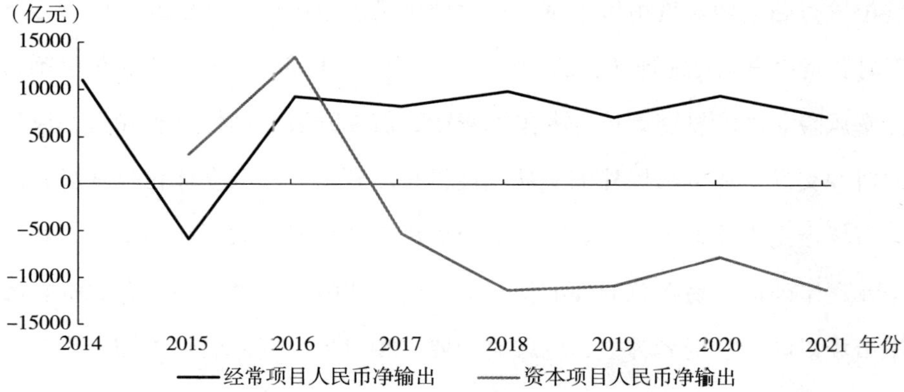

图11-2　人民币跨境收付情况（2014—2021年）

注：正值表示对外净输出，负值表示回流。
数据来源：Wind。

当前人民币环流模式能够推动一定体量的人民币在境外使用，但也有局限性。经过多年高速增长，我国对大宗商品需求的增量空间是有限的，且大宗商品多以主要国际货币计价，这会限制人民币持续向境外输出。促进人民币的国际环流，需要我国选择并维持适合自身特点的人民币国际收支模式。新兴经济体缺少国际资本，通过资本项目为其提供人民币资金支持，有较大的发展空间。我国是全球重要资金供给方，2020 年对外直接投资存量规模为 2.4 万亿美元，超过日本，与德国接近，但不到美国的一成，相对于 GDP 的比重（16%）显著低于美国（154%）、德国（75%）和日本（39%），对外直接投资仍有提升空间。与此同时，我国的股票和债券市场规模居全球第二，但基本上只是为国内企业提供融资，为海外企业提供人民币融资支持的规模有限，也有较大发展空间。

（二）加大人民币汇率波动

增加汇率弹性是提升货币国际化程度的必要条件。一是本币需求波动会加大汇率风险。货币国际化会增加本币需求，为满足增加的货币需求，货币发行国会增加货币供给量，当货币供给量超出市场需求或市场信心下降时，货币需求可能逆转，加大汇率波动[①]。二是离岸市场外汇交易会推高汇率风险。国际投资者持有人民币资产，需要开展流动性管理和汇率风险的对冲交易，离岸市场外汇交易规模扩大。外汇市场的全球化程度高，离岸市场占据主体地位，主要国际货币离岸交易规模均大于在岸市场，其中美元离岸外汇交易在总的外汇交易中占比约 80%，人民币则接近 90%。离岸市场以国际投资者为主、金融监管要求相对低、境内监管机构干预能力弱，离岸市场汇率波动会向境内传递。2016 年初，两地汇率差异一度超过 1200 基点，套利交易加大人民币汇率波动（见图 11–3、表 11–1）。近 20 年来，人民币汇率波动率持续上升，2022 年波动率接近 2015 年前的两倍，人民币汇率在 2019 年、2022 年、2023 年多次破“7”。随着国际化程度提升，人民币汇率双向波动幅度可能会进一步扩大。值得注意的是，汇率波动加大不等同于汇率风险上升，汇率更具弹性有助于吸收风险，关键是要完善市场化汇率形成机制与汇率风险防范机制。

---

① Frankel, J. Internationalization of the RMB and historical precedents. Journal of Economic Integration, 2012, 27 (3): 329–365.

图11-3 2016年离岸与在岸人民币汇率大幅偏离

注：离岸与在岸汇率差值单位为基点（万分之一）。

数据来源：Wind。

表11-1 人民币及其他国际货币对美元汇率的波动率

	历史波动率				与其他国际货币相比		
	人民币	欧元	英镑	日元	人民币/欧元	人民币/英镑	人民币/日元
2005年	2.1%	9.0%	8.1%	8.7%	24%	26%	25%
2010年	1.7%	12.1%	10.2%	10.6%	14%	16%	16%
2015年	2.7%	12.0%	8.4%	8.2%	23%	33%	34%
2020年	3.9%	7.6%	11.1%	9.2%	51%	35%	42%
2022年	4.1%	8.0%	8.8%	8.7%	50%	46%	47%

数据来源：Wind、笔者计算。

（三）降低持有大规模外汇储备的必要性

外汇储备是应对外部风险冲击、维持币值稳定的重要保障。我国通过长期贸易顺差和吸引外资流入积累了大量外汇储备，规模居全球第一。2022 年底，我国外汇储备规模约 3.2 万亿美元，分别相当于对外资产和 GDP 的 35%、17%，是全球第二大外汇储备国日本的两倍多。随着我国基本退出汇率常态化干预，人民币汇率弹性持续上升，持有大规模外汇储备的必要性有所降低。除日本外，主要国际货币发行国的外汇储备规模都不大，美国基本上不持有外汇储备。2022 年底，日本持有约 1.2 万亿美元外汇储备，与其过去干预日元升值有关。

（四）进一步释放增长潜力，但也可能加大产业结构失衡风险

2011 年以来，我国经济逐步进入新的增长阶段，结构调整和动力转换尚未完成，潜在经济增速有可能持续回落到新的均衡水平。人民币国际化程度的提升，有助于我国优化配置国内外两个市场、两种资源，促进增长潜力释放。从深化区域经济合作方面看，本币国际化有助于降低区域贸易和投资的壁垒，便利企业整合产业链、供应链，提升生产效率，进一步打开国际市场。例如，在日元国际化过程中，日本海外投资总额增加，与东亚和东南亚地区的经贸联系更加紧密；欧元推出后，欧洲经济金融一体化程度明显提高。本币国际化程度提高还有助于企业获取国外金融资源，降低融资成本。然而，货币国际化也可能加剧产业结构的失衡。一方面，由于外资机构和境外资本缺乏对本国中小企业的了解，大企业更受益于本币国际化带来的融资优势，能够同时通过境内、境外市场获得融资支持，可能会挤压中小企业的市场空间。另一方面，跨国企业借助本国货币的国际地位优势，可能加速将生产环节转移到要素成本相对更低的海外地区，引发“产业空心化”问题。发达国家普遍面临这一问题，处于国际货币体系主导地位的美国，该问题尤为突出。

二、人民币国际化会影响宏观调控效率，并加大国际宏观经济政策协调责任

（一）货币国际化会影响货币政策数量型调控效率，推动调控中介目标调整

人民币国际化使境外人民币流通规模变大，境外金融机构直接向境内企业提供人民币融资等业务加速境内外人民币双向流动，扰动境内货币存量，降低货币数量可测性和可控性。境外机构以对冲汇率风险等目的频繁开展人民币金融交易，会降低货币数量与经济关系的稳定性。境外人民币流通规模越大、境内外双向流通越频繁，境内货币数量所受影响越大。20世纪八九十年代，德国马克国际化水平持续提升，货币数量与经济关联度减弱（见图 11-4）。1988 年后，德国央行将货币中介目标由 M2 扩展到 M3，但 20 世纪 90 年代后 M3 有效性不断减弱。有研究认为德国在 20 世纪 90 年代使用泰勒规则决定货币政策[①]，即更多采用价格型调控。

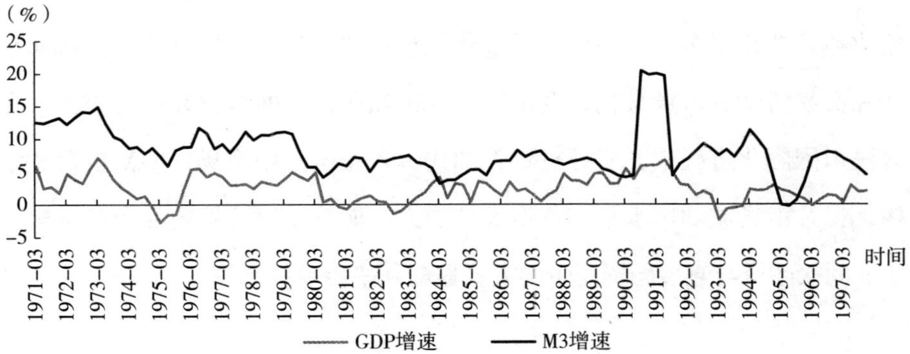

图11-4 20世纪70—90年代德国M3与GDP关联度

数据来源：圣路易斯联储、Wind。

① Clausen, J. R., & Meier, C. P. (2003). Did the Bundesbank follow a Taylor rule? An analysis based on real-time data (No. 1180). Kiel Working Paper.

数量型调控主要通过调节商业银行准备金率来影响银行信贷，货币跨境流动增多会削弱信贷传导效果。例如，调高存款准备金率时，境内银行和企业可向境外金融机构融入资金来满足其资金需求，难以发挥紧缩性货币政策的作用。20 世纪八九十年代，全球经济金融一体化程度提升，跨境资本流动加速，离岸市场快速发展，高存款准备金率易导致资金流出，多个发达经济体央行密集降低存款准备金率①，美国、欧元区、日本的法定存款准备金率已取消或在 1% 左右。我国作为发展中国家，2022 年底金融机构加权平均存款准备金率为 7.8%，处于全球中等水平，调整存款准备金率依然是重要的货币政策工具，但随着人民币国际化水平提升，该工具的调控效果或将减弱。

人民币国际化有助于促进市场化利率体系形成，推动货币政策向价格型调控转变。经过近 30 年持续推进的利率市场化改革，我国基本形成了市场化的利率形成和传导机制，但仍在继续培育市场基准利率体系②。受国债市场投资者结构较为单一（以商业银行为主导）、期限结构分布不均匀等因素影响，国债流动性不高，2020 年换手率约为 2.4，相当于美国的三成。国债收益率曲线对金融产品定价基准作用也有待提升，特别是我国银行间市场和交易所债券市场分割，两个市场的国债收益率曲线存在一定差异。在人民币国际化进程中，境外投资者加快进入我国金融市场，丰富投资者结构，提升市场流动性水平和价格发现能力，能够以促进境内外金融机构竞争、间接融资与直接融资竞争的方式提高利率传导效率。

---

① Borio, C. The implementation of monetary policy in industrial countries: a survey, 1997.

② 2020年，中国人民银行提出培育以存款类金融机构质押式回购利率（DR）为代表的银行间基准利率体系。

（二）货币国际化会影响宏观调控自主性，应扩展宏观经济调控的资源

随着货币国际化进程的推进，宏观调控自主性会发生变化。随着金融体系开放与利率、汇率市场化改革，资本流动加快，境内外金融联动更加密切。在货币国际化程度提升、金融体系更加完善、风险吸收能力增强后，宏观调控的自主性相对更强。

货币国际流通程度提升后，宏观政策可调动金融资源由国内拓展至国外。在信用货币体系下，国际货币主导地位拓展了货币发行国的宏观政策空间。主要国际货币发行国金融资产的安全性相对高，其国债被视为主要安全资产，是全球外汇储备和私人资产配置的重要标的，海外投资者比重高，能够通过国际金融市场为政府债务融资。美国是全球最大的金融债务国，20 世纪 80 年代后美国国际投资头寸净值（对外债权与对外债务差值）持续为负、赤字不断扩大，2020 年国际投资头寸净值约为 –14 万亿美元，相当于其 GDP 的七成。美元国际货币地位是维持庞大对外债务的重要支撑。美国融资成本低但投资收益率高，净资产回报为正，有助于维持高负债格局。根据美国国会预算办公室统计，1990—2019 年，美国对外资产和债务的平均收益率分别为 4.7%、3.4%，净收益率为 1.3%，在高额负债情况下仍能持续产生净收益。

（三）增加宏观经济政策透明度要求与国际协调责任

货币国际化加大本币的汇率锚定作用，货币政策调整的溢出影响增强。为控制溢出效应并降低对国际金融市场的冲击，国际货币发行国需提高政策透明度。2013 年 5 月，时任美联储主席伯南克在未与市场充分沟通的情况下，公开表示将放缓购债速度，引发“缩减恐慌”，美国国债收益率快速上行，股价下跌，新兴市场股票和债券价格快速下跌，巴西、印

度、印度尼西亚、土耳其和南非等国货币大幅贬值。吸取“缩减恐慌”教训，美联储提高政策透明度，积极与市场沟通，在政策转向前的较长时间便开始向市场传达可能的政策路径，引导市场预期转变。我国经济体量和国际贸易比重持续扩大，宏观政策调整对周边国家（如东盟国家）的溢出影响增大。近年来，我国货币政策更加注重市场沟通和预期管理，但仍有较大改善空间。

国际货币发行国的宏观政策调整对全球经济稳定有着重要影响，这就要求其在国际宏观经济政策协调中承担相应的责任。2008 年国际金融危机中，美联储、欧央行等主要央行历史上首次联合降息，美国和欧洲大国通过 G7、G20 等平台推动主要经济体共同实施大规模财政刺激政策并加强金融监管①。但由于这种责任是非强制性的，往往存在协调不足的情况。新冠疫情后，全球经济尚未恢复到正常增长轨道，但美欧为控制本国高通胀率，快速收紧货币政策，加大了新兴市场国家经济下行和债务违约压力。

随着本国货币的国际流通程度提升，国际货币发行国成为重要的国际金融公共产品供给方，对国际和区域金融稳定发挥重要作用，负有一定的危机救助责任。日元在亚洲区域影响力较大，1997 年亚洲金融危机后，日本推出“宫泽援助计划”，向泰国等东南亚国家提供日元低息贷款。美联储实际上承担着“国际最后贷款人”职责。2007—2008 年，为应对国际金融危机造成的美元流动性短缺，美联储与 14 家外国央行达成临时美元流动性互换安排。2020 年，为应对新冠疫情冲击，美联储也与多个国家央行建立美元流动性安排。近年来，我国加大对区域性国际金融公共产品供给力度，推动成立亚洲基础设施投资银行、金砖国家新开发银行。人民币的国际使用率进一步提高后，我国对国际金融公共产品的供给责任也会加大。

---

① 中国及其他新兴市场国家在2008年国际金融危机的宏观政策协调中也发挥了重要作用。

三、金融风险防控压力加大，但风险防控资源更充足

（一）国内外金融体系一体化程度提升会推高金融风险

一是跨境资本流动加快，资产价格波动加剧。为更好地利用全球金融资源，我国引导境外资金通过证券投资形式流入资本市场。跨境资本流入会推高人民币资产价格，但一旦投资者信心下降，资本流动停滞或逆转可能导致资产价格明显下跌。顺周期和高流动性的短期跨境资本流入对资本市场的冲击更显著。新冠疫情后，境外投资者增持人民币股票、债券，总规模超过 3 万亿元，其中不乏高流动性的对冲基金。境内外金融市场联动程度提高，进一步加大输入性金融风险。国际投资者比重增加是资本市场国际化水平的主要衡量标准，也是货币国际化的重要支撑。美国、德国、日本（主要是股市）等资本市场的国际投资者比重都超过 10%，而我国股市、债市的国际投资者比重均低于 5%。未来我国股市、债市外资持有比重进一步上升后，海外金融市场波动就更易通过国际投资者外溢至我国，境内外金融市场的“同频共振”可能更加强化。

二是离岸、在岸金融市场套利交易会推高金融风险。20 世纪 80 年代，日本加快东京离岸金融中心建设，通过设立“特别国际金融账户”分离离岸和在岸金融业务，对资金离岸、在岸流动设置限制条件。由于离岸市场监管弱、税收条件优惠，大量境内资金借助离岸市场规避金融监管，流向股市和房地产等领域，这是 20 世纪 90 年代日本经济衰退的重要原因之一。2015 年，我国汇率形成机制后，离岸和在岸人民币市场存在套利行为，造成汇率大幅波动、外汇储备快速流失。

三是国内投资者强化全球资产配置，资本外流压力增大，房地产等资产价格可能受冲击。受金融市场不发达、金融管制较多等因素影响，我国

居民投资行为呈现出资产组合中房产配置比重高、金融投资偏好存款类资产的特征。随着城镇化速度放缓、人均住房存量上升和房地产金融环境收紧，房地产行业加快调整，房产购买成本大幅上升，但持有收益率呈下行态势。人民币国际化推动金融双向开放，国内投资者将加大海外资产配置比例，增加资本外流压力（见表 11-2）。

表11-2 2011—2020年我国房价与新兴市场、发达市场、美国股价涨幅比较（%）

	一线城市房价	二线城市房价	三线城市房价	MSCI新兴市场指数	MSCI发达市场指数	美国标普500指数
2020年	2.6	3.2	4.6	16.6	11.7	16.3
2019年	0.7	4.2	4.6	15.1	24.9	28.9
2018年	0.4	7.1	8.7	–12.3	–9.1	–6.2
2017年	1.4	7.7	12.5	27.8	16.3	19.4
2016年	23.5	18.0	9.9	7.1	6.8	9.5
2015年	17.2	0.6	–1.5	–8.0	0.2	–0.7
2014年	0.6	–4.3	–5.6	2.5	7.7	11.4
2013年	23.4	10.2	5.1	0.9	26.3	29.6
2012年	2.2	0.3	–2.9	13.9	13.1	13.4
2011年	3.9	3.8	6.4	–14.9	–7.6	0.0

注：一线、二线和三线城市房价为百城住宅平均价格指数。

数据来源：Wind。

（二）人民币国际化程度的提升也有助于增加风险防控资源

一方面，人民币资产避险属性有助于增强风险吸收能力。新冠疫情暴发后，我国率先控制疫情和恢复增长，货币政策保持稳健，通胀水平在合理区间，国债、政策性金融债等低风险资产表现出一定的避险属性，吸引了境外投资者。人民币国际化有助于增强我国金融市场的流动性，人民币资产避险属性会进一步增强，在金融动荡时期被抛售的压力下降，我国金融体系应对突发风险的能力增强。

另一方面，国际货币是应对经济金融风险的重要金融资源。新兴市场需积累大量外汇储备来应对风险，而国际货币发行国就不需要规模庞大的外汇储备。新冠疫情后，美国、欧元区向全球市场释放大规模流动性，在缓解自身偿债压力的同时，获得了新兴市场较高收益资产的支撑。部分新兴市场国家（如土耳其、智利）在新冠疫情期间也推出量化宽松政策，收到一定效果，但削弱央行控制通胀的可信度，降低投资者对主权债务的信心，资本外流和货币贬值压力上升，危机应对能力明显受限。未来一段时间，我国风险防控压力增大，人民币国际化程度的提升有助于增强风险应对能力。

四、人民币国际化有助于维护我国金融安全

国际货币是一国影响力的对外延伸。由于国际金融治理体系的缺陷，主要国际货币发行国能够借助国际货币体系主导地位对其他国家实施金融打压。美国在大国博弈中频繁运用国际货币权力，削弱他国竞争优势。在美俄博弈中，美国以禁止俄罗斯主要商业银行在美融资、禁止购买俄罗斯国债等形式发起金融制裁，导致俄罗斯货币大幅贬值、股市快速下跌、资本外流，一度发生货币危机（2014 年俄罗斯卢布对美元最大贬值幅度达 52%）。乌克兰危机后，美欧切断俄罗斯主要商业银行的国际支付渠道，并冻结其 3000 亿美元外汇储备，金融安全形势发生重大变化。在中美博弈中，美国政府也阻止其养老基金投资 A 股，禁止美国居民投资我国所谓"涉军企业"，推动在美中概股退市。

然而，主要国际货币发行国在对其他国际货币发行国实施类似制裁时，难度较大。一方面，制裁的外溢效应可能会影响实施国本身。另一方面，其他主要国际货币发行国也有以其为核心的货币圈，抵御冲击的能力

较强。人民币国际化程度提升后，我国对主要国际货币的依赖度降低，海外金融资产被制裁的风险下降，有利于维护我国的金融安全。

五、相关建议

（一）推动形成适合人民币国际化的国际收支模式

1. 保持货物贸易竞争力，缩小服务贸易逆差，稳定经常账户盈余

货物出口是我国经常项目盈余的主要来源，2015 年后货物贸易顺差呈缩减态势。一方面，2008 年国际金融危机后，我国产业结构加快调整，制造业比重下降较快。另一方面，我国仍处于全球产业链价值链的中下游。2018 年，我国中高技术产品出口占制造业出口的比重为 60.3%，分别较日本、德国低 20.3 个、13.1 个百分点。保持制造业竞争力是推动货物贸易顺差企稳回升的重要途径。作为全球最大的制造业国家，我国制造业全球竞争力连续多年保持全球第二（仅次于德国），基础设施和配套企业完备，研发技术人员供给充足，传统制造业升级和新兴制造业发展空间大，维持制造业比重并提升其竞争力具有诸多有利条件。

服务贸易逆差扩大是我国经常项目盈余下降的重要原因。旅游、运输服务和知识产权使用费逆差是服务贸易逆差的主要来源，2019 年逆差额分别为 2165.9 亿美元、588.4 亿美元和 277 亿美元。旅游主导服务贸易逆差变化，2019 年我国出境旅游达 1.55 亿人次，境外消费总额约 2450 亿美元。这既表明我国居民消费结构升级，也表明文化旅游产业尚不能满足消费需求。由于境外消费相当大一部分是商品消费，部分货物贸易逆差体现在服务贸易逆差中。我国海运服务中外国企业承运比重高，全球运力前十的企业中仅一家是中资企业。知识产权使用费支出居于全球前列，主要引进美国、德国和日本等发达经济体的先进技术和特许权。提升国内文旅服务业

质量、发掘国内市场潜力，完善现代化运输体系和加大科技创新等措施，有助于缩小服务贸易逆差。

2. 平衡全球金融资源利用与人民币输出，推动资本账户有序双向流动

我国是全球重要资金提供方，2020 年底国际投资净头寸为 2.15 万亿美元，仅次于日本和德国，但国际投资净收益率为负，远低于主要发达经济体。2010—2020 年，我国对外投资净收益率从 –3.2% 提升至 –2.5%，而美国、日本和德国均保持在 1% 左右，特别是美国作为全球最大债务国，长期保持对外投资正向净收益。我国对外投资净收益为负，主要是因为我国以 FDI 为主要形式吸引外资，而发达经济体更多通过国债、高等级信用债等形式获取低成本资金。从对外投资收益率看，我国略低于美国，高于日本和德国，仍有较大提升空间。储备资产占我国对外资产的比重达 38.6%，主要投资发达经济体国债等低利率的高流动性资产。对外直接投资占我国对外总资产的比重为 27.7%，总体收益率约为 3%，而美国高达 7.7%，差距较大。

作为新兴市场国家，通过 FDI 引入技术和累积资本、将贸易盈余投向高流动性资产以维持汇率稳定，对我国的追赶进程起到重要推动作用。随着我国发展阶段和外部环境发生变化，利用外资和对外投资的模式需要相应转变。国际投资长期负收益率也导致我国初次收入逆差扩大，拖累经常项目盈余[①]。在人民币国际化进程中，我国既要利用好全球金融资源，吸引低成本资金，也要调整对外投资结构，加大人民币对外输出。在保持我国 FDI 吸引力的同时，吸引更多资金流入我国资本市场，有助于降低外资使用成本。资本项目是人民币对外输出的重要渠道。新冠疫情加快了全球产

① 金融资产的投资收益（如分红、利息）属于经常项目的初次收入，2020年，我国该项为–1051.7亿美元，而日本、德国分别为1940.6亿美元、1061.9亿美元。

业链重构，区域化产业链、供应链加速形成。我国作为亚太地区的制造业中心，需要强化在区域产业链和供应链调整中的主动性，优化对外直接投资结构，并助推人民币“走出去”。在中美博弈背景下，将外汇储备中的低收益率债券资产部分转换为优质对外直接投资，有助于维护对外资产安全和提升投资收益。

（二）加快推动货币政策框架转型，疏通利率传导机制

随着市场深化和金融创新，货币供给影响因素更加复杂，M2可测性、可控性及与经济相关性趋于下降。人民币国际化进程会进一步扰动货币供应量。货币政策要加快向价格型调控转变，尽快健全市场化利率形成机制和传导机制，加快疏通货币政策传导梗阻，更好发挥利率的价格信号功能。

完善政策利率体系，缩窄利率走廊宽度。当前，我国已形成以公开市场操作利率为短期政策利率和以中期借贷便利（MLF）利率为中期政策利率的政策利率体系，并建立利率走廊调控机制。我国利率走廊上下限的宽度较大，是成熟市场经济体的数倍，不利于减少利率波动，要适时收窄利率走廊宽度。常备借贷便利（SLF）利率作为走廊上限，承担短期流动性短缺的兜底功能，要提高操作效率、保持操作中性，确保及时、足量满足短缺资金需求，避免市场利率突破上限。

加快打造货币市场基准利率，更好发挥国债收益率曲线的定价基准作用。货币市场利率是价格型货币政策调控的中介目标，我国市场基准利率体系尚未理顺。要加快将存款类金融机构间的债券回购利率（DR）打造为货币市场基准利率，将统计覆盖面由存款类金融机构交易拓展到所有使用利率债为抵押品的金融机构交易，扩大其在浮息债、同业业务和国际组织人民币计息基准等领域的运用。优化LPR报价形成机制，建立健全对报价

行考核和准入退出机制，尽快公布LPR历史报价明细，定期更新报价行名单。要进一步增强国债的金融属性，扩大定价基准运用范围，探索央行提升国债流动性、完善和管理国债收益率曲线的工具。

（三）在管理浮动框架下提升汇率灵活性，为货币国际化和产业结构调整升级创造有利环境

20世纪八九十年代，日元快速升值、大幅波动，出口竞争力降低，国内资产泡沫加速形成，而德国马克小幅稳定升值，在维持出口竞争力的同时，促进了马克国际化水平的提升，这表明币值稳定更有利于货币国际化。我国经济增长阶段转换尚未完成，产业结构升级优化尚需时间。作为制造业大国，绿色低碳转型给我国经济发展提出了新的约束条件，新旧能源体系切换和碳排放价格逐步上升，会影响出口竞争力。中美博弈向纵深发展，加大了我国外部环境的风险。这需要我国保持汇率总体稳定，并在一段时间内保留汇率管理灵活性来应对外部冲击和支持产业结构调整。在产业结构有效优化、国际收支形成新平衡后，汇率市场化形成机制的改革条件会更加成熟。

（四）着力处置国内存量金融风险，防范外部输入性风险

1. 着力处置国内存量经济金融风险

我国经济尚处于新旧动能转换时期，过去累积的各类金融风险逐步显现，人民币国际化进程中的输入性金融风险，可能使国内风险加快暴露，并引发内外风险共振，需要加快处置房地产、地方政府隐性债务等存量金融风险。

积极处置房地产风险，推动行业并购重组。2021年以来，受房地产市场进入平台期和部分企业冒进经营的影响，头部房企频频爆雷，并经由债

券市场、银行信心等渠道向稳健性不足的房企传递。房企风险集中爆发可能触发经济金融系统性风险。应加强监管引导，避免金融机构对房企盲目抽贷断贷。摸清房企债券规模和偿债能力，对高风险企业做好风险处置预案，积极推动大型房企债务风险处置。鼓励房地产企业并购重组，以市场化方式优胜劣汰、化解风险，对房地产行业内并购提供一定融资支持。要不断完善房地产金融宏观审慎政策，以完善房地产贷款集中度管理制度为核心，将个人住房贷款增速控制在平均贷款增速水平。

加大对信用紧缩地区的风险处置支持力度，防范化解城投债违约风险。完善城投公司债务监测预警机制，加快建立风险缓冲机制。对财力紧张、城投规模相对较小的中西部地区，可适当延长地方政府隐性债务化解期限。适时创设债券融资支持工具，支持高信用等级城投债合理融资，减小城投债违约对金融市场的冲击。

2. 完善跨境资本流动宏观审慎管理，引导跨境资本有序流动

在人民币国际化进程中，资本双向流动加快，特别是短期跨境资本逐利性、顺周期性强，资本大进大出、快进快出易诱发市场波动，甚至带来金融风险。加快构建跨境资本流动监测、预警和评估体系，监测预警证券投资、直接投资、对外债务和外汇交易等领域的资本流动。完善跨境资本流动的宏观审慎管理工具，综合运用风险准备金、全口径跨境融资宏观审慎等政策工具，探索基于税率等的价格工具以调节跨境资本流动，减少直接行政干预。稳步推进汇率市场化改革，增强人民币汇率弹性，保持人民币汇率基本稳定在合理均衡水平，同时引导企业树立“风险中性”理念，降低汇率波动风险。

（五）优化海外资产结构，持续推动外汇储备资产多元化配置

我国对外投资规模扩张较快，但投资质量还要进一步提升。引导企

业围绕产业链和供应链重组加速全球和区域布局，合理配置生产要素和资源，重点投向“一带一路”沿线国家和地区，加大在高新技术和先进制造、新能源、基础设施等领域的投资。提升人民币对外直接投资便利度，探索以优质企业名单制、额度制等方式简化跨境人民币收付流程，鼓励商业银行和政策性银行提供配套人民币融资服务。控制储备资产规模，优化币种结构，适度增持黄金以及欧元、日元等以其他国际货币计价的高流动性资产，增加对绿色主权债券等符合低碳转型目标资产的投资。提升外汇储备在危机管理中的作用，在中资企业出现美元流动性短缺时，可灵活运用部分外汇储备提供美元信贷支持。

（六）加强人民币离岸市场建设，强化境内外监管当局协调

人民币离岸金融市场处于起步阶段，市场运作模式和风险监管制度尚不完善。丰富境外投资人民币资产的品种，畅通人民币回流机制。扩展离岸与在岸市场的资金循环渠道，加快推动跨境理财通、QFLP（外商投资股权投资）等业务发展。完善香港离岸人民币债券市场建设，丰富离岸人民币市场金融产品选择，加大离岸人民币国债和地方政府债券发行力度，鼓励符合条件的企业到香港发行人民币绿色债券，推动“一带一路”沿线国家到中国香港发行人民币债券。发挥人民币清算行的流动性调节作用。与境外监管当局加强人民币离岸市场监管协调，构建信息交流和政策协商机制，及时获取离岸人民币业务运作情况，共同打击洗钱等违法犯罪行为。

（七）加强国际宏观经济政策协调，提高全球金融治理话语权

全球新冠疫情防控和经济恢复水平高度不平衡，主要发达经济体退出宽松政策，新兴经济体金融风险加大，国际宏观政策协调的重要性凸显。我国宏观政策外溢影响加大，要逐步在宏观政策制定中更多地考虑周边国

家的经济金融运行情况，增大政策透明度和规则性，增加对经济前景的量化结果指引，提升政策沟通双向性，更加重视市场信息的反馈，及时获取市场对未来经济走势和政策执行效果的预期。加强区域金融合作，通过多边和双边平台加强政策协调，发挥好亚洲基础设施投资银行、丝路基金等机构的作用。完善区域金融安全网，强化人民币在紧急流动性救助中的使用。